读者

R

乡土人文版

XIANGTURENWENBAN

年 / 度 / 精 / 选 / 集

2014年

慢享生活，回归田园

《读者·乡土人文版》编辑部

◎主编

敦煌文艺出版社

图书在版编目（CIP）数据

《读者·乡土人文版》2014年度精选集 / 《读者·乡土人文版》编辑部主编. --兰州 ：敦煌文艺出版社，2014. 12

    ISBN 978-7-5468-0792-8

Ⅰ．①读… Ⅱ．①读… Ⅲ．①文摘－世界 Ⅳ.①Z89

中国版本图书馆CIP数据核字（2014）第300360号

《读者·乡土人文版》2014年度精选集

《读者·乡土人文版》编辑部　主编

出 版 人：吉西平
责任编辑：董宏强
选题策划：高剑峰　蒲安应
特约编辑：卞　婷
封面设计：壹诺设计

敦煌文艺出版社出版、发行

本社地址：（730030）兰州市城关区读者大道568号
本社邮箱：dunhuangwenyi1958@163.com
本社博客（新浪）：http://blog.sina.com.cn/lujiangsenlin
本社微博（新浪）：http://weibo.com/1614982974
0931-8773084（编辑部）　　　0931-8773235（发行部）

三河市中晟雅豪印务有限公司

开本 787 毫米×1092 毫米　1/16　印张 20　插页 2　字数 290 千
2015 年 4 月第 1 版　2015 年 4 月第 1 次印刷
印数：1～15 000

ISBN 978-7-5468-0792-8

定价：28.00元

CONTENTS / 目 / 录

[第一辑]

为生活埋下尊严的种子

[第二辑]

文明的尴尬

[第三辑]

吃主儿

[第四辑]
选择单调

为生活埋下尊严的种子

爸爸，天堂的围巾暖不暖

▼

文_琴 台

我是两岁那年被妈妈丢给杨老三的。

那年，在村西头张半仙的撮合下，妈妈带着我千里迢迢嫁到了这个偏僻的小村庄。为了筹备婚礼，杨老三卖了5只山羊，攒够了2000元钱。

正商量着要摆喜酒时，妈妈的娘家忽然来信了——我的姥姥病重。妈妈把我托付给杨老三，带着家里仅有的2000元钱离开了，从此再无音信。

从村里人的言语中，我知道了自己的身世。很多个漆黑的夜里，我无助地想，如果哪天杨老三不愿意养我了，那么，我又能去哪里呢？似乎一夜之间，调皮的我就变得懂事起来：认真学习，勤快地做家务。

13岁那年，我利用晚上的时间，偷偷给他织了一条并不好看的围巾。没想到，当他看到那条围巾时，竟然"呜呜"地哭了起来。那一刻，我在心里暗下决心：等长大挣了钱，一定好好孝敬他。

可是，他似乎等不到这一天了。

杨老三突然病倒了，先是心口疼痛，然后就开始大口大口地吐血。村里人都鼓动他去找我的妈妈索要抚养费，好用来治病。他似乎被说动了，抖抖索索地找出了那封信。那是妈妈临走前留下的信，上面有姥姥家的地址。

我的心凉透了，到底不是亲生的，好的时候当我是养老的保障，如今需要钱了，又拿我换一笔抚养费。

三天后，他回来了，并没有带回我期待中的妈妈，而是带回了一个更大的噩耗——我当初是那女人偷来的，只不过是她骗钱的人质。

他变得更加沉默，可似乎并不想放弃我的抚养费。两个月后，我突然被人从学校里叫回了家。

家里挤满了人，一个胖胖的中年女人冲过来抱住我号啕大哭，我懵懂地看着她身后的警察和藏在角落里擦眼泪的他。费了好大劲，我终于知道，村主任将我的DNA数据放到全国寻子网上，千分之一的概率，我竟然和一对一直寻找遗失女儿的夫妻契合了。她就是我的亲生母亲。

新家比原来的家不知好了多少倍。可不知为什么，每个晚上，我都会梦见他。让我唯一心安的是，妈妈说，他们给了杨老三5万元的抚养费。3个月后，妈妈决定带我回去看看他。我兴奋地拿出所有的零花钱，去商场里买了一条围巾。

可等我站到那个荒凉的家门前时，我才知道他已经不在人世了。我像疯了一样飞奔到村西的坟地。

妈妈流着眼泪慢慢点燃了我买的那条新围巾，她一个劲地摇头："大哥，你怎么这么傻，那5万元钱，不就是用来给你看病的吗？"

原来，在我被认亲的妈妈接走后，那5万元的抚养费，他又偷偷地寄给了妈妈。附言栏里，他只写了一句简单的话："这么努力地寻找你们，不是因为钱，而是想在我走之前，给花儿找一个让我放心的家。"

代表母亲保护你

▼

文_岑 桑

一

我有个舅舅，比母亲小6岁，平时喜欢穿淡蓝色衬衫、深蓝色裤子。母亲说，他从小想当飞行员，但身上有疤，体检时没通过。

父亲一直不太喜欢舅舅，经常对我说："你以后千万别学你舅，一辈子不务正业。"在我的记忆里，舅舅一直单身，没有正式工作，每周总有几天来我家蹭饭。父亲当然不会给他好脸色看，但碍于母亲，不好直说。

可我当时觉得，舅舅是有别于其他长辈的，可以听得懂"代表月亮消灭你"（日本漫画《美少女战士》里面的对白）等傻话，还会带我去动物园或者游乐场。

我15岁时，母亲被查出了肝癌，两年后去世。临终前，她对父亲说，她这辈子只有两个人放心不下，一个是我，一个是舅舅。

那时我正值上高三，学习成绩一落千丈。一个周末，父亲拿着我的成绩单大发雷霆，砸了家里的花瓶和水壶。我从没见他发过那样大的脾气。

刚好那天舅舅来了。他看见一地的碎片，大概明白发生了什么。他把我推进房间，对父亲说："你要是心里郁闷，冲我来，要骂要打都可以，但是小雨是我姐留下的，请你对她好一点。"

那一天，父亲摔门走了，舅舅才来敲我的门。我从卧室出来，看着他和母亲酷似的长相，突然就委屈地哭了起来。

舅舅说："你爸都走了，还哭什么？"我说："以后你要常来，要不然我真受不了他。""好……"舅舅忽然学着美少女的标准动作说，"我代表你妈保护你。"我看着他扭捏的姿势，破涕为笑。

<h2 style="text-align:center">二</h2>

我如愿考上了外地的大学。从此后，很少能见到舅舅，听父亲说，舅舅打工去了。

大一那年春节，他从外地回来看我们。他在一家电视台当外聘记者。听起来，这是个很不错的职业，可父亲依然不待见他。父亲说："就是一个编外狗仔，有什么好的。"舅舅笑嘻嘻地说："你说得对，我就是一狗崽儿。"

我私下里问他："我爸讽刺你，你干吗还承认啊？"舅舅摸了摸我的头发说："傻瓜，老男人嘴碎，难得见面，就让他唠叨吧。"

许多年后，回想起来，父亲真的就在那一年老了。母亲离世，我外出求学，原本一个热闹的家突然就冷清了。舅舅察觉到父亲的郁闷，他给父亲买了电脑，教他上网。父亲这个老古董，对其嗤之以鼻。舅舅说："你不喜欢啊？有这个，你可以天天看见你女儿。"父亲一听，钻研的那股劲儿来了。

后来，我对舅舅说："你疯了，我好不容易自由，你还教他看住我。"舅舅反问我："你们宿舍几个人啊？"我回答："6个。"舅舅说："可你老爸的宿舍就他一个人。"

说完他就看电视去了，而我却被他的一句话刺得心疼。

大三那年，父亲换灯管时不小心摔了下来。他在电话里随意说了一下，我也没太在意。暑假回家后我才知道，父亲那次摔坏了坐骨神经，下肢瘫痪了。

看见坐在轮椅上的父亲，我惊得说不出话来。一个曾经高大的男人，竟有点老人的样子了，而舅舅竟然辞职回来了。

我埋怨舅舅："怎么不给我说呢？"舅舅说："给你说有什么用，你能回来照顾你爸吗？"

这时，父亲说要小便，舅舅熟练地抱起父亲上厕所。关门时，我听见父亲说："你把我推进来，我自己行的。"舅舅却不在意地说："怕丢脸啊？你自己来要是栽到马桶里，那才真丢脸呢。"我听着两个从前互不待见的男人变得"相亲相爱""默契有加"，心里有一种说不出的滋味。

晚上，舅舅照顾父亲睡下后，过来和我说话。我依在他的肩头，低声哭了。舅舅说："有我呢，你哭什么？"我擦擦眼泪说："我爸病了，应该是我照顾他。"舅舅说："你是个孩子，能照顾什么呢？我和你爸有多年的深厚感情，当然是我来照顾了。"我叹了一口气说："他连上厕所都要你帮，一定很难吧？""上厕所倒还行，就是伺候他睡觉比较奇怪。"舅舅做出一副夸张的表情说，"一个大男人给另一个大男人脱衣服，感觉好难为情呢。"我"扑哧"一声，被他逗笑了。

三

毕业后，父亲要我在老家考公务员，可我却更向往自由、有挑战性的工作。舅舅当然站在我这一方。我和父亲争论最凶的一次，父亲突然指着舅舅说："我们家的事，你掺和什么？你混了一辈子，你有什么资格指导小雨？"舅舅大概没想到父亲会说出这样的话。他愣了一下，说："我代表我姐投一票。她临死前托付我说，小雨从今往后就没有母亲了。所以不论怎样，我都支持她。"

　　父亲一瞬间哑口无言了，因为母亲是他永远的痛。我还是选择去北京打拼事业。临走前，舅舅来送我。我问他："母亲临终前真的那样说过？"舅舅沉默了一会儿说："你母亲那么善良，一定早就投胎重新做人了吧。"我有点不明白，他笑嘻嘻地说："要是没投胎，听到我打着她的旗号胡编乱造，晚上会不会来掐死我呢？"我看着他脸上的奇怪表情，"哈哈"笑出声来。

　　舅舅拿出手机给我拍了一张照片，发到我的手机上说："记住这个表情啊，以后在外面不论多难，都不要忘了微笑。"

　　人生能遇到一个鼓励你追求梦想的长辈是多么不容易，我想，也许这个特别的舅舅，是上天夺走我母亲后给我的补偿。

　　2013年，我成为一家广告公司的项目经理，舅舅则成了家乡小有名气的婚礼主持人。因为他风趣幽默，新人都喜欢找他做司仪。春节时，我回家看他和父亲，一下飞机，我就跑到他主持的婚礼现场。舅舅穿着西装，站在台上，妙语连珠，逗得全场笑声不断。

　　我坐在台下，对父亲说起不久前的一件小事。我说："爸，前几天，我碰到舅舅以前的同事了，那人说，当年舅舅可以在电视台转正的，他却辞职了。"父亲好像一点都不惊讶，他说："你舅舅有一次和我喝酒说起过。他说他不回来，你就得回来。他算了一下，他的未来比你的短好多年，让你回来管我，太不划算了。"

　　这就是我的舅舅，总是用各种玩笑承担着生活对他的不公平。他教会我在命运面前始终保持一份乐观向上的心态。此时，他站在台上，声情并茂地对一对新人说："将来，你们会有欢乐，也会有困难，但你们一定要记住今天的微笑，并且要保持下去，直到永远、永远……"

奶奶的小脚人生

▼

文_陈铁锋

奶奶有一双小脚，是真正的"三寸金莲"。

奶奶命运多舛。她虽然生于大富之家，但生活却屡屡与她开着残酷的玩笑。五岁丧母，十岁丧父，奶奶不得不寄人篱下，依附她叔叔过日子。十六岁经媒妁之言，嫁给了爷爷。媒人把爷爷说成了某掌柜的独子，其实爷爷不过是掌柜家的小伙计，奶奶和家人都被骗了。奶奶的叔叔气得要告，但被奶奶拦住了。她迈着小脚，连夜赶回家里，跪在叔叔面前央求，她说："木已成舟，不要深究，好日子不是别人给的，而是自己挣来的。"

奶奶毅然跟着爷爷回到了农村的老家，成了一个地地道道的农妇。但土里刨食不能维持生计，况且当时灾荒连连，许多人冻饿而死。奶奶凭着家传的经营本领，开始做起了买卖。但由于本小利薄，也只是小打小闹，艰苦的日子就这样把她大家闺秀的气质一点一点地消磨殆尽了。每天早晨，雄鸡还未报晓，在通往县城的土路上，便出现了奶奶踽踽独行的身影。她挎着包袱，迈着小脚，往前走三步便不由自主地倒退一步。三十里的路程，她一天要走一个来回。这对于一个拥有正常脚力的人来说，都是无比艰辛的考验，何况是小脚的奶奶呢？可奶奶就这样几十年如一日地坚持了下来。许多年后，大伯满怀深情地告诉我："要不是你奶奶迈着小脚做买卖，我和你爸爸兄弟姐妹六人早就饿死了。"

奶奶不但没有把一双小脚当成负担，反而因此磨炼出了别人所不能及的坚韧。二叔五岁那年，一场高烧把他的左眼烧坏了，奶奶心急如焚，抱着他四处寻医问药，但毫无效果。奶奶不甘心，带着二叔踏上了开往北京的火车。在北京的大医院里，医生说必须做手术，否则会发炎溃烂。这需要一笔高额的手术费，可愁坏了奶奶。她不知经过了怎样的一番思想斗争，最后迈着小脚像乞丐一样，访遍了北京所有的老亲戚。有的亲戚像躲瘟神一样，见了她把门狠狠地一关；有的则像打发叫花子一样，端出点剩菜剩饭。奶奶本是个面子极薄的人，可当时她声泪俱下，一再相求，甚至长跪不起。最终，她的真情打动了不少人，二叔的手术才得以顺利进行。

为了儿女们，奶奶几乎把一生的心血都耗干了。远在青海工作的大姑结婚不久，姑夫便溘然长逝，留下一对嗷嗷待哺的双胞胎婴儿。奶奶坐了三天火车，又迈着小脚走了五十里山路，才赶到大姑家。母女相见，抱头痛哭，哭罢，奶奶安慰大姑安心工作，自己则把两个婴儿从青海带回了家乡，并把他们抚养成人。

如今，奶奶已过世多年，但我的脑海里时常浮现出她那柔弱而坚强的身影。也许，奶奶和所有爱美的女子一样，一直都在追求着美丽。也许，她曾经为有一双尖如春笋的脚而自豪过，但这一切都如春日晴空上的一片云，转眼即逝。更多的时候，她都在用这双小脚走着平凡而又曲折的道路，都在为子女、为生活默默地付出。这样的人生，又何尝不是一种美丽！

那些让我们难堪的亲人

▼

文_安　宁

　　在洗手间里遇到一位六十多岁的老太太，上完厕所没有冲水，便笑看着面前长长的队伍，向门外走去。她身后的一个年轻女子，蹙眉看着用过的厕所，回头嘟囔了一句："真没素质！"而那老太太大概是耳背吧，始终笑眯眯的，沿着朝她异样注视的人群，一路走出去。行至门口的洗手台处，她打开水龙头，开始洗手。

　　她先用水接连冲了四五遍水龙头，这才将脸凑过去，用手捧了水一遍遍地漱口。我有些纳闷，不知她上完厕所为何还要漱口。但这样的疑惑还没有消除，她又开始清洗水龙头，这一次，至少冲洗了有十次，然后再一次漱口、洗手。这样的动作重复了十几分钟，直到她身后的人开始抱怨、指责，甚至有不耐烦的人骂出声来，说："在洗手间不知道冲洗，跑到水龙头下倒是洁癖起来了，真是神经有毛病！"

　　她依然不自知，不紧不慢地，在镜子里看着后面排队等候洗手的人，脸上依然有淡淡的微笑。只是这样的微笑在那时的我看来，有了几分让人反感或者同情的感觉。

　　又过了几分钟，一个三十岁左右的男人过来，看见洗手间旁边挤满了看老太太洗手的人，即刻红了脸，如芒在背似的，低着头把还在洗手的老太太拉出了人群。我经过他们身边，无意中听到应该是儿子的男人，对母亲压低了声音说："咱别在这儿让人笑话行不行？"而这个显然是有轻微精神障碍的母亲，则抬头看着自己的儿子，依然不说话，但眼神里，有些微的忧伤。就像一只依恋主人的小猫，看着主人难看的脸色，尽管不知为何，却也可以感觉到，定是自己做错了什么事情，于是将身体怯怯地靠过去，试图博取主人的欢心。

又想起在学校门口，有一个卖山东煎饼的男人，大约五十岁的样子，穿着素朴，每日都在傍晚的大风里站在拐角处，等着学生来买他的煎饼。我是他的常客，常常顺便跟他聊聊天，知道他有一个儿子，在附近一所学院读自考的本科，尽管前途未卜，但他还是为能够供儿子到大城市来读书而感到骄傲。我从他微笑时慈祥的皱纹里，知道这是个会为了儿子做一切事情的男人。

偶尔我会碰到他的儿子，那是个言语不多的男孩，只站在父亲旁边，帮他收一会儿钱，便说要回校学习，就匆匆走开了。男孩的身影同样的瘦削、单薄，有着与父亲一样对于这个城市的疏离与惶惑。只不过男人对于儿子，有浓浓的蕴蓄的温柔；而儿子对于父亲，则始终像是隔了一层什么。

男人的生意并不时时如意，常常有整顿市容的城管开着车，没收他违章的摊子。几乎每一次，男人都像一只逃窜的老鼠或者小兽，推起车子，与几个同样摆摊的小贩，一起沿着黄昏的马路飞奔。每一次我路过看到，都会觉得难过，心想：如果他的儿子看到父亲这样狼狈逃窜的一幕，不知会不会像我们路人一样，生出心疼？

一次城管又搞突然袭击，我恰好路过，看见男人手忙脚乱地将东西随便一收，便与几个小贩一起，沿街飞奔起来。但跑出去没几米，他猛地回头，朝站在原地的儿子喊："快回去学习吧，我一会儿就回来了！"我以为瘦弱的儿子会追赶上父亲，与他一起承担这样的惊吓，但他看着身旁开车追上去的城管，又羞愧地扫视了一眼周围观看这一场追逐的路人，便匆忙地掉头走开了。

　　我之后再也没有看到过这个山东男人，听门口卖水果的小贩说，他做煎饼的炉灶与三轮车，已经被没收掉了。但他并没有抱怨什么，也没有离开这个城市，而是在儿子所在学校门口的一家饭店打工，继续为儿子挣学费。

　　常常想：有多少时候，我们像那个智障母亲的儿子，或者这个山东男人的儿子那样，因为自己的父母在人前的卑微与掉价，而觉得羞耻或者难堪？又有多少时候，我们肯给予被人同情怜悯的他们一双手的温度，或者一抹视线的温柔？

　　我们在人前需要面子，需要那些花哨的点缀，可是常常忘了亲人给予我们的那些难堪，在很多时候是爱。

妈妈给你丢人了

▼

文_小 小

一

妈妈赶到医院的时候，医生已经把爸爸身上所有的管子都拔了，呼吸机也停了。他安静地躺在那儿，像是在熟睡。

我握住他的右手，姐姐握着他的左手，陪他度过了生命中最后的时光。在重症监护室的这14天零6个小时，已经耗尽了我们所有的泪水。此刻，我们只能一边感觉着他的手慢慢变凉，一边陪他等着妈妈的到来。

当时妈妈69岁，因为怕她伤心过度，爸爸进重症监护室的第三天，我们就让她回了家。之后，我和姐姐轮流打电话回去，向她汇报爸爸的情况。电话那边，妈妈从来不主动问什么，只是"嗯嗯啊啊"地应着。许久之后，我才从姐姐那里知道，爸爸的身体状况妈妈最清楚。因为太了解，所以当爸爸住院前说不开刀、不动手术，要完完整整地来、完完整整地离开时，妈妈点头同意了。

在医生撤掉所有的抢救设备时，爸爸的嘴突然张合了两下，我把耳朵凑到他的嘴边，也没听清他说什么。

妈妈到了病房，看着爸爸，出人意料地笑了一下，说："老头子呀，你累了71年了，也该歇歇了。"妈妈边说，边把爸爸的被子往上拉了拉。爸爸的手突然动了动，我惊叫道："妈，爸的手动了，爸的手动了！"

然而，奇迹并没有出现，值班医生过来看了看爸爸的瞳孔，摇了摇头。爸爸走了，在那个最寒冷的冬日。

后来，妈妈说，爸爸挣扎是放心不下她，但不善于表达感情的她，只会一遍又一遍地念叨："不用记挂我，有闺女呢，你放心走吧……"

当天，我们把爸爸带回家，第二天火化，第三天出殡。

二

三天后，爸爸的身后诸事处理完毕。如果不是刺眼的白色挽联，我觉得自己不过是回家来过年了。

我们娘儿仨分工，妈妈负责打扫厨房，姐姐负责打扫堂屋，我负责清理厢房。厢房里，大多是搁置不用的东西，比如爸爸这些年来亲笔写的教案、穿过的衣服和多年前用过的刮胡刀等。

我默默地把爸爸的东西码放整齐，去厨房叫来妈妈，爸爸遗物的去留得由她决定。

妈妈来到空荡荡的房间，看着桌上、床上满满当当的衣物和生活用品，一件件抚摸，每件的来历她都记得清清楚楚："这件是你姐大学毕业时给送他的，这件是你刚工作时给他买的，这件我入冬前刚给他缝好新扣子……"说着说着，妈妈就哭了，开始是大滴大滴地掉眼泪，最后便是号啕大哭……

过了一刻钟，妈妈才平静下来，她摸摸这件，又瞧瞧那件，最后说："都搁在箱子里吧，啥时候我走了，你们把这些都给我烧掉就行了。"这些东西里所包含的回忆，妈妈终究不舍得扔掉一丝一毫。

一周后，姐姐要回广州，我也要回北京了。从大学毕业起，12年了，我们俩总是这样匆匆忙忙，除了平日里一周一次的长途电话，就只有过年时的7天假期才能和爸爸妈妈相聚。

妈妈坚持送我们去车站，多年来，这已经成为一种仪式。每次我们俩回来，爸爸妈妈都要去车站接；我们走，他们也要去车站送。可是，今年的迎来送往，妈妈变得形单影只。

姐姐坐的车启动时，妈妈和我一起对着车窗招手。而我坐上车时，却只有妈妈一个人站在那儿目送了。

我的手里捏着一瓶爸爸没来得及吃完的氨茶碱，这种廉价药，爸爸从得气管炎开始就一直在服用。我们上学时，他省吃俭用给我们交学费；我们毕业了，他依然要从牙缝里抠出钱来，想着给我们买房，让我们在大城市里有个家……

想到这些，我一直忍着不回头，怕看到妈妈越发消瘦的身影自己会控制不住眼泪。即使这样，汽车开动的瞬间，我还是把脸埋在了手掌里，无声啜泣。

到了火车站，我看到一个和妈妈年纪差不多的老人，颤巍巍地去水箱处接水，一不小心，水滴在了手上，她疼得缩了回去。我走过去，拿过她的杯子，说："阿姨，我帮你接。"那一刻，我做了一个决定。

我把火车票退掉，又买了两张第二天晚上的，然后坐上了返家的汽车。回家时，房门虚掩着，我蹑手蹑脚地进屋，对着正在发呆的妈妈轻声叫："妈……"

妈妈的身子一颤，看到我，她愣了。我笑着说："妈，我想过了，你得跟我走。"

"跟你干啥去？你整天不着家。"

"我尽量多陪你，这么多年，除了我刚买房时你和爸去过一次，还没长住过呢。"

"先让我想想。"

"不用想了，这是命令。我相信，这也会是爸的意思。"

妈妈想了想，点头同意了。

三

刚到北京时，我确实努力做到晚出早归，有事没事就陪妈妈聊聊天。但随着工作越来越忙，我渐渐变得力不从心。

曾经我以为，爸爸的去世会影响我的余生，但渐渐地，我开始疲于应付繁琐的家务和繁重的工作，还有女儿天天。

看到妈妈遥望窗外的眼神，我既无奈又心疼。一辈子生活在小镇的她，对电梯和小区里来来往往的车辆有着本能的恐惧。多数情况下，我不带她出去，她就整天闷在屋里。于是，我把陪妈妈的任务交给了6岁的女儿天天。天天由姥姥带大，和姥姥很亲，而且她上幼儿园放学早，有时间陪姥姥。

刚开始，天天还和姥姥有说有笑，但时间一长，她开始嫌姥姥无趣、行动迟缓。

有一天我下班早，回家时看到妈妈正抱着电话聊得开心。

我一听就来气："不是告诉你这都是骗子吗？你怎么和人家聊上了？"

"电话是她打过来的，又不花钱，聊聊怕啥？"

"万一上当了怎么办？"

"你整天不在家，我找个人聊天还不行？"

那天我们不欢而散。没两天，妈妈就提出来要回老家。她回老家，还能找老街坊聊聊天，打打桥牌。想到这些，我便答应了。

四

妈妈回老家后，我每天早中晚三个电话打过去，问她几点起床、吃的啥饭、又和谁约好去打牌等等。不知道是不是每对母女都是这样纠结地相爱：天天相见，吵个不停；一旦分开，便朝夕牵挂，唯恐对方冻着了、饿着了、被别人欺负了。

妈妈回去的第三个月，姐姐要买房，我还在还房贷，帮不了她多少，她也没跟妈妈开口。

从别人那里知道姐姐买房的消息后，妈妈在电话里就开始责怪我："这么大的事也不告诉我。你买房时我和你爸给了15万元，现在还有个11万元的存折，加上这一年的工资，差不多能凑14万元了。"

我说："那是你的养老钱，姐姐说不会动一分。"

"什么养老不养老的，只要你们需要，盒儿钱也得拿出来！"就这一句话，让我哽咽无语。

最终，妈妈凑了15万元。其实，把工资存折取得只剩下几十块钱，她才凑了14万，另外1万元是向亲戚借的。她说"得一碗水端平"，其实只不过是想让姐姐的压力小一点儿。

那一年，妈妈70岁。

每次和妈妈通电话，她都说身体好得很，不用挂念她。我知道她有青光眼、白内障，腿脚也不大灵便。

有一次，领导本来说加班，临下班却接到通知，说加班取消了。于是，我买了周六最早的火车票。

到家时，门锁着，问邻居，说妈妈一早就去医院了。赶到医院，找遍各个科室，都没看到妈妈的身影，我便先去上厕所。

小城市医院的女厕所和北京的一样，排着长队，时而有人加塞儿。我刚站到队伍末尾，就听到一个老太太在愤愤不平："这老太太真行，插队就插队了，还把尿撒到外面，让人家怎么上厕所？"

另一个接茬儿："是啊，这么大年纪，也不知道排队。"

我随着队伍往前挪了两步，却看到妈妈正尴尬地站在一个蹲位门前，一边系腰带，一边解释："我不是故意插队，这人老了，不中用了……"

"妈……"我叫道。看到我的瞬间，一辈子要强的妈妈泪流满面，"你不是说加班吗？怎么又回来了？也不提前打个电话，妈给你丢人了，妈给你丢人了……"

我把妈妈搀扶出去，找到卫生间专用拖把，把妈妈弄脏的地方清理干净。后来我才知道，妈妈是因为中枢神经损坏导致大小便失禁，这种症状已经有两个月了。我陪她做了一次全面检查，需要进一步确诊的项目，到北京再找专家瞧瞧。

这一次，我先回北京和领导申请调岗，换到压力小一些的部门；又跟老公和女儿做了沟通，希望他们在我加班时，多跟妈妈聊聊。最后，我在小区论坛上发帖子，帮妈妈征友，这样我们不在家时，她也能有人陪了。那个帖子，最终给妈妈带来了9个老乡……

做好一切准备，我给妈妈打了电话。在保证不会再让她孤单时，我脑海里浮现出这样一幅画面：朝霞满天或夕阳西下时，我陪着妈妈在公园里悠闲地散步，阳光让我们的影子拉得很长很长，像是要让最美好的时光永远停留在这一瞬间。

阿婆的存款

▼

文_吴念真

　　阿婆一辈子住在渔村，35岁那年先生就翻船死了，7个小孩最大的才17岁。她说，她以"我负责养小的，大的孩子自己养自己"的方式，把所有的小孩拉扯大。

　　4男3女，7个小孩后来都很成器，也许因为从小相互扶持，所以兄弟姐妹之间的感情始终非常好。

　　他们唯一遗憾的是，阿婆一直坚持住在渔村的老房子里，怎么说都不愿意到城市和他们一起住。她的说法是："一年12个月，7个小孩不好分，哪里多住哪里少住，他们都会说我偏心……而且一个人住，我自由，他们也自由。"

　　她说得虽然有道理，但孩子们毕竟不放心，所以在她70岁那年，帮她找了个看护，并且把老房子翻修了一下。70岁大寿那天，阿婆甚至还拿到　个这辈子从没拿过的大红包——一张350万元的支票，7个孩子各出50万。

　　阿婆当然拒绝。不过，老大代表兄弟姐妹发言，说这笔钱是给她当"奖学金"用的，说孙子们都在念书，让阿婆每年分两次依照他们的成绩发奖金，这样孩子们会更努力读书；如果有人出国留学的话，阿婆也可以拿钱出来"帮他们买飞机票"。

　　这理由阿婆觉得可以接受，所以就收了。第二天，老大特地带阿婆去银行开户，听说她还跟银行经理说："这是给我孙子读书用的，你要替我保管好。"

　　3个月后的某一天，阿婆没让看护跟着，自己一个人进了银行，要把钱全部取出来。

工作人员的直觉是诈骗集团找到阿婆了，所以很委婉地问阿婆提钱的理由，问了老半天，连经理都出面了，阿婆还是什么理由都不说，一直强调是她自己要取的，没人指使她，最后还有点生气地说："诈骗集团的事我知道，电视上天天播。"

经理没办法，只好给老大打电话，让他问阿婆提款的理由。刚开始阿婆还是不愿意说，甚至还赌气地呛老大："你们不是说这些钱是给我的吗？我自己的钱要怎么处理，难道还要经过你们同意？"

纠缠了将近半小时之后，阿婆跟电话那头的儿子说："我这辈子从没见过350万元钱到底长什么样，我只想取出来看一看都不行吗？"

阿婆这么一说，所有的人都愣住了，不过，刹那间仿佛全都懂了，经理当下就跟阿婆说："阿婆，您要看钱交代一声就好了，害得我还打电话打扰您儿子。"

没想到阿婆忽然像小女孩一样，害羞地说："我是怕你们以为我对你们不信任。"

经理说："哪会啊！钱是您寄放在我们这里的，看还在不在是您的权利啊！"

于是，经理叫人把350万元现钞拿进办公室让阿婆看。根据经理之后打电话给老大的描述——阿婆摸了又摸，还问他们："这确定是我的吗？你们怎么认得？"经理骗她说："我们把它放在有您名字的柜子里啊！"

他说阿婆还自言自语地说："以前要是有这些钱的话，日子也不用过得那么艰苦……现在日子已经好过了，这些钱……反倒用不上！"

话虽这么说，之后每隔一段时间，阿婆还会独自走进银行，找个工作人员小声地说："不好意思，我来那个……"

其实，阿婆不用说，所有的人也都知道她来做什么。

失踪的母亲

▼

文_帕蒂古丽

一

母亲走的时候，是痛苦的，还是平静的？意识是混沌的，还是清醒的？她有恐惧吗？母亲还活着吗？她真的不在人世了吗？

母亲至今没有下落。我不厌其烦地审视自己的身体，这是母亲失踪的那个年龄的身体。摸摸自己的身体，感觉母亲的肉长在我的骨骼上，腰腿酸痛时，我用身体体验母亲的疼痛，我把身子借给母亲，让她拼命使唤。

母亲走失后，我一直没有收拾过她的衣服，她几乎没有什么衣服可以收拾。

母亲从里到外穿的，都是我穿旧了给她的。怕尿液不小心渗透到裤了外面，我在裆部缝了毛巾绒加厚。每次洗好晒干，穿之前我都要用手揉搓后再递给母亲，看着她不要穿反了。

母亲冬天的衣服是父亲在世时给我做的一身棉衣裤，里面穿的是哥哥的破秋衣秋裤，罩衣是我上高中时穿的那件藏蓝色涤卡翻领装。她捡了父亲留下的男式裤子当罩裤，用布带子系着裤腰，裤腰太大，一不小心就会松了掉下来。

母亲走失后，我没有为母亲哭过。跟弟弟妹妹见面时，我们的谈话里只提起父亲，大家似乎竭力避免提到母亲，似乎从来没有过这个人。

有一次，我跟弟弟闲聊时不小心说到"妈妈"这个词，我说："如果妈妈在的话，应该有七十岁了。"说完我若无其事地看看弟弟，他吃惊的样子让我大惑不解，他像是第一次听到这个陌生的称呼那样，从一个长长的梦里清醒了片刻，也许他第一次意识到自己也有妈妈，又有点怨我不该随便提到这个词。"妈妈"对于他，只是一个没有实指的词，那个词代表的那个人，已经从他的世界里消失三十多年了。

母亲的失踪，变成了一件家族里隐晦的事情，不能像父亲的死那样被光明正大地提及。或者这比死更难让人承受，硬是要承认一个下落不明的亲人"已经死了"，这件事情比死亡本身还要复杂和残酷。

我最不忍心的就是告诉弟弟，我怕他的心里无法承受。可怜的弟弟，一个完全不知道妈妈为何物的孩子，六个多月大的时候就被送到了小姨家。后来没见过母亲几次，再告诉他却是母亲丢失的消息。我居然把他的母亲给丢了，他这一生恐怕还期待过跟母亲再次相认，就在小姨突然去世后，他还将"二姨"（母亲在她家姊妹中排行老二）改口叫"妈妈"。

二

过去，无论她清醒还是糊涂，我们都不肯承认她是一个正常人。我不明白，我们为何要这样否定她的意识，我们越是成长，就越是否定她，似乎我们的成长，一定要以她的意识消失为前提和代价，我们比小兽还要残酷。

母亲甚至在自己清醒的时候，都要装作发病，她怕我们不认识那个清醒的她。父亲有时恍惚说她装病，撒懒不想去干活。母亲时好时坏的样子，也会让他疑心自己一贯的判断，他很矛盾地否定这一点，说她就是一个彻头彻尾的疯子，根本没有脑子。

这句话，等于让母亲认定自己的病是不会好的，母亲只好再回到自己的病里躲起来。她怕父亲，父亲判定她的病不会好，她的病就不可能好。她也会反唇相讥，说我们是疯子，有病。我们恐怕真的有病，一家人真的都疯了。但是从来没有人会站在母亲那一边支持她，她的判定无效，她应该对我们很绝望吧。

我是一个自我欺骗到可以假装代替她活着的人。母亲失踪那年刚满五十，此后二十多年里，她和我的岁数一起在增长。我每年给她和自己分别加上一岁，每年我多出的白发，也就意味着她的头发白得比我多一些。我想象不出她衰老的样子，她走的时候，脸上只有麻子，还没有皱纹。也许脸上那些密集的麻点掩住了皱纹，或者说阻止了皱纹的生成。

我经常回忆跟母亲走过雪地去看我女儿的那个下午，夕阳的余晖冷冷地斜射在雪地上，我先是催着母亲走在我前面，自己从后面看她小心翼翼生怕滑倒的样子，后来干脆三步并作两步走在前面，给她示范走快了也不会摔倒。我走了一截，站在路上等母亲跟上来。站着站着，突然就想到了夏天，我抱着女儿走在这条路上，我累了，把她放在地上，让她自己往前走，她一步都不肯走，原地站着不动。我再往前走，她跟了几步，见我停下，又就地站着，等我退回去抱她。我叫她跟上来，她就往回退。我们中间始终隔着一段距离，谁都不肯让步。

我希望那段雪路一直在我的记忆里延伸，我就可以和母亲并排走在一起了。

到四道巷子的婆婆家，母亲进门拉住外孙女的小手，要给她暖手，反复地叫她的乳名，口里呢喃着："让外奶奶揣一揣尕手手……娃娃稀罕呐。"听到女儿奶声奶气地叫外奶奶，母亲欢喜得满脸的麻点都拉成了细线，在脸上蹦跳。那天她口齿清晰、礼仪周全，也没有一句自言自语，一直跟我婆婆寒暄，让对方很惊奇地睁大眼睛，迫使我不得不用另一种眼光，看待在我眼里显得有点异常的母亲。

三

我的意识经常飘出去，飘到跟母亲生活的边城。

母亲似乎刚刚还坐在屋里，站起来将耳朵边花白的头发拢进绿格子羊毛头巾里，说出去转转。我知道她随时都能从大门那边进来，我随时都能把她朝着我走过来的样子从记忆里调出来，复制到现在居住的小区的门口。她就那样在越来越深的暮色里，缩着脖子和肩膀，小心地走在窗外我看得到的路上，我一喊，她就会抬头，看见窗口张望的我……

我差点要喊出来，我穿上衣服，匆匆下楼去叫她上来。

我下了电梯，走出居住楼的大门，马路一下子空了，小区的大门开着，我问门卫："刚才那个进来的老年妇女，包着绿格子头巾，背有点驼，朝着这边走过来，你看见她去哪里了吗？她可能是我失踪……是我妈妈。"这个自然断了的句子，让我有点犯晕。我的另一股意识因为这个句子干扰，暂时中断了，我想起母亲失踪已经二十多年了。可我还是坚持认为，我看见的那个女人也许就是我母亲，她这么晚来找我。本来能遇到母亲的可能性，都被自己迟缓的动作破坏了。假如我早点下楼，不要盯着马路上的她发呆，也许我现在就站在她面前，向她介绍自己，让她辨认我。马路上与母亲相遇这个场景，经过我无数次模仿和演练，随时都能出现在我眼前。

也许有人给她指错路，她走到别的楼里，走不出来了。我觉得还是应该去找找，或者我站在马路上，等她出来。

姥娘土

▼

文_孙覆海

　　小时候，娘领着我们栽树。栽的树苗儿有高有矮、有粗有细，不拘大小。移栽的时候，娘总是要我们把树苗儿连同它周围的泥土一块儿深深地挖起来，这样，在每一棵树的根部，就有了一个很大的"土饽饽"，嫩嫩的根须裹在里面，一点儿也不会暴露。娘说："小苗子是在这儿长的，就得用这儿的泥土厚厚地包住它，这样苗子好活，往后长得好。"

　　姐姐有些不理解："从苗畦移过来，就几步远，这儿的土和那里的土还不是一样的吗？"娘笑着说："傻孩子，土看上去是一样，可差一尺是一尺，差一寸是一寸。和这些小苗子长在一起的土，是姥娘土。只有姥娘土才护得实，裹得紧，和小苗子最贴心哩。"娘又说："这些小苗子从种子落地到破土发芽，一直是在姥娘土里生，在姥娘土里长，要是把它们分开了，小苗子就孤单了。新换的土不会像姥娘土那样熨帖，苗苗就是活下来，也枯黄枯黄的，跟生了一场大病一样。"

　　我们在温暖的春风里，挖着姥娘土，愉快地和娘一起栽下了楸树、槐树和杨树，但栽的最多的是梧桐树。因为是挖了姥娘土栽的，所以我们家里的树不用"换苗"（移栽的庄稼或树苗，在初时要有一段叶发黄、枝发蔫的枯萎期，称之为"换苗"），栽到坑里只浇一遍水，很快就舒根展叶，欢欢实实地往上蹿。和邻居家同时栽的同样大的树相比，不用半年，我们家的就会高出一大扠呢。

　　姥娘土永远是无私的。在姥娘土的呵护下，小树苗儿一天天成长起来，从指头粗、胳膊粗长到碗口粗，最后树干粗壮得我都搂不过来了。那些年，家境极为贫寒，生产队里分的粮食吃不到年底就断了顿，囤里和缸里，连老鼠也懒得去了。

　　多亏了这些树。卖树所得虽说微不足道，但摊到一年365个日子里，可是管了大用场的，不但一家老小凑合着填饱了肚子，而且猪圈里还多了猪崽的欢腾，鸡舍里有了小鸡的喧闹。我和姐姐、哥哥，也就有了上学的书费、学杂费。贫困的庄户小院里，并没有因为贫困而减少半分生气和欢乐。

　　娘没有文化，除了能辨认出钱币上的数字，连自己的名字也不认得。那些年月，家里上有年迈的爷爷奶奶，下有我们4个弱小的孩子，爹常年在外工作，一家人的生活重负，几乎都沉甸甸压在娘一个人肩上。她日日夜夜为我们操持着，哪个吃不好穿不好，或者是有了头疼脑热，娘会急得满口生疮，觉也睡不安稳。娘的身体日渐瘦弱，而且早早地得了肺心病和慢性支气管炎，一到晚上，就听到她不停地咳嗽。

　　我长大成人，离开了娘到外地工作。

　　这时候娘也老了，背佝偻着，脸上的皱纹深一道浅一道；两只劳作了一辈子的手，背面青筋暴突，像爬了一条条蚯蚓；十个手指头，关节严重变了形，看上去有如盘结着一个个树瘤。但我每次回家，娘还是用这双粗糙的手，忙活着做出我最喜欢吃的饭食，为我抻展打了皱褶的衣裳。

　　娘的手偶尔碰在我的脸上，那粗糙的触感，让我心里一阵阵发酸。

　　那一年，我出了一趟远门，到了南极。

　　临行时，我从娘养的一盆蚂蚱菜花中，采了几粒种子。娘明白我的心思，便从花盆里包了一包姥娘土，悄悄放在我的行囊里。在地球的那一端，我用两个花盆种上了花种。一盆是用了当地的砂石土，尽管我也不断地浇水和松土，结果芽儿刚钻出不久，就枯萎了。而用母亲给我捎上的姥娘土栽培的，却长得极好，花灿烂地开着，枝儿叶儿肥嘟嘟的，队友们谁看了谁喜欢。

有这盆蚂蚱菜花相伴，在荒凉的冰雪世界，我从没有感到孤独、寂寞；有这盆花儿陪着，心里踏实得夜夜睡得香甜。由此，我懂得了一个道理：娘其实是我人生的第一个老师。她给我上的最要紧的一课，是教我不忘本，不论什么时候，不论走到哪里，只要有姥娘土在，心里就安全、踏实。

姥娘土护养着小树生长，等小苗儿长成了大树，姥娘土就成了干巴巴的土，它甚至连供一棵小草生长的营养，都没有了。为了小苗子，它耗尽了自己的全部。那一年，为我们操心操劳了一辈子的娘得了重病。手术后，娘脸上没有一点血色，身子蜷缩在床上，似乎只剩下了一副骨架。看到这些，我心上像扎了一把刀子。我趴在床头，两手不停地轻轻揉搓着她的手，以图帮娘减轻一点痛苦。我一边揉一边在心里说："娘啊，您的这双手，还能再领着我们挖姥娘土栽树吗？还能'咯噔咯噔'地擀面皮、包饺子吗？"

娘去世后，我突然感觉自己老了。有娘在，自己就永远是个孩子，感到身上活力无限。原来，那是因为有母爱，有"姥娘土"，这就像有一道墙在前面庇护着我，这就像有一座山在后面支撑着我。现在，娘走了，"姥娘土"没了，这道墙、这座山，都不见了。和娘一起栽下的树，早就变成饥荒岁月中度命的粮食，它们也不存在了。但娘栽在儿子心中的树，那永远包裹着姥娘土的树，从来就没有停止过生长，它要长一辈子！

黄昏里的母亲

▼

文_黄孟轲

妈挑着从河塘边捞来的"革命草"（家乡的一种草，又叫"共产草"），她身后是鸭蛋黄一样挂在五磊山头的太阳。这草每天挑一担，用来喂猪。

妈已经五十多岁了，现在城里的女人到了五十多岁还是嫩嫩的，我妈却老了。生养过三个孩子却夭折了两个的她不知伤过多少心，怎么会不提前落入黄昏？

太阳没入了山头，我虽放了暑假，但妈从不让我去地里，说读书人要像读书人的样子。爸殁了后，家里的千钧重担都由她一人担着。

吃晚饭了。妈说要我陪她喝点酒，酒是村头小店里的烧酒，我们沉默着，"吱吱""啧啧"地喝着。夕阳投入屋里，桌子上一个酒杯，一只碗，一双筷子，就这样，再有八天爸就殁了满三年了。墙上爸的遗像让妈罩了一张塑料纸，爸脸上有点光，他总是这样陪着我与妈，我在学校时是妈陪着他。

妈的脸紫红紫红的，她叹了口气。我知道妈叹什么。都是因为穷，因为病，爸同妈吵了一辈子，现在妈没人好吵了，也吵不动了。小时候她骂我，也骂爸，还同她的婆婆对骂，要骂得嘴边沾满唾沫才罢休。我发觉妈是真的老了，这三年来对我和善了许多；最近我甚至发觉她有点怕我，同我说话前竟要先瞥我几下。

"冬天日头走条街，夏天日头斫担柴。"夕阳落得慢，瓦屋里还是有点暗，我与妈都默默地立着。我看看妈，不知怎么，竟想起以前画册里看过的印象派画家莫奈的《黄昏》：一位母亲与小孩坐在尼罗河边，远处船帆点点，母亲长裙飘飘，一脸高贵，有点像安娜·卡列尼娜，又很像伊丽莎白公主。我所读的省重点高中里，也常有同学的妈妈来看自己的孩子，有开着宝马车来的，有一身浓香来的。早上起床时，我说脸很烫，妈探手摸摸我的脸，我一颤，妈的手永远都有一股河泥味，触感如石头一般粗糙。

我给妈夹了一块剩下的炒鸡蛋，妈的牙掉了不少，默默地吃着。我走到屋外，夕阳快消失了，夕阳大概渐渐落到了妈的心里、身体里。俗话说，女人四十豆腐渣，那我五十多岁的妈是什么？是泥土，妈也只能是泥土，她把生命都给了泥土。城里女人常关注香水、长裙、化妆品、高跟鞋，而妈这辈子可能连梦里也不会去想这些，妈说她不会做梦，妈是没工夫做梦。只有一次，当时我还在读高一，她一早就哭着对我说："我夜里做了梦，哭醒了。"我说："你哭什么？"她说："梦见我死了。"妈是说她自己死了。妈揩了一把泪："我死，没关系，你咋弄？还咋活？"我笑妈一大早莫名其妙地说死，多不吉利。那天回校后，我晚上躺在寝室里，半夜醒来，想起小时候半夜醒来会先摸摸身边的妈，没了妈，会惊吓得大哭。我十九岁了，想到这儿，要是真的有一天妈没了，我会怎样？！

爸殁的时候我倒还没这样想。爸生前也算是半个读书人，读过龙山高中，但没考上大学，在大队的厂里跑过外勤，在小学代过课，生病前在海边同二伯一道承包了一个养蟹塘，风风雨雨在海边。妈一个人管田管地，还养猪。爸是累死的，妈累得像过早衰老的老太。

小村全黑了，圈里的猪"嗷嗷"叫着。妈出来喂猪，在我身边站了一会儿，说："好好读书去，天都黑了。老师布置的作业写了多少字？你看看人家阿林的囡，大学毕业后到上海外国人的公司里做事。伊娘昨天讲，她囡明年还要带爹娘看世博会……"

我默默走进屋。妈在黑黑的猪舍里忙着，骂猪长得太慢。

父亲的春运

▼

文_黑王辉

父亲为了生计，老早就去了南方。拉丝厂、皮件厂、电子厂、雪糕厂……听父亲说，他干过很多工作，哪里挣钱多，就去哪儿干。我问他："一天干十几个小时，熬人不？"父亲说："多干一个小时多得一个小时的钱，一点都不熬人，虽然辛苦，可心里是喜悦的。最熬人的是回家过年。"

过年时招工紧张，可以比平时拿更多的钱。可是家里有妻子念着，孩子盼着，怎么着也得回去啊！不过，父亲订的票一般都是腊月二十八九的，因为可以多干几天，拿到更多的钱。等干完活，父亲就匆忙地往火车站赶。

火车站已经人满为患，父亲想找个地方歇歇脚都不行，全部的座位都被像他一样的农民工占满了。编织袋、包裹、行李箱，一个人带几大包，锅碗瓢勺、涂料桶、鞋刷子什么的，都随身带着，不舍得扔掉。城市人不要的垃圾，他们都当成了宝贝。

火车站弥漫着汗臭、脚臭、方便面味和带孩子女人的奶香味等混合在一块的复杂气息。父亲在厕所旁找了一片空地，也顾不得颜面，直接铺张报纸坐下来，开始想接下来20多个小时漫长而无尽的旅途。

检票铃声响了，大家从座位上站起来，开始往进站口挤。这么多人，这么拥挤的人群，要想让他们排队，是不太可能的。本来好端端的一队，就变作两队，后来就横横竖竖找不到队了，密密麻麻围满了人。父亲在人群中觉得有些燥热，想擦一把汗，一来手里拎着行李，二来根本就动不了，前后左右都是人。父亲没有办法，只有任汗水在脸上流淌，汗津津地浸湿了新换的衣服。

开始检票了，父亲被人流推搡着、拥挤着往前走。父亲想停下来让检票员给他检一下票，可是还没等他停下，很快就被人群推向前了。前面的人已经把火车塞得满满当当，有票也上不去。父亲看见火车开着窗户，就给坐在窗户边上的老乡说了好话，让他把行李扔进车厢，他则直接扒着窗户爬了进去。

父亲的脚刚落地，火车就开动了。父亲在心里暗叫道："好险啊！"

车厢里到处是人。父亲有经验，知道这时上厕所比较困难，一天都没喝水，就啃了两个面包，别的什么都没敢吃。

在火车上的20多个小时里，父亲一动不动，渐渐有些麻木。但在他心里，只有一个信念，那就是早点回家。家，在召唤着他。

幸好，父亲每年都能够平安到家。

爷爷奶奶的1942

▼

文_吴润萌

1942年，河南大旱。我奶奶说，她所在的村子一年就没下过几场雨，即便下雨，也就是湿湿地皮。播种下去的小麦很多都没能长出来，即便是水浇地，麦子产量也很低。然而，干旱却还不是最要命的麻烦。

"开封大蝗，秋禾尽伤，人相食。"这句话说的是明崇祯十三年（1640年）的情景，曾经被广泛用来描绘蝗灾时的场面。300年后，这个情景再一次出现在这片土地上。由于干旱，土壤含水量下降，蝗虫产卵数量大为增加。"蝗虫来的时候真的是遮天蔽日。"我奶奶回忆，那个时候经常干的一件事儿，就是把鞋脱了绑在一根木棍上，把地里的蝗虫赶出去。我曾问过："为什么不烧火驱赶蝗虫？"答案是这样的：农村的可燃物主要是谷子秆、玉米秆、麦秆，然而这些都已经被吃掉了；又因为当时农村普遍迷信蝗虫成灾是老天爷的警示，所以，只能客客气气"请"它们到别处去。

就这样，1942年的干旱和蝗灾让平日生活还说得过去的奶奶家也开始面临"吃"的问题。

我老姥爷（奶奶的父亲）是当地私塾的教书先生。由于家里有14亩土地，老姥爷每月还有学生奉来的粮食，所以，平常年景里日子要比我爷爷家强一些。我爷爷家除了自家窑洞上面的3亩平地，剩下的土地都位于两里外的山上。

寻常年景里，按照"忙时吃干，闲时吃稀"的原则，农忙时节的主要食物是玉米面和谷子糠混合做成的饼子，一日三餐；农闲时节的主要食物是玉米面和谷子糠混合做成的稀饭糊糊，一日两顿。小麦磨的面粉主要是做成蒸馍，当村里哪一家"办事儿"（包括结婚、出殡、生子、满月等）时，作为礼物带过去。若有剩余，则在过年的时候做成面条，算是改善伙食了。

但是在1942年，一日三餐的食物是这样的：杨树叶子、榆树叶子、柿子树叶子、榆树树皮和草根。长时间吃这些东西，人就会全身水肿，脸露青色，口吐绿水。开始的时候，地里还有绿色的树叶，后来只剩下枯黄的树叶，再后来，就什么都没有了。村子里榆树的树皮全部被人扒走，就剩下花花、赤裸裸的树干，在太阳下闪着疹人的光。每一天都有人死去，首先是老人，其次是幼儿，很多青壮年已经开始结伙外出逃荒，沿着陇海铁路，目的地是陕西宝鸡。这其中就包括我奶奶的两个哥哥，当时他们一个15岁，一个13岁。10多年之后，两人才返回老家。

这种情况下，当地的保长和甲长开始在各村布"舍饭"，每人每天限量一碗。我奶奶的日常生活主要有两项：一是挎着篮子，拿根树枝去地里扎树叶，一是抱着陶罐去村里领舍饭。相对于村里的舍饭，竹川县城的舍饭强一些，同样是谷子糊糊，但至少敞开供应，不限量。不过能享受到这个待遇的人并不多，每乡每村按比例给名额，要求必须是最穷家庭里的男孩，我爷爷就是其中之一。

1941年的冬天，饥荒、疾病、严寒和长时间的疲劳，带走了我太奶奶的生命。家里已经没有粮食，又欠了一大笔药钱，只剩下了一条路，就是卖地。太爷爷将家里较好的两亩地典给了村西的一户人家，换来了6斗小麦，卖了一部分，给太奶奶买了几件寿衣，算是一个交代。卖地换来的小麦很快吃完了，家中基本断粮了，爷爷也开始去地里拾树叶。可是，他在河沟的地里转了几圈也没捡到一片叶子。就在爷爷提着空空的篮子回家的路上，突然发现地主家院子里的墙角放着一大堆柿子树树叶，有的还是10月收柿子的时候带下来的青绿叶子。爷爷忍不住肚内的饥饿，从墙头爬了进去。正在捡树叶的时候，地主的儿子回来了，一脚把爷爷的篮子踢飞说："你小子还真会捡树叶，捡到俺家来了！你把树叶都捡完了，俺拿啥喂牲口！"

腊月初，家里彻底断粮了。全家人每天只能喝一顿从太爷爷枕了多年的枕头里倒出来的秕谷糊糊。太爷爷把爷爷叫到跟前，说："现在雪下得这么大，就是出去要饭也出不去了，只好去你五姨家借几斗谷子先吃着，等天晴了再想办法。"爷爷听了，抓起一个破布袋往腰里一缠，顶着雪出门了。

去五姨家需要翻一个山头，在宽不过两尺的下满雪的小路上，爷爷趴在地上手脚并用爬到了山顶。坐在山顶一尺深的雪里，我爷爷久久不愿向下走。虽然只有十一二岁，但也知道，向亲戚借粮是一件脸上很没光的事情，可是又能怎么办呢？

到了五姨家门口，爷爷把头上和身上的雪拍打干净，走进了大门。五姨看到我爷爷，叹了口气，问："雪这么大，有啥急事？"爷爷说："家里已经三天没粮食吃了，俺爹让俺来借点谷子，回家过年吃。"五姨并没有答话，只是把锅台后面的一个砂锅放在火上，锅里热的是吃剩下的面条，又随手递给了爷爷一个碗和一双筷子。我爷爷几天没吃过饱饭了，更没吃过这样好的白面面条，还没等热好，就吃了起来。

吃过饭，五姨说："现在家里没有谷子了，其他粮食也不多了，前几天买了一块地，把粮食都卖完了，你回去给你爹说，叫他再想想别的办法吧。"我爷爷听完，什么都没有说，强忍着眼泪，愤愤地走出了院门。五姨家院墙上挂着的一串串玉米，在雪夜里格外显眼。

还是没有吃的，最后太爷爷只能把祖先牌位下存放的镇宅之宝——两串古铜币拿出来，换了5升小麦。靠着祖上传下来的这两串古铜币，全家撑到了县里布舍饭，熬过了1942年。

故乡去了天堂

▼

文_盛可以

远方有多远

姐姐常带着我上课。学校很大，原本是一座庙，从几十级麻石阶梯拾级而上，跨过高高的门槛，走进巨大的礼堂，那是过去烧香拜佛的地方。礼堂四通八达，环形廊柱包围天井，天井里种着两棵古树。姐姐的教室在二楼，木楼板的空隙很大，看得见楼下上课的学生，我总是朝缝隙里吐痰。等我到了上学的年龄，这座庙忽然塌了，教室只能临时安置到我家。我家的堂屋宽敞，砖砌的凳子能坐三四十个小学生。我原是想到很远的地方去读书的，背着书包，一路走，一路耍，结果不幸在家连上了三年学，始终因此闷闷不乐。

那时的我对河那边的世界充满好奇与幻想，大约十岁那年夏天，竟然游过了河，兴冲冲爬坡上堤，纵目一望，和我家这边一模一样，顿时心情沮丧，几乎没有力气再游回去。后来总想，要去多远的地方，世界才会有所不同？甚至羡慕别人有远亲。那些远亲来到村里，总会搅起波澜，尤其是城里来的小孩子，干净又时髦，蕾丝边白袜子配黑皮鞋，走路蹦蹦跳跳，说话腔调异样，人们盯着她们看了又看，眼神也是神往的。要是来一辆解放牌汽车，村里更是炸开了锅。大人和小孩一样，渴望并喜欢新鲜事物的出现，只是不再幻想与期待。而我始终感觉自己被困在那儿，从孩提时代到青春期，心向远方，犹如折翅的鸟，在单调乏味的乡村做着飞翔的梦。

世界上最光明的夜晚

妈妈总要等到屋里黑得看不见了，才肯点亮煤油灯。小孩子就在灯边做作业，外围的人只能借着余光做些无关紧要的事。放大了的人影在墙上变换，显得家里人来人往，如果没人说话，墙上就像在播放默片。妈妈隔一阵就要取下灯罩，擦干净玻璃罩上的黑烟。那时候，我们的视力好得出奇，以为煤油灯下是世界上最光明的地方，只要油满满的，灯亮着，日子就是好的。记不清乡下哪一年通电，也许是我上小学三年级的时候。一个五瓦的灯泡，高高悬在屋中，实在不比煤油灯亮。但电灯安全，妈妈不用担心煤油灯起火——邻居家孩子的半边脸都被煤油灯引起的火灾烧坏了，嘴巴都变了形。

我喜欢煤油灯。那时大家总是聚在灯下，做完作业就猜谜语。最有意思的是在地图上找字。那时我还没学地理，二哥报个地名，我半天找不着。二哥老问我"一斤铁重还是一斤棉花重""一滴水每次滴一半，多久才能滴完"这样的问题，我总是答错。

现在的生活，一旦停电便一切瘫痪。电加快了生活的速度，也疏远了人心，人们很少围灯夜谈，就连春节团聚，也是各玩各的，看电视、玩手机、打游戏……不再有东西能将老少拢在一起。怀念煤油灯的光明、灯下的缓慢成长以及默片似的影子。

父亲想做城里人

▼

文_南在南方

　　"时间像个推子，一不小心就把头发畔儿向后推了半尺！"他刚大学毕业那年，回到老家，父亲摸着自己光秃秃的脑袋这样对他说。他脸上虽然笑着，心头却忽地一软。那一刻，他坚定了要把父母接到城里的打算，谈不上让他们享福，但至少在身边有个照应。60岁的父亲却再次坚定地说"不"，说以他的身体，再劳动10年根本不成问题。父亲说："与其去城里拿个木剑练太极，不如拿个锄头在乡下种地。"他想再劝，父亲来了一句："人挪活，树挪死，我就是一棵树！"言下之意，去城里等于要命。

　　转眼父亲就70岁了。除了偶尔来城里小住，他和母亲多半时间都生活在老家。二老将小院子拾掇得干净整洁，喂鸡养狗，酿酒做醋，日子过得有滋有味。他每年春节回一次家，来去匆匆，如同度假。有一年回家，父亲走在前面，他跟在后面，父子俩一起走到了地头，并肩坐在山脚下后，父亲指着一片地说："百年之后，安身之所。"这里葬着父亲的父亲，父亲选这里为安身之所，他理解。

　　他不喜欢听父亲说到死，想安慰父亲，却找不到一句合适的话。于是，他忍着眼泪，表了决心："等我将来死了，就睡在你边上！"父亲愣了一下，说："等你成了老骨头，得留给儿子才对！"然后，父子俩就笑了。

　　一晃又几年过去了，父亲已是满头白发。这年冬天，父亲忽然来电话，说要来城里过年。他欢天喜地马上驱车千里回家接人。临行前，父亲请左邻右舍来家里喝酒，酒桌上的父亲非常骄傲，说这次去城里后就不回来了，他要去享儿子的福了。

那年的年夜饭，父亲吃得尽兴，喝到微醺后还哼起了小曲儿。吃完饭，父亲却冲进卫生间剧烈呕吐。他以为父亲醉了，母亲悄悄说："像这样的呕吐有一段时间了。"他一下紧张了，父亲却指着养胃丸说："这药管用。"他便没怎么在意。

一天深夜，他在书房，父亲走进来说："我在街边看到花圈店，门口写着'殡葬一条龙'服务，就顺藤摸瓜，坐车去郊区的墓地看了。嗨，城里的墓地真大，有树有草有花儿的，真幽静。"父亲这样说的时候，他愣了，父亲则像个孩子似的继续唠叨："我一下喜欢上那地方了，还想着回头死了，当一回城里人……你看行不行？"

自始至终他都没说话，到最后认认真真地点头。等父亲出去后，他却泪如雨下。父亲一天天老去，生死离别的场景越来越紧迫，他预料得到，却不知道如何面对。

半个月之后，父亲让母亲做了一桌好菜，等着他和妻儿回来。吃完饭，父亲咳嗽了两声，看着他说："我怕是不行了。我的病，跟村里去世的几个人一样……"父亲拉了拉他的手又说："你妈，我就交给你了。"说完又把他的手放在念高中的孙子手里说："我把儿子交给你啦！"

第二天一早，他陪父亲去医院检查，父亲已是胃癌晚期。他抱怨父亲一直隐瞒，又懊悔自己怎么就没发现。但父亲坚决拒绝治疗，理由是"治与不治都得一死"。老家得这种病的人，最后都去世了。他没有坚持，因为医生也说，太晚了。

都说落叶归根，他问父亲回不回。父亲摇头，说他想做一回城里人。

按照父亲的遗愿，父亲在一棵松树下长眠。每逢周末，他和母亲去墓园坐一会儿。

有一天，他问母亲："父亲怎么突然想当个城里人？"母亲流着泪说："你爸想让你安心，说你在城里没根儿，他埋在这里，你就有根儿了。他还说，回老家扫墓路途太远，他来了，你就不用长途奔波。"

他想，这辈子父亲从未被打倒过，如果来生有缘做父子，父亲也一定是打不倒的吧？因为父亲在倒下之前，都还在想着怎么撑他这个儿子一把。

民间哲学家

▼

文_牛 虹

　　有一天下班，风雨大作，伞被刮得翻过来，裙摆被淋得往下直滴水。我好不容易挤上公交车，肩挎着小包，手提着雨伞，一只脚落地，一只脚悬空，听到包里手机一遍遍地唱着"祝你平安"，却没办法接。

　　在我对面的，是一个四十来岁的男人，也是刚上车。他一只手抓着吊环，身体随着车厢晃动。估计是搞装修的，身上散发着木屑和油漆的气味。他是和他的朋友一块儿上来的，身上也湿透了。

　　"大姐，你的手机响了。"他看着我说。

　　"大姐？我有这么老吗？"我心里说着，并不去接。虽然悬着的脚终于落了地，但心里依然悬着许多事。父亲生病住院，孩子面临高考，自己的职称考试不知能否通过，整天忙得像陀螺。

　　到了下一站，下去了几个人，车厢里稍微宽松了一点。他晃晃肩膀，笑着自言自语："这下地方大多了，可以打拳，跳舞都行！"

　　我心里好笑："倒是蛮乐观的！"腾出手来掏出手机，一看是个不熟悉的号码。忙了一天，事情够多了，少一件是一件。

　　他换一只手抓吊环，身体还是随着车身摇晃着。这时，他的手机响了，他站稳后接起来，声如雷鸣，一车人都能听见。"孩子生了？好！是男孩还是女孩？女孩？好！我们一会儿就到医院了。"接完电话，他对我说："是我闺女生了，试管婴儿，不容易啊！"

"那要祝贺你当外公了！"我随口说道。

他笑着说："闺女结婚好几年了，一直没有孩子。"

"看你不像会烦心的人哪！"我见他总是笑着，憨憨的。

"我以前遇到事情也经常发火。"他指着他的朋友对我说，"多亏老张的开导。我们在一起搞装潢，我是木工，他是油漆工。"那时老张正透过玻璃窗，微笑着看着窗外的雨景。

"呵呵，老张是怎么开导你的？"

"老张告诉我，一生中只要去过三个地方，就再也没有烦恼了。"

我追问他："哪三个地方？"

他说："我们在医院干活的时候，看到那些病人做化疗，头发掉得光光的，老张告诉我：'我们是健康的！'我们在监狱干活的时候，看到犯人们待在牢房里，最多只能在院子里放放风，老张告诉我：'我们是自由的！'我们在殡仪馆干活的时候，看到那些即将火化的尸体，老张告诉我：'我们还活着！'"

我承认他说得有道理，人生不可能事事顺心，凡事需要学会退一步想。然而健康、自由地活着之外，是不是还应该有些追求？

"具备这三条之后，人才可能追求更多的东西，比如知识、文化、娱乐。"

他似乎看出了我的心思，这样解释说。

我笑着问："这都是老张告诉你的？"

"你怎么知道的？"他快乐地笑着，向老张挤挤眼。

我对老张说："你真是一个哲学家！"

老张并不搭话，他竖起一个大拇指，给我一个微笑。天已放晴，他的脸上有一片阳光。

"老张是个聋哑人。"他说，"老张原来好好的，小学时生了一场病，误诊，就哑了。不过老张聪明，什么活儿一看就会，什么道理都懂。"

　　听了他的话，我觉得很诧异，再看老张，却是一副很自足的样子。是啊，连他们都懂的道理，为什么我悟不出来呢?

　　这时，我的手机又响了，还是"祝你平安"。我赶紧按下接听键……

葬 礼

▼

文_风举荷

爷爷的葬礼，办得很像一场乡间社戏。

从邻乡请的锣鼓队，开了辆面包车来，直接在大门口摆开台子。一个年轻姑娘拿着麦克风，震耳欲聋地唱着《真的好想你》。老宅前方的打谷场上搭着个蓝色的塑料大棚，里面塞了五张八仙桌，旁边支着两口大灶。一个村的人轮番来吃流水席，从早晨就开始吃烤鸭、喝啤酒。

乡间的夜很黑，也很静。塑料大棚里拉了电线，点着两只40瓦的白炽灯，在初夏的星空下像两只发呆的萤火虫。守灵的，有一桌人在玩扑克，另一桌人玩的是麻将。偶尔会传出几声悲恸的长哭，中间还夹杂着听不懂的言语，那是锣鼓队的附赠项目——哭丧。老宅里乱糟糟的，长久不住人了，地面泛着潮气，四处散落着麻袋包袱，方便爷爷的子孙、乡邻奔丧时跪拜。厅堂正中央摆着爷爷的棺木，红彤彤的，刚刷过新油漆，散发着刺鼻的味道。爷爷没有躺在里面，而是直接被送到了殡仪馆，等待着三天后的火化。

爷爷要是活着，一定会挂根拐棍，戳戳捣捣，对这场葬礼暴跳如雷——简直没一样能如他的意。

爷爷20多年前就准备好了自己的棺木，用的是乡间最结实的枣木，现在子孙却要把他塞到炉子里化成灰；平日里他百般节俭，每逢年节，奶奶要杀一只鸡，他都要难过半天，现在居然摆起流水席；这辈子爷爷最恨的就是赌，以前除夕夜，儿子出门打牌，他都会摸到别家堂屋，一把将桌子掀翻，现在大伙竟然在他的葬礼上打起了麻将……但都没有用了，他彻底沉默了。其实很多年前，就再也没人听他的了。

有一次我回家，二姑和小姑也在，大家敦促爷爷把他攒的钱都拿出来，整理清楚。一辈子都是他在管钱，奶奶永远不知钱放在哪儿。他搬来大桌，又架上小桌，哆哆嗦嗦地爬上大门头，在某块砖的背后，摸出一个锈得看不出原样的小铁盒，里面有一大卷现金，还有他在信用社的存折。理了半天，怎么也对不上他记忆中的数字，他开始慌了，浑浊的眼里简直要溢出泪来，暴躁地大喊："肯定被谁偷走了，肯定被谁偷走了！"后来还是二姑说："你上次不是给了双银（我的大姑）3000块钱，让她帮你存起来嘛……"他想了半天，才安定下来，嘴里诺诺地重复："我要她还给我，我要她还给我。"那天整理出了他一辈子的积蓄，4.6万元。这些钱可能刚够买一枚钻戒、半辆汽车、城里一套房子的一间厕所……

爷爷知道他这辈子有多小气吗？我活到30岁，他给我最大的一笔钱是某年的压岁钱——20元。他好像总共也就给过我那么两三次的压岁钱。每年春节前，他只赶"光蛋集"，就是除夕前的最后一次集，那时，对联、红纸、爆竹、香火都是大甩卖，他买什么都能比别人便宜。

我成家的那年，中秋节回家，爷爷看到我，又神秘又兴奋地把我拉到西厢房，像献宝一样轻轻推开木门。墙边靠着一张巨大的锈迹斑斑的钢丝床垫，不知谁把席梦思床垫用坏了，布面全无，那堆烂弹簧就扔在了路边。爷爷不知道用什么方法把那堆铁丝捡了回来。"你带回家，铺上几床新棉絮，睡上去一定很舒服。"他语气里充满着兴奋。

爷爷70岁时，还下河摸河蚌，带回来砸成粉喂鸭子。80岁时，干不动农活了，他就去别人收割过的稻田和麦地里，一点点捡拾散落的稻穗和麦粒，饱的自己磨粉，瘪的喂小鸡、小鸭。

他的太公和爷爷都是贫农，拼死干活，积攒了几辈子，才在他这一代买了几十亩地，盖了三间草房。可很快，新中国成立了，地又被分给了大家，他只好默默地在自家的几亩地里耕耘。

他年轻时是大队书记、种田好手，会杀猪，会给牛接生。

他有三个女儿，一个儿子。三个念了书，如今都当了老师，一个成了县城里的裁缝。

他的儿子——我的父亲，是恢复高考后乡里出的第一位大学生。听说接到录取通知书那天，爷爷高兴得在河埂上打滚。

爷爷过了70岁，耳朵越来越不好使。

身边的老人一个个离世，年轻人不是出门打工就是整天忙碌，爷爷越来越沉默，开始整天在田间地头游荡，不论严冬酷暑，他在他熟悉了一世的田里，寻找安慰和自足。

爷爷84岁那年，被送进了养老院。我每次去看他，他总是坐在那条气味浓重的甬道的尽头，靠在一张歪歪斜斜的木椅上，有气无力地低着头，好像什么也不想。他生命的最后两年，都是在那个死亡气息浓厚的地方度过的。每个周末，他能看到儿子或女儿一次，享受一次加餐。每当季节交替，他都会生一场病，只有那几天，他的孩子们会陪在他身边。

因为在养老院住了两年多，再没干过农活，爷爷虽然干瘦，却被养得很白皙，看上去养尊处优。一辈子塞满了泥巴和灰尘的指缝和指甲，干净得很。

他走的前一天，小姑去看他，给他理了发，洗了澡。一辈子都在泥地里打滚的爷爷，走的时候，和来到这个世界时一样，干净极了。村里的人都说："这老头是白喜事，有福气。"

写到这里，我的眼泪终于落下来。他的葬礼已经过去三个多月了。

寿　地

▼

文_刘　墉

　　小时候，父亲常带她去爬山，站在山头远眺台北的家。"左边有山，右边也有山，这是拱抱之势，后面这座山接着中央山脉，是龙头。好风水！"有一年深秋，看着满山飞舞的白芒花，父亲指着山说，"爸爸就在这儿买块寿地吧！"

　　"什么是寿地？""寿地就是人死了之后，被埋葬的地方。"父亲拍拍她的头。她不高兴，一甩头，走到山边。父亲过去，蹲下身，搂着她，笑笑："好看着你呀！"

　　十多年后，她出国念书回来，又跟着父亲爬上山头。原本空旷的山上，已经布满了坟。父亲带她从一条小路上去，停在一个红色花岗岩墓碑前。碑上空空的，一个字也没有。四周的小柏树，像是新种的。

　　"瞧！坟做好了。"父亲笑着说，"爸爸自己设计的，免得突然死了，你不但伤心，还得忙着买地、做墓，被人敲竹杠。"她又一甩头，走开了。山上的风大，吹得眼睛酸。父亲掏出手帕给她："你看看嘛！这门开在右边，主子孙的财运，爸爸将来保佑你发财。"

　　她又出了国，陪丈夫攻读博士。父亲在她预产期的前一个月赶到国外。她临产时也是父亲送她进医院，坐在产房门口守着，紧紧跟在她丈夫背后，等着女婿翻译生产的情况。

　　住院回到家，一进家门，闻到一股香味。不会做饭的父亲，居然下厨炖了鸡汤。父亲的手艺愈来愈好了，常抱着食谱看，有时候下班回家，打开中文报，看见几个大洞，八成都是食谱文章被剪掉了。有一天，她丈夫生了气，狠狠地把报纸摔在地上。厨房里，刀铲的声音一下子变轻了。父亲晚饭没吃几口，倒是看小孙子吃得多，又笑了起来。

小孙子上幼稚园之后，父亲就寂寞了。下班进门，常见一屋子的黑，只有那一台小小的电视机亮着，前面一个黑乎乎的影子在打瞌睡。父亲心脏不好，行动越来越慢了：慢慢地走，慢慢地说，慢慢地吃。只是每次她送孩子出去学琴，父亲都要跟着。坐在钢琴旁的椅子上笑着，盯着孙子弹琴，再垂下头，发出鼾声。

有一天，经过教堂附近，父亲的眼睛突然一亮："哎！那不是坟地吗？埋在这儿多好！""您忘啦？台北的寿墓都造好了。""台北？太远了！死了之后，还得坐飞机，才能来看我孙子。你又信洋教，不烧钱给我，买机票的钱都没有。"

拗不过老人，她去教堂打听，说必须是教友，才会给他卖地。

星期天早上，父亲不见了，近中午才回来。"我比手画脚，听不懂英文，可是拜上帝，他们也不能拦着吧！"父亲得意地说。

她只好陪着去。看到没牙的父亲装作唱圣歌的样子，又好气又好笑。一年之后，她办了登记，父亲拿着那张纸，一拐一拐地到坟堆里数："有了，就睡这儿！"又用手杖敲敲旁边的墓碑："Hello，以后多多照顾了！"

丈夫拿到学位，进了一个美商公司，调到北京，她不得不跟去。"到北京，好！先买块寿地。我死了，说中文总比和洋人比手画脚好。"父亲居然比她还兴奋。

"什么是寿地？"小孙子问。"就是人死了埋葬的地方。"女婿说，"爷爷已经有两块寿地了，还不知足，要第三块。"当场，两口子就吵了一架。

"爹为自己买，你说什么话？他还不是为了陪我们？""陪你，不是陪我！"丈夫背过身，"将来死了，切三块，台北、旧金山、北京，各埋一块！"

父亲没说话，耳朵本来不好，装没听见，走开了。

搬家公司来装货柜的那天夜里，父亲病发，进了急诊室。一手拉着她，一手拉着孙子，从母亲离家就不曾哭过的父亲，居然落下了老泪："我舍不得！舍不得！"突然眼睛一亮，"死了之后，烧成灰，哪里也别埋，撒到海里，听话！"说完，父亲就去了。

抱着父亲的骨灰，她哭了一天一夜。想到台北郊外的山头，也想到教堂后面的坟地。如果照父亲说的，撒在海里，她还能到哪里去找父亲？她想要违抗父亲的意思，把骨灰送回台北，又想完成父亲生前的心愿，将他葬到北京。

乡村打喜

▼

文_陈孝荣

　　我的老家鄂西，乡村有"打喜"的习俗，无论谁家生了孩子，都要"打喜"。

　　当婴儿的第一声啼哭打破乡村的宁静，这户人家的所有成员，都开始脚不沾地地忙碌起来。先是把月婆和新生儿当成金子疙瘩一样照顾着，再是请阴阳先生选择吉日，定下"打喜"的日期。然后挑出最大最好的鸡蛋放在锅里煮熟，用红淀粉将熟鸡蛋染红，派儿子送到丈母娘家。当女婿的双腿一迈进丈母娘家的大门，"喜报"就到了。此谓之"报喜"。时间一般定在"洗三"或在"满月"之时。"洗三"称之为"洗三酒"，"满月"称之为"满月酒"。但无论是"洗三酒"还是"满月酒"，都叫做"整家家（外婆）酒"。因为"家家"得为姑娘准备发奶水的礼物，为外孙准备全套的装扮。所以，得到喜报，家家（外婆）一家也就忙乎起来，为姑娘和外孙准备一切。

　　发奶水的礼物，一般为猪蹄、大米等食物。因为"整家家酒"也俗称"送祝米"。"祝米"是竹子开花结出的"竹米"。竹子一旦结了竹米，就表示竹子走完了它的一生，"还原"了。因而这种竹米极为珍贵。据说这种竹米发奶的效果最好，能弄到"竹米"的人家就得给姑娘送去"竹米"。故"整家家酒"也俗称"送祝米"。现在，自然是很难弄到"竹米"了，就用大米代替。外孙的装扮则有背篓、铺盖、斗篷、鞋袜、烘篮等。

一切准备妥当，家家（外婆）就约了姑家家、姨家家、舅舅、舅妈等亲戚，穿上新衣、新鞋，带上礼物，浩浩荡荡地朝女婿家走去。女婿家这边早就做好了一切迎接家家们的准备，备好了酒席，请了支客司、响匠，随时恭候家家们大驾光临。前来祝贺送礼的亲朋好友，也早早地候在稻场里、路边上，等候着最热闹时刻的到来。一般是太阳偏西的时候，家家们就到了。顷刻之间，鞭炮声、唢呐声在峡谷里回荡，给山川和白云捎去喜讯。到了女婿家，家家们自然就是贵客，被领到厢房里洗脸、洗脚，款待三日后再离开。之后，这两家人就成了最亲的亲人。

乡村之光

▼

文_周　伟

　　小的时候，早晨，"吱呀"一声，推开厚重的木门，乡村的第一缕光照进我们的生活。奶奶摸着我的小脑袋，对着这一天一地光的世界，说："日子一天天开始，人一寸寸长高，事理一点点明了。有光了，人心里头的每个角落亮堂了，才会有底，讲话做事、待人接物、立身处世才不会乱了方寸。"

　　故乡的晨曦是宁静和美丽的，也是生命的最好展示。我们一班"细把戏"（本地对孩子的昵称）不紧不慢地赶着牛，牛追着晨曦，田野渐渐苏醒，露珠晶莹剔透，在叶子上打着滚，我们像走在绚丽动人的图画中。大人们仿佛积蓄了一晚的力量，有意弄出一世界的声响，一个个精神抖擞地或擎着锄头，或扛着犁耙，或挑着肥料，或掮着禾桶，"吧嗒吧嗒"，一脚一脚踏在厚实的土地上，走向广袤田野的深处。

　　奶奶总是早早地起了床，端坐在荷塘边的木椅上，一脸的笑，看清晨之光慢慢明亮，黑暗渐渐消退，大地上的万物缓缓苏醒。和身边经过的男女老少一个个打着招呼，奶奶总是乐呵呵地说："早呢，好呢，起得早，捡块宝！"大伙就笑，有打哈哈的，也有笑着应和奶奶的："承奶奶吉言。"现在想起来，奶奶的笑有如晨曦的光，甚至更美，美得真实，美得简单，美得回味无穷。

　　太阳落了是月亮，月亮睡了又见光亮。冬天去了，春天总会来的。

在每个桃花盛开的春天，总想起我和奶奶之间的一个小秘密，好多年了，仍旧藏在桃树上。一到春天，奶奶总要久久摸着我的头，自言自语："嗯，高了！嗯，高了！"然后，牵我到门前的桃树下，比画着，要我站直了，贴着我的头，拿把柴刀在树身上划一横。她一脸春光，呵呵笑着说："过了年，奶奶瘦一圈，树高一轮，伟宝又长一尺了。"

奶奶划过的印记，一次比一次高，一次比一次用心。每当这时候，奶奶总是笑，笑得很开心。笑过之后，也有过一丝不易察觉的忧伤。

有一天，恍惚间，我看见桃树幻化成奶奶，身上带着一道道的伤痕，却仍旧笔直地站着，遮风挡雨。树上那一道一道印记越来越清晰，令人战栗和悲伤。桃树上的印记，记录着生命的年龄和悲喜，喻示着人生的成长和丰富。

生长如光，生命如树。我长大了，桃树高了，奶奶老了。立在我的眼前，奶奶竟立成了一棵干枯的桃树。

奶奶说："细把戏一个个要趁着头上的那道光，往高里长，朝天上飞。"我们一个个都往头上去摸，摸不着，问奶奶。奶奶说："额头的正中，热不热？有点热，就是了，那儿有灵光！"大伙再摸，果真温热，仿佛灵光来了，飞回家，告诉爹娘，要上学。爹娘早听了奶奶的劝，正打算把娃儿们送去学堂，好早早地飞上枝头呢。

大队没有像样的教室，只好把一个好好的榨油坊改装了。过去，大队用传统的方法榨香油，"嘿哟嘿哟"的榨油号子低沉有力、撩拨心弦，黄灿灿、清亮亮的香油扯线般流个不停，尤其那股浓郁醇厚的香油味，袅袅婷婷缠绕在村庄的上空，久久不散，润泽着我们饥饿的岁月和干瘦的村庄。

那一回，大队是下了大力气的，那些油光发亮、厚厚的榨木和宽宽的木门，他们毫不心痛，拆下来做了我们上课用的黑板和课桌椅。课堂上，一个个白色的方块粉笔字，是我们眼前的一片光明，指引着我们一路探秘，一路向前。老师在讲台上讲："乡村只要有知识的光，孩子们的心灵就不会暗；

乡村只要有孩子们的心灵之光，就不会孤独。"那时，我们不懂。不过我想，大人们是懂的，老师是懂的，奶奶是懂的。

夜晚走山路，举一个火把，心里亮堂堂。奶奶站在进山的路口，将火把递给一个个不管认不认识的过路人，高声地长长喊一声，给人壮胆，给人热情，给人力量。奶奶总是说："心里亮堂堂，你的夜就不会黑；心里亮堂堂，黑的世界也会白。"乡里乡亲，熟人朋友，认识不认识的，走我们那儿的山路，都能随时找到火把。就算一下子找不到人，进山路口的树上总是事先预备有火把、柴火和火柴。冷了时，先烧点柴火暖暖身，再"哟嗬哟嗬"大喊一声进山，保管隔老远的村子里总会有人长长地应和一声。

难怪好多年后，外乡人总赞叹不已，说我们善塘村的人善良热情，有情有义。善心如光，照亮人前行，情义无价，相逢月下笑。

懂了，这个时候也许是真懂了。懂得爹娘的真情目光，懂得老人的智慧眼光，懂得乡村的大爱阳光，懂得乡村的美好月光，年轻人才算真正长大了。然后，带着爹娘的目光、老人的眼光和乡村的日光月光，不管南在南方，不管北在北方，不管海角天涯，不管夜有多黑，不管路有多长，总能够走向成功的彼岸，探寻生命的真谛。

乡村的光看得见，摸得着，有声响，有色彩，甚至像人一样，有情感，有道义，有生命。

我记起一首歌中有这么几句："正道的光照在了大地上/把每个黑暗的地方全部都照亮/坦荡是光/像男儿的胸膛/有无穷的力量如此的坚强。"那令人振奋的旋律，让我无比动情，让我无限憧憬。

我猛然醒悟，这么多年，自己总是一次次回到故乡，在故乡的土地上走走，在故乡的星空下望望，在故乡的阳光中翻晒，在故乡的晨曦里看着生命出发……只有在故乡，我才能自由畅快地呼吸乡村的光，然后能够"有无穷的力量如此的坚强"，回到城市深沉的夜中去。

父亲的姓名

▼

文_毕飞宇

不用避讳，我的父亲叫毕明。

和所有的孩子一样，在相当长的一段时间内，我以为父亲的名字就叫"爸爸"。突然有一天，我知道了，他不叫"爸爸"，他叫毕明。

长大之后我又知道了，父亲原来也不叫毕明。我见过他废弃了的私章，隶体朱文，他曾经是"陆承渊"。

为什么叫"陆承渊"呢？因为他的养父姓陆，他是"渊"字辈。"渊"字辈下面是"泉"字辈。从理论上说，我的姓名应该叫"陆某泉"。

在今天的兴化，有许多"陆某泉"，凡是叫"陆某泉"的，不是我的兄弟，就是我的姐妹。

但是父亲的养父很不幸。父亲的养父有一个弟弟，是一个流氓。这个流氓告发了自己的亲哥哥，因为他的亲哥哥把大米卖给了日本人。

父亲的养父是被一个"组织"处死的，罪名是"汉奸"。"组织"恰恰没有用"组织"应有的方式处死父亲的养父，而是选用了私家祠堂的方式，手段极为残酷。那个流氓弟弟失算了，他什么也没有得到。父亲养父的财产全充公了。

为了生计，父亲放弃了学业，参加了中国人民解放军，在沈阳军区空军机场做机要员。建立档案的时候，诚实的父亲说了实话。结果只能是这样：他被部队"劝退"，回到了兴化。

回到兴化的父亲得到了一个新的名字，那是"组织"的关怀：他成了"毕明"——含义来自《水浒传》中《林教头风雪山神庙》这一回里面的"逼上梁山，走向光明"。

但施耐庵远远称不上伟大，真正伟大的那个作家叫鲁迅。鲁迅把他的如椽大笔一直伸到了我家，就像《阿Q正传》所描绘的那样，陆承渊"不许革命"，陆承渊"不许姓赵"。

1971年还是1972年？反正是一个大年初一，当年的陆承渊、现在的毕明正在看书，看得好好的，他突然哭了，事先没有任何预兆。对于一个孩子来说，父亲在大年初一这样失魂落魄，令我害怕极了，却多了一个心眼，偷偷地记住了那本书。

那是一本鲁迅的书。

高中还没有毕业，我开始阅读鲁迅的书。我全明白了。

做作家需要运气，做读者也需要运气，不是吗？我的运气怎么就这么好呢？

我想我比同年龄的孩子更能够理解鲁迅。

还是来说说我是怎么知道父亲叫"毕明"的吧。我能知道父亲叫"毕明"，必须感谢一个场景，这个场景是这样的：

我们一家人都在家里，墙外突然传来了许多急促的脚步声，然后我的家一下子拥挤了，站满了父亲和母亲的学生。他们带进来一股十分怪异和紧张的气氛。

父亲和他们说了些什么，随后就跟着他们走了。

我的家一下子空了，只留下我一个人。我不知道那个时候自己是几岁，可能是三岁，也可能是四岁，这是我自己推算出来的。

后来我一个人出去了，意外地发现学校的操场上全是人。我站在外围，也挤不进去，就一个人晃悠去了。

就在我离开不久，口号声响起来了，很响，很整齐。

我记得我来到了一个天井的门口，门口坐着一位老太太，头发花白花白的。

她坐在门槛上。

老太太突然问我："你晓得毕明是哪一个啊？"我回答说："不晓得。"老太太说："毕明就是你爸爸。在喊呢，打倒毕明。"

从此我就记住了，爸爸叫毕明。

那天晚上，父亲一直坐在那里泡脚。

一家人谁都不敢说话。

对了，也许我还要补充一个场景。

1997年7月19日下午，我的儿子出生了。我在医院向别人借了一部手机，我要把儿子出生的好消息告诉他老人家。有一件事我是不能不和父亲商量的：我的儿子到底是姓陆还是姓毕？

父亲在电话的那头再也没有说话，我在等，我们父子俩就那么沉默了。后来我把借来的手机关了，我决定让我的孩子姓毕。其实我不想让孩子姓毕——我还好，我的儿子也还好，可我理解我的父亲，这个姓氏里头有他驱之不尽的屈辱。

巷子里的老妈妈

▼

文_张晓风

巷子里有个老妇人，一手拎着一篮菜，一手提着个大袋子，正在东张西望。看到我，她讷讷地开了口："请问，你，是住在这条巷子里的人吗？"

"是的。"

"我是刚搬来的，我听人说这巷子里有个箱子可以丢旧衣服，你知道在哪里吗？"

"哦，本来是有一个的，但最近不知什么时候给搬走了，听说是违章……"

"哎呀！"她叹了口长气，"真是糟糕，我的小孙子长得快，这一大包都是他不穿的衣服。可是叫我当垃圾丢掉，我是丢不下手的呀！我们这种年纪的人是丢不来衣服的，都还是新新的嘛！可要是搬回去，我家又住在四楼，我又买了一篮子菜……"

"这样吧，你把衣服放在我车上，我这两天要去内湖，内湖有个收衣站，我替你送去。"

"啊！这就好了，"她的表情如获大赦，"太好了，没想到遇见贵人了，我的问题可以解决了。"

在她口中，我变成了"贵人"，不过是顺便帮她丢丢旧衣服，居然也可以做人家的"贵人"。但是转而一想，她说的也许很对，世上高官厚禄的显贵之人虽然很多，但刚好肯替她去丢衣服的人，也许真的只有我一个。

那妇人大约是六十岁出头的年纪，穿一件朴素的灰色衣裳，面容白皙洁净，语调柔和迟缓。看得出来她家道不错，平生也不像吃过大苦的样子，但她却显然属于深懂"惜物"之情的一代。

我想起我家的情况来了：女儿每次和同学郊游回来，总带着烤肉用剩的酱油、色拉油、面包……

我问她为什么要拿这些东西回来，她嗔道："都是你害的啦！从小教我们不要丢东西，而我们同学都说丢掉，丢掉。如果我不拿，他们就真的丢掉了。我不得已，只好拿回来。不然，难道眼睁睁地看着他们丢掉？"

我想，我实在是害得她活得比别人辛苦些，但反正我们已属于"不丢族"，就认命吧！偶然碰到其他的"不丢族"，我总尽力表达敬意。像今天能碰到这位老妇人，或者说今天能被这位老妇人碰到，真是件很幸运的事，值得好好为她提供额外服务。我甚至想，多数台湾人之所以还不坏，全是靠老妇人这种人在撑着——她们不开车，不喝可乐和铝箔包装的果汁，她们绝不会把衣服只穿一季就丢掉，搞不好她们身上的那一件已经穿了十年，而她们却从来不觉得有淘汰的必要。

是她们，坚持不倒剩菜；是她们，把旧汗衫改成抹布；是她们，把茶叶渣变成了肥料；是她们，把长孙的衣服改一改又给了次孙……这些老妈妈真的是社会之宝，虽然从来没有人给她们颁过任何一个奖，但我们真的不能少了她们，她们是我们福泽的种子。我们大部分的官员如果被撤换也不算什么，但这批老妈妈是不能被撤换的。她们是乱象中的安定，是浮华中的朴实，是飞驰中的回顾，是夸饰中的真诚。我向老妈妈们致敬。

我的小叔

▼

文_张 锐

    2013年11月23日早上9点左右，我兄弟给我打了一个电话，他说："有娃儿被车撞了！"有娃儿就是我小叔，是我三爷的小儿子。我说："那赶紧送医院啊！"他说："人已经过世了。"听到此噩耗，我呆住了。我决定赶紧去一趟渭源，看我小叔最后一眼。

    一路上，望着车窗外飘着的雪花，我思绪万千……

    我的小叔比我小3岁，我从来没有称呼过他一声"叔"，他也从来没有直呼过我的名，我们之间好像达成一种默契，彼此不需要什么称谓。小叔小时候家里困难，在10岁左右时母亲生病去世，他哥分开单过了，小叔就一直跟随我三爷生活。20世纪70年代末至80年代初期的农村，还是集体劳动、挣工分的时代，小叔没有完成小学学业，就和他的同龄人一样去挣工分了。那时虽然生活俭朴，人们对外面的世界也知之甚少，但精神方面倒还是快乐的，每个家庭的生活水平都差不多。那时候的娱乐方式单一，不是打扑克牌，就是踢蛋蛋（两个葡萄般大小的小钢球，放在两个地方，用脚踏住一个向另一个踢去，一人踢一次，踢响者赢对方的钱）。小叔踢蛋蛋的技术可好了，一天能赢不少钱。小叔的童年几乎就是在踢蛋蛋中度过的。

    改革开放后，包产到户，农忙一过，小叔也和其他的闲散劳动力一样外出打工。他外出的第一站是兰州，七里河桥北岸的制配厂附近，干的是砌墙的活儿。由于没有什么家庭背景，不易从银行贷款，小叔就想办法向私人借高利贷。可能由于老天的眷顾，他的运气好，慢慢地，他的小本生意打开了局面。小叔就千方百计地托人求情，请人吃饭，凭着他的一股韧劲儿，硬是和银行建立了联系。由于小叔比较守信，银行也敢给小叔贷款，再加上小叔惯于吃苦，他的生意慢慢地有了起色。再后来，他翻修了旧房，围起了院墙，添置了家具，生活逐渐好起来。

小叔凭借他敢闯敢为的勇气和宽厚待人的品格，硬是把一个穷家支撑了起来。在他去世前，手中有100多万周转费用，对于一个农村人来说，这不是一个小数目。

我每次回家，小叔总是从小渠对面（我家和他家仅一条小渠之隔，基本上对门儿，总能看见）笑嘻嘻地招呼我："回来了？待会儿过来坐坐。"到了他家，他聊的都是一些生意上的事，我也不太懂，也就有一句没一句地应付着。最近几年，由于他的儿子三宝上高中、上大学，他的话题才包含了念书的内容。小叔虽然念书很少，但他对读书人始终怀有一种崇敬之情，在儿女读书这件事上他是尽其所能，不遗余力地给予支持，好在他儿子三宝也争气，没有辜负他的期望，终于考上了大学。

自从做了药材生意，小叔便成了大忙人，听到别人谈到他对时间的安排，我感觉他比国家领导人还忙。今天晚上他和你聊天到12点，明天早上5点就能在康乐的药材市场上看到他（从我们村子到康乐估计有100多里路，他是飞毛腿吗）。从会川到陇西，他从不买直达的班车票（直达陇西的班车在渭源停留半小时左右），而是先买到渭源，赶紧下车后乘坐前一辆到陇西的班车，或者乘坐出租车，把前面到陇西的班车赶上。就在出事的那天，他4点还在临洮转悠，5点半左右就在渭源梁家坪出事了。小叔靠着他的"铁驴子"（摩托车），把附近几个县的村子都转遍了，知道他的人挺多，都称他为"娘们家"（他风风火火，大大咧咧，说话音调带点女声）。

小叔是个操心人，乐善好施。由于从小家贫的缘故，他总是善待有求于他的人。邻里之间要是有个纠纷，他总能第一时间赶到；从他跟前借个小钱或周转资金，他总能慷慨相助。因此，小叔有很好的人缘，出殡那天，全村好些人为他暗自流泪就足以证明这一点。

小叔虽然文化程度不高，但考虑事情还是挺周到的。他每次到广州卖货之前，已经基本备好了下次的货，从广州回来后稍加准备，就可实施他的下次广州之行。如此反复，就是他最近几年的生活轨迹。

小叔的思想也能与时俱进。生活好起来后，他也经常关心国家大事，也知道国家政策有时会影响到他的生意，偶尔还从我这里了解一些。他也开始重视生活品位，曾带着家人到广州、深圳、湖南等地旅游过。

小叔走时只有45岁，他的一生虽然短暂，但我可以说，他没有白来这个世界。从血脉上说，他有一双儿女，儿子争气，女儿也乖。从他的遗产来看，有一院房子，估计还有一些存款。从声誉来说，他给活着的人留下了好印象，至少我们村的人都知道，有娃儿这个人曾经"火"过一把。

我再也听不到小叔的那一声声充满暖流的招呼："过来家里坐坐……"再也看不到小叔那永远带着微笑的面容，再也感觉不到他生前的种种……

小叔硬是用他的"铁驴子"，把他一生的时间提前用完了。

小叔的一生是自强不息、拼搏奋斗的一生，是"风风火火闯九州"的一生，是光明磊落的一生，是坚定信念、乐观进取的一生，是努力追求、永不放弃的一生。

"小叔，"这是你生前我从没有叫出口的称呼啊，"小叔，小叔……"

魏 姐

▼

文_姚 晨

　　小土豆出生满3个月，月嫂魏姐的工作时间也到期了。

　　魏姐50岁，经验丰富，性格强势。3个月前刚到我家，她便是各种挑剔：消毒锅不合适，吸奶器不好用，奶瓶不合格……我精心给小土豆挑选的东西，几乎没她看上眼的。

　　我刚生产完，身体虚弱，神经敏感，被挑剔得抓狂，几次暗自发誓要把她辞退，而且，永远不再用月嫂！有此想法，心里稍觉安慰，开始偷偷学艺——她动作麻利地给小土豆换尿布、一脸宠爱地给小土豆洗澡……一切都训练有素。我学是学会了，可必须承认，这些事情，我干得确实不如她漂亮。

　　魏姐身体丰腴，大部分时间，小土豆更愿意被她抱着，像只小猫一样蜷缩在她怀里睡觉，只有吃奶的时候才会想起我。这点让我颇为嫉妒。我甚至怀疑，在他眼里，可能魏姐才是亲妈，我就是一头奶牛。

　　魏姐是东北人，唤"小土豆"这3个字时喜欢尾音上扬，拐好几道弯儿，小家伙每次听到都傻乐。给小土豆洗澡时，魏姐还会哼儿歌哄他，标准的东北口音："小燕纸（子），穿花衣……"小土豆如听歌剧，颇为享受。

　　每次给孩子洗完澡，魏姐都会按自己的喜好，给小土豆梳个朋克头，穿上她觉得好看的衣裳。我这个当妈的只有在一旁做观众的份儿。后来，小土豆的头发越来越长，实在立不起来了，魏姐就给他改了发型，朋克头变成了二八分。

聊天时，我问过她："月嫂这工作是不是挺闹心的？孩子一出生你就带，刚培养出感情就得走了，再到下一家，再重新带另一个孩子。"

她叹口气说："所以我带孩子从不愿超过3个月。回家后，经常夜里醒来满床摸孩子，嘴里还念叨：'孩子呢？'我儿子听到后过来说：'妈，你这是在家呢。'这才倒下接着睡。"

魏姐离开的这天上午，我比平日起得早，想着过一会儿要送她下楼。结果她收拾停当准备走时，死活不让我们出门，往屋子里推我们的瞬间，眼泪"噗噜噜"地往下落。平日里爱笑的小土豆，也像知道魏姐要走了似的，嘴角往下撇着，要哭的样子。我安慰她："如果以后我再生娃，您一定再来帮我带啊。"魏姐背对着我们，使劲点头，使劲挥手，匆匆进了电梯。

我们的一生，除了家人外，不知还会和多少人相遇。记录下魏姐，是希望小土豆长大后知道，在他来到这个世界最初的日子，和他的生命有过交集、爱过他、疼过他的人中，还有一个人，是魏姐。

孩子在哪里，哪里就是家

文_龙应台

为人儿女时，父母在的地方就是家。

早上赶车时，有人催你喝热腾腾的豆浆。天若下雨，他坚持要你带伞。周末上街时，一家几口人可以挤在一辆摩托车上招摇过市。放学回来时，距离家门几米就听见锅铲轻快的声音，闻到一阵一阵的饭菜香。晚上，一顶大蚊帐，灯一黑，就是甜蜜的空间，在松软的被褥里笑闹踢打。睡意朦胧的时候，窗外幽幽的栀子花香，不知不觉地飘进屋子里。帐里帐外都是一个温暖而安心的世界，那是家。

可是这个家会怎样呢？人，一个一个走掉，通常走得很远、很久。在很长的岁月里，只有一年一度，屋里头的灯光特别灿亮，人声特别喧哗，进出杂沓数日，然后又归于沉寂。留在里面没走的人，身体渐孱弱，步履渐蹒跚，屋内愈来愈静，听得见墙上时钟"嘀嗒"的声音。栀子花还开着，只是在黄昏的阳光里看它，怎么看都觉得凄清。然后其中一个人也走了，剩下的那一个人，从暗暗的窗帘里往窗外看，有一天，仿佛看见来了一辆车，是来接自己的。她可能自己锁了门，慢慢走出去；可能坐在轮椅中，被推出去；也可能是一张白布盖着，被抬出去。

和人做终身伴侣时，两个人在哪里，哪里就是家。

曾经是异乡大学一间简单的公寓，和其他一两家共用一个厨房。窗外飘着陌生的冷雪，可是卧房里伴侣的手温暖无比。后来是一个又一个陌生的城市，跟着一个又一个新的工作，一个又一个重新来过的家。几件重要的家具总是在运输的路上，其他的就在每一个新的城市里一点一点添加或丢弃。墙上，不敢挂什么真正和记忆终生不渝的东西，因为墙是暂时的。在暂时里，只有假设性的永久和不敢放心的永恒。家，也就是两个人刚好暂时落脚的地方。

可是这个家会怎样呢？有些没多久就散了，因为人会变，生活会变，家也跟着变质。渴望安定时，很多人进入家庭；渴望自由时，很多人又逃离家庭。渴望安定的人也许遇见的是一个渴望自由的人，寻找自由的人也许爱上的是一个寻找安定的人。家，一不小心就变成一个没有温暖、只有压迫的地方。外面的世界固然荒凉，但是家可能更寒冷；一个人固然寂寞，但两个人在孤灯下无言相对可能更寂寞。

很多人在散了之后，就开始终身流浪。

也有很多人，在一段时间之后就有了儿女。一有儿女，家就是儿女在的地方。天还没亮就起来做早点，把热腾腾的豆浆放上餐桌，一定要亲眼看着他喝下才安心。天若下雨，少年总不愿拿伞，因为拿伞有损形象，于是你苦口婆心、几近哀求地请他带伞。他已经走出门，你又赶上去把烫手的点心塞进他的书包里。周末，你骑摩托车去市场，把女儿贴在身后，虽然挤，但是女儿的体温和迎风的笑声甜蜜可爱。从上午就开始盘算晚餐的食谱，黄昏时，你一边炒菜一边听着门外的声音，期待孩子回到自己身边。晚上，你把热好的牛奶搁在书桌上，孩子从作业堆里抬头看你一眼，不说话，只是笑了一下。你觉得，好像突然闻到栀子花幽幽的香气。

孩子在哪里，哪里就是家。可是，这个家会怎样呢？你告诉我什么是家，我就可以告诉你什么是永恒。

为生活埋下尊严的种子

▼

文_吴 迪

在泥泞中挣扎的身影

星期二的早晨，我在采访这位母亲前，无意中从微博上看到这样一段话："生活不是一件容易的事。你若感恩，处处可感恩。你若成长，事事可成长。不是世界选择了你，而是你选择了这个世界。既然无处可躲，不如微笑。既然无处可逃，不如达观。既然没有净土，不如静心。既然没有退路，不如前行。"随即，我把这段话转发到微信的朋友圈，我在下方写道："今天要去采访一位母亲，我很期待，因为这段话是对她目前生活状态最好的注脚。"

灾难的降临总是悄然无声

这位母亲叫周明姝，今年35岁，是辽宁省葫芦岛市人。她大学毕业后就去了北京，在一家很知名的电商公司做电子商务。她跟从事美发工作的老公韩刚相识多年，3年前组建了甜蜜温馨的小家庭。

2012年的1月18日，是这对夫妻一生中最幸福的日子，那天的喜悦和紧张他们至今都铭记在心，一对长得一模一样、漂亮可爱的双胞胎女儿诞生了。生产前，周明姝的羊水破了，可到医院后并没有立即实施剖腹产手术，医生和她都认为，如果能顺产是最好不过了。但时间一分一秒过去，腹中宝宝的状况也越来越不稳定，最终孩子还是通过剖腹产来到这个世界。当去年的6月，两个女儿被诊断为脑瘫时，周明姝开始怀疑，是不是孩子在待产的最后那两个小时出现了问题？

周明姝的两个女儿，老大叫桐桐，老二叫杉杉。在孩子17个月大时，桐桐患上感冒，周明姝带着她去医院看病。在给孩子检查身体的时候，医生看了看孩子的表情，觉得不对劲，对周明姝说："你的孩子有脑瘫的迹象，建议你去大医院看看。"起初，周明姝对这个结果不太相信，虽然两个女儿的发育比同龄的孩子稍慢一些，但她和身边的亲朋好友都认为双胞胎同时在母体里吸收营养，体质难免会比其他宝宝弱。6月24日，当核磁共振的结果证实了医生的怀疑时，周明姝和韩刚抱着两个女儿，瘫软在医院冰凉的长椅上。那天，这对夫妻是相互搀扶着回到家的。脑瘫意味着什么？会给他们的生活带来多大的灾难？他们回家上网查看了相关资料后才意识到，他们头顶原来那片蔚蓝的天空已轰然倒塌。

双胞胎姐妹中的老大病情比较严重，双脚脚尖直立，不能全脚掌站立，老二的右手始终不能抓东西。医生告诉他们，孩子还有走的希望。

为了给孩子治病，韩刚辞去了沈阳的高薪工作，回到家中专心照顾孩子。每个月他们都要带双胞胎女儿到沈阳进行一次复查和治疗。这个原本还算过得去的小家庭，在跑了3个月医院、花掉将近11万元后，变得一贫如洗。

正在这个时候，韩刚原来的一个徒弟把位于葫芦岛市化工8区玫瑰园广场正在营业的雷丽丝美发店以很低的价格出让给了韩刚。但美发店的生意并不好，经常是一整天也来不了一位客人，最多的一天收入仅有70元。

转眼到了9月中旬，周明姝和韩刚手上只剩下800元钱。这800元钱虽然不至于让他们挨饿，但月初马上要还的1500元房贷让周明姝乱了阵脚。

陪着周明姝一筹莫展的朋友突然想到一个办法说："韩刚剪头的手艺那

么好，不如在葫芦岛论坛发个帖子，让大家都来店里剪头吧。还有半个月的时间，也许还房贷的钱就能挣出来。"

朋友走后，周明姝犹豫很久，要强的她不想让别人知道自己家里的遭遇，可除了朋友想出的这个办法，她无计可施。

含泪打开电脑，周明姝在葫芦岛论坛注册了一个叫"绒绒326"的ID，她一边哭着一边写下这样的文字："我有一对可爱的双胞胎女儿，老公开一家小美发店，我在家照顾孩子，我们曾经是幸福的一家四口，可3个月前17个月大的女儿被诊断为脑瘫，短短3个月花光了家里所有的钱。家里所有的收入都靠老公的小店，以前还可以维持生活，可现在远远不够了。医生说孩子还有站起来走路的希望，我真不想放弃。可每月近万元的医疗费压得我和老公喘不过气来。我在这儿恳请好心人能去我们的小店剪头发，谢谢了！我不是做广告，只是在恳请大家帮忙。我想出去工作，却做不到，因为没有人帮我照顾宝宝。我实在是没办法了，只有恳请大家，如果你需要剪头发的时候，能想起我，一个需要帮助的妈妈！谢谢大家了！"

此时，一切正像周明姝写的这样，所有的困难只能靠她和韩刚两个人去承担。韩刚的父亲很早就去世了，74岁的母亲不幸患有癌症，全靠韩刚的哥哥照顾。周明姝的父亲患有脑血栓，母亲没法帮助她。如果不是周明姝已经60多岁的老姨时常来帮忙，她想带两个不会走路的孩子下楼去晒太阳都办不到。

令周明姝没想到的是，帖子刚刚发布，就有一个ID名为"指尖上的黑与白"回帖问道："你的店在哪里？我明天去烫头发。"周明姝连忙回复："感谢你的支持，我真怕大家以为我是个骗子。"对方随即回复："我相信你，我想谁也不会拿自己的孩子去撒这样的谎来骗人。"紧接着，回复的人越来越多，周明姝的眼泪不由得掉了下来。

第二天一早，韩刚一到美发店，就看见门口有4个人在等着做头发，这是开店以来第一次出现的情况。他们在做完头发付钱时，都不让韩刚找零钱。韩刚坚持只收正常的理发费，他说："你们能光顾我的店，已经是对我最大的帮助了。"

关注周明姝这个帖子的人越来越多，还有人在回帖中发动大家说："我明天要去雷丽丝剪发，有人一起去吗？我可以免费开车接送。"这样的爱心接力不只在网络上，整个葫芦岛市都在迅速蔓延。

每一份心意都珍贵，拒绝不等于忘记

某一天，一位中年男子开着车来到美发店。下了车，这位中年人也不理发，从兜里拿出两万元钱，送到韩刚手里。这位中年人也是从网上看到帖子，特意来捐助的。韩刚见状，连忙放下手里的活，追了出去，把两万元钱还给了他。没多久，大家就都知道了周明姝和韩刚夫妻俩的为人。不论谁来送钱，他们都会表示感谢，然后告诉好心人："我不接受捐款，我要凭借我的手艺，为我的女儿筹集治疗费用。你要是相中我的手艺了，可以在我这里办卡，我用双手为孩子挣钱。"不久后，一位大姐拿来500元钱给韩刚说："我家离这儿远，来剪头不方便，这500元钱我想让你用来给65岁以上的老人免费剪头，等钱用完了，我再送。"韩刚想拒绝，可大姐说："你就当帮我行善吧。"

最让周明姝夫妻感激的是这样一家人。那是一个雨天，一位老人冒着小雨来到韩刚的店里办了张100元的剪发卡。老人家很善良，他告诉韩刚，自己外甥女的宝宝也患了脑瘫，外甥女为了孩子，当了康复师，孩子现在6岁了，在外甥女的努力下已经能走路了。聊到最后，韩刚才发现老人口中的外甥女竟然就是每天风雨无阻，来为自己双胞胎女儿免费做按摩的赵姐。

现在，每天来韩刚的雷丽丝美发店做头发的人络绎不绝，韩刚从早上9点

开门一直要忙到夜里10点多，有一天店里竟创造了500多元的最高营业额。

用好看的姿态去面对不可爱的生活

周明姝最近来沈阳为孩子做复诊，得到的结果并不好。医生告诉她，这种病最有效的干预办法就是做康复治疗，而在沈阳要上这样一堂45分钟的康复课，需要45元钱。她的两个女儿，每天每人至少要上3个小时的康复课，这样一来再加上其他的医疗费和来沈阳吃住的费用，韩刚小小的美发店是很难支撑的。

采访过程中，桐桐的确像她妈妈说的那样很乖，非常招人喜欢，有人喂她吃东西时，她会双手作揖表示感谢，当我称赞她是个聪明又漂亮的小美女时，她会向我露出害羞的表情。可她并不喜欢别人抱她，只想腻在妈妈的怀里。周明姝一边帮孩子做按摩，一边给我说："你知道吗，以前这两个孩子就像不认识我似的，你不知道我有多伤心，天下哪有不认识自己妈妈的孩子呢？可是通过这段时间我帮她们做康复按摩，两个孩子都有了很大的进步，不仅能用胳膊使劲向前爬，也知道我是这个世界上她们最亲的人了。"

现在，周明姝每天做得最多的事情就是教两个女儿蹲着，因为孩子太小，根本不听指令，周明姝要把她们压在身下强行进行训练，经常是周明姝的腿都蹲麻了，小家伙们还打着挺，哭闹着反抗妈妈。但有些时候，周明姝也会手怯，她怕自己不够专业的手法会把柔弱的孩子弄疼了。

我开导周明姝说："你可以接受大家的爱心和捐助，毕竟给孩子治病是头等大事，孩子将来也是社会的一员啊。"周明姝摇摇头说："谁家都不容易，谁家都要过日子，现在孩子的爸爸还能干动，我们尽量不去麻烦别人。"

这是一场旷日持久的救女战。他们拒绝一次次的捐助，不是在拒绝一颗颗爱心，而是在为自己和女儿有尊严地活着埋下一粒粒种子。

采访完回到家，当我打开微信，看到早晨我发在微信朋友圈的那段话已被许多朋友转发。一位朋友给我留言说："我不知道你要去见的这位母亲是谁，但她对待不可爱的生活的姿态很好看。"

给予是幸福，欠人家是受罪

▼

文_倪　萍

一

　　姥姥住在我这儿，永远是"杀富济贫"。她老家的人来电话了，姥姥只要听出是谁的声音，就急忙把电话放下："挂了吧。"然后不急不忙地拨上号码打过去："慢慢说吧。"

　　哈，慢慢说吧，花我的电话费。

　　"姥姥，你不是最偏向我的吗？怎么胳膊肘老往外拐啊？"

　　"嗯，我这就是向着你，花你的电话费那就是你吃饭掉了个米粒，俺那儿的人打个电话就是少吃一顿饭。"

　　我们不用了的手机，姥姥都把它们收起来，连同充电器，一对儿一对儿地绑好，说等回老家带给亲戚使用。我说："光有个电话没用，还得买得起电话卡。"姥姥说："有了鸡还愁下不了蛋？这阵子买不起，往后还能老买不起？"

　　那年姥姥过生日，她的娘家来了些远房亲戚。临走，我妈收拾了一大堆家里用不着的电熨斗、电饭锅、榨汁机、吹风机、电暖瓶等，都让他们带上，有的连包装都没打开。

　　东西被姥姥拦下了："不拿。连个苹果都没有吃的，要个榨汁机干什么？摆设呀？再说这么些个人赶火车，丁零当啷地拿这么些破烂，那还能挤上去？"

姥姥这么一说，大家都挺尴尬的。紧接着，姥姥又加上一句："有那个心，赶不上（不如）给个信封。"

我赶紧打圆场："对对，姥姥说得对，拿信封去。"

每个信封里装上5000块，我交给我妈，我妈再交给姥姥。中国人的礼数真多呀！

姥姥没接："你大姑（我妈）嫌少，叫我给。不少，多少是多？多少是少？拿着吧，就是个心意！"

姥姥看着每家都把信封拿到手了，又指着摆在地上的这一大堆"破烂"说："这是你大姑的一片心意，费点事儿，都拿着吧，省得你大姑不高兴。"

东西和钱都有主了，继而姥姥又转向我："你大姐这个人打小心眼儿就好，都放心吧，她那个单位好买票，你大姐认识的人又多，她准叫这么些老的小的都'躺'着回去。要不这么远的路，那腿肿得还受得了哇？"

哦，这是指挥我负责买火车票呀，而且要买卧铺——躺着回去。

姥姥又大声地嘱咐她家那些亲戚："回去赶紧把车票给你大姐捎回来啊，她的单位能报销（哈哈，谁给报销呀）。"

我说："对对，太对了，姥姥说得对。放心吧，都躺着回去，车票都寄回来。"

姥姥高兴了："这么些个人在家吃饭，你大姐太忙了，叫她领着你们出去吃吧，她认识一些高级饭店，保准叫你们吃上你们都没吃过的东西。"

这一句话有几个指示：必须去个好饭店，必须点从来没吃过的，必须……我高高兴兴地按姥姥的指示办，皆大欢喜。姥姥从来都是这样，里子面子都让你舒舒服服的。

晚上，屋里只剩下我和姥姥。

"孩子，你这是替我还人情了，那些年，你妈、你姨、你舅脚上的那些鞋都是你姨姥姥大针小线缝的……可不敢忘了人家。这会儿咱有了，咱就该……"

哈，老太太，这话你都说了1000遍了。

姥姥就是这样的人，给予是幸福，欠人家是受罪。

二

姥姥说，当年她家老房子上梁那天，不算外请的木匠，光村里邻居和本家帮工的就有几十人。姥姥说看着这么多人，光馒头一顿就得蒸上百个。为了盖房子准备这些麦子面，姥姥东屋的那盘石磨磨了半个月都没停。人推累了驴拉，驴不走了人又推，姥姥那三寸金莲有时一天要转上几百圈儿。磨完了扫，扫完了箩，箩完了又分批往笸箩里装。磨出的面分三等，一等雪白的面是给客人吃的，二等发黄的面是过节吃的，三等面就是黑面了，自家吃。

五颜六色的笸箩也都是姥姥自己做的。先用废纸泡成浆，再用石模子套胚，晾干以后用纸一层一层地糊，最后把剪纸贴在上面做装饰，剪纸的花样也是姥姥自创的。家里盛粮食的、放点心的、装针线的，都是姥姥自制的笸箩。谁家结婚了、生孩子了，姥姥都会做一对儿笸箩，贴上一对红喜鹊送去，人家都欢喜得不得了。姥姥说："省了钱办了事儿。"

为了这5间房，姥姥备了十几个大笸箩，笸箩里都装上了满满的麦子面，来多少人都能富富余余地吃。那气派真是要办大事了！

按照习俗，房子要在正午时分把大梁架上。姥姥说那天鸡叫头遍她就起来蒸馒头了，把两个炕烧得像火炭一样，热得姥爷起来睡在被子上。

3大锅馒头6笼屉，数了数100多个，姥姥想无论如何也够吃了。谁曾想到中午停工吃饭的时候，屋子里、院子里只剩下那外请的7个木匠了，人都走光了。抬出来的6大笼屉馒头就摆在院子中央。姥姥说她当时的那个泪呀，顺着脖子往衣服里流，擦都擦不净。人家谁不知道二子媳妇（姥姥）为盖这5间房，从去年就开始准备这麦子面，每一个馒头都是从牙缝里省出来的，谁舍得吃呀？姥姥的好人缘啊！

100多个馒头姥姥一个也没动，孩子们也不敢吃，晚上姥姥挎着小篓挨家挨户地送。不光是房梁上上了，姥姥心里的"梁"也上上了啊！

姥姥说："房子没有梁早晚得塌了，人要是没人帮着，你有多大能耐也活不起呀！"

5间大房子盖起来了，姥姥一家吃了一年的地瓜面。姥姥说："撑上面子，豁上里子了。"姥姥实际上挺要面子的。

按照姥爷的想法，盖3间草房先住着，姥姥非咬牙盖5间。

"3个儿子3个闺女眼看着就知道羞丑了，不能老挤在一个炕上。闺女得当闺女养，小子得当小子养。肚子不怕吃屈，今年屈了明年有了再补上。有些东西今年赶不上，这辈子就赶不上了。"

"穷讲究"的姥姥一辈子就是这么过的。很快，他们一家又在老房子前盖了5间大瓦房。

姥姥是办大事的人，是有前瞻眼光的人。姥姥说："5间大瓦房往那儿一摆，3个儿子还不到20岁就有人上门说媒，娶媳妇那还愁啥呀？"

三

姥姥的心里记着所有帮过她的人，她心里的那些感动都是特别小的事。姥姥的泪窝子浅，动不动泪水就夺眶而出。

有一回我姨姥爷（姥姥的妹夫）听说我放假回家了，就从自家的菜园子里摘了一筐黄瓜送来了。十几里的山路，老头儿一溜小跑，进了门，喝了一瓢凉水，放下筐就走了，因为下午生产队要上工。那时候，一个整劳力才挣8分工，少干半天就少挣4分工。

我当时也就七八岁吧，姨姥爷刚走，我就一手拿一根黄瓜，左手咬一口，右手咬一口，吃得那个痛快呀！吃完了我才看见姥姥倚在炕前用围裙擦眼泪："穷东西（指她妹妹）真是不知道过日子，这都还是些黄瓜纽儿就摘了，怎么下得了这个狠心！不就是个孩子吗，急什么？等个十天半月，这一筐黄瓜能长出4筐。"可不是嘛，有的黄瓜纽儿小得都麻嘴。

那时的我不明白，这点事也值得姥姥哭。长大了才知道这叫温暖。日子过得比姥姥还紧巴的姨姥姥、姨姥爷，不知道再等十天半月那就是4筐黄瓜吗？就我算不清这个账！

这些小事的温暖都积攒在姥姥的心里，姥姥又影响着她的后代，于是我们一辈子从心里觉得欠人家的特别多。心存感激，心里歉疚，人就不敢张扬，不敢学坏，不会发狠。

几十年过去了，姨姥姥、姨姥爷都去世了，姥姥还惦记着他们的两个女儿："秀棉、秀君过得不好啊！"

姥姥有些话在我面前都是点到为止，看我的悟性了。按姥姥的心愿，我每月给这两位在农村没有工作的表姨每人寄去1500元"工资"。我也承诺，这每月的生活费我会一直发到她们离开这个世界不再需要钱为止，让她们放心，也让她们的姨妈——姥姥放心。钱不多，一筐黄瓜在我心里滋生的温暖远比这多多了。

四

姥姥在家里也是这样。姥姥的小女儿——我小姨，比我大7岁，小时候长得还没有我高。每次给我吃点好东西，姥姥都背着小姨，所以，我常常是躲在推碾子的黑屋里吃。吃了煮鸡蛋出来忍不住打嗝，小姨还傻乎乎地问我：
"你吃啥了？"一嘴鸡蛋渣的我总是说谎。

姥姥啊姥姥，鸡蛋让我多长高了5厘米，这5厘米要是搁在小姨身上，
如今的小姨也不至于这么矮。会算账的姥姥不知道一边是手心，一边是手
背吗？

对不起了小姨，对不起了！如今我和小姨总有一种说不出的感情。姥姥
对小女儿也格外疼爱，70岁的她还帮小姨带孩子，从怀里抱着一直到去上大
学。莫不是替我还账啊？

前年，姥姥觉得自己快不行了，把自己所有值钱的首饰包了一手绢，当
着我的面给了小姨。她先在我面前晃了一下："这些东西你是不稀罕要，给
你小姨吧。一个死了的老婆子的东西，谁都嫌乎。"顺手就给了小姨。（90
多岁的人还动个小心眼儿）我和小姨都笑了。

"老太太，你不给我也该给我妈呀！这都是我给你买的呀！"

"你妈有你，她也不缺这个，10个指头都戴上戒指她也戴得起。"

"那小姨也有她女儿玲玲呀。"

"玲玲不是赶不上你有钱吗？"

90多岁的姥姥的秤还是那么准。

"姥姥，我怎么改正了一辈子，错误还总是不断地犯呀？"

"孩子，人就像种麦子，春天撒上种子，一直到收成，如果都是大晴
天，不下雨不刮风，连个阴天也没有，你试试？来年收的麦子都是瘪的。人
啊，啥事都得经历，错儿也得犯才是个真人，没有错儿，那是画上的人。"

文明的尴尬

重庆：老街老巷旧时光

▼

文_七月娃娃

有朋友问我："你喜欢重庆是为什么？"我竟然说不出任何关于这个城市的特质，我在记忆中寻找斑驳的点滴，最后找到的却是细碎的东西：一只陪我吃火锅的小狗；在洪崖洞一间新开的酒店，酒店里一顿加了煎蛋的寻常早餐；在十八梯，吃了一个煎饼；在磁器口，遇到的一个面目慈祥的坐在门口招呼我们拍照的老奶奶……山城重庆的记忆，就这样被拼接起来，让我念念不忘。

吃出江湖气息

第一次去重庆，是从成都顺路过去的，在寒冷的清晨，坐了一趟班车去磁器口古镇，并在古镇门口的小餐馆里，一个人吃了一顿老鸡火锅。记忆中的重庆印象，便定格在这一顿并不地道的火锅里。那时候对重庆的了解浮于表面，有点蜻蜓点水，回来只会跟朋友赞叹："那楼梯真多啊，老房子到处都是，清汤火锅辣得不行……"第二次去，已经是3年之后，是深夜抵达。在朝天门附近找一家叫"玺院"的青年旅馆，司机兜了好几圈，没找到地方，我们几个人干脆下了车，奔往一家牛肉面馆。大概是饥肠辘辘的缘故，突然觉得那碗加了麻辣味道的面是当时吃过的最好吃的面。第三次去，对重庆的印象确实是刻骨铭心了，在机场丢了电脑，灰头土脸没有身份地在这座城市待了几个晚上。那种失魂落魄很快被菜的香味掩盖了。那是朋友带我到湖广会馆附近的小餐馆吃晚饭，一群刚刚认识的人，在阴雨的天气里一下子就熟络了起来，当我们吃饱喝足、挤在一把伞下说着笑着沿楼梯走去坐公交车的时候，忽然发现，这相识的瞬间竟然也那么有江湖气息，不过就是几块肉几杯酒的交情。

一杯茶的人生哲学

有过比较的人肯定会发现，成都慢吞吞的小情小调，那才叫休闲的日子，于是重庆的茶馆便显得寒酸了许多。但是，在成都的茶馆里，大家的谈资大概是琐碎的生活小事，在重庆的茶馆里谈论的却是江湖大事。那股江湖的气息是从那一抬头一举目中展现出来的。跟广东人喝凉茶是一个道理，大概是重庆火锅太火爆，任凭怎么寒湿的天气也无法平衡那股燥热，所以茶便刚好浇灭了这火，不管是老荫茶还是苦丁茶，吃火锅之前先端上一碗。

重庆的茶楼到处都是，简单的木桌子、木椅子，喜欢用小茶壶泡茶，不会厌烦加水烧水的繁琐。重庆人喝茶不讲究，葵花子、山楂片一字排开，就跷着腿等着说书人上台。喝茶人的欢声笑语和说书人的声音，混杂着响彻在重庆的大街小巷里。

老房子，消失的记忆

有一次看了《日照重庆》这部很多人都不知道的影片，却勾起了我对重庆的想念，想去再探访这座城市。我想，任凭我一个外乡人去多少次重庆，都无法体会一个土生土长的重庆人对这座城市的理解，那些只能用重庆话才能表达的生活，是一个异乡人永远体会不到的。在我的印象中，重庆的老房子不计其数，从那些黑白的十八梯高低错落的房子里，我看到了重庆人的情结，那种爬上爬下的乐趣，大概是要从小在这些楼梯和过道里玩过藏猫猫游戏长大的人，才能体会到的。

从湖广会馆沿着小道一直走，老房子已经人去楼空，仅仅剩下的几户人家，在过道里洗菜做饭，香味飘到了小路上。完全可以想象到旧时那种一到吃饭时间，香味在楼道里乱窜、街坊捧着饭碗到处串门的情景。有阳光的午后，老房子门前便放上一把竹躺椅、一壶茶、一把扇子，便是一个夏天了。而山城的夜景，也因为这沿山而上的吊脚楼式的老房子而变得熠熠生辉，灯光映照在江面上，万家灯火的气息扑面而来。只是，随着去的次数越来越多，这种景象却越来越少了，那些老房子里的居民早已经搬离，白象街的老洋房也已经人去楼空，只剩下废墟一片。即便这样，重庆还是有着老重庆的味道，巷陌里窜出来的小狗，阁楼的阳台上正在扒饭的老爷爷，广场里玩空竹玩得起劲的老人，香飘四溢的麻辣味道仍然萦绕在大街小巷，十八梯的老市场里还是那些拎着菜篮子东张西望的老太太，茶馆里仍然有"噼里啪啦"的麻将声……

古镇，老街老巷寻觅旧时光

重庆是一座大城市，但是，这座西部山城里，却有很多可以寻觅的旧时光。我们绕过解放碑的繁华，躲开那汽车穿行的高架桥，来到小巷子里，穿过一道道石梯，坐上火车去一个偏僻的城镇……

走得更远些，来到江津的中山古镇，这里曾是繁华的码头，长700米的古街是中山古镇最主要的组成部分，也是整个西南地区保存最完好的明清商业街，在这里依稀能寻到旧日重庆的影子。涞滩古镇则是800里渠江沿岸盛极一时的繁华码头，这里过去是重庆、合川通往广安、达州等地的歇脚之处，又是川北地区放舟东去、出江通海的必经渡口，重庆的轮渡码头文化在这里残留着，是重庆人难以磨灭的儿时记忆。

重庆的古街古巷，虽然有些已经商业化，但是，就如我在中山古镇逗留的那一个夜晚，寂静的街道上形单影只，偶尔有叫卖牛肉串的声音，虚掩的门里透出温暖的灯光，糍粑的香味从夹缝中传出来。当早晨醒来的时候，孩子们已经开始在石板街上玩耍，早餐店里热腾腾的牛肉面煞是诱人……这些都构成了我对重庆的回忆。

思念在土布上流动

▼

文_耿　翔

　　我是穿土布长大的。

　　在我成长的过程中，感恩地记着几种粮食、几样野菜和几棵果树，再就是几件土布做的衣裳。而在这些属于贫穷人家的物品中，几件土布衣裳给了我一定的体面，使我在青春期来临之前，一直快活地行走在乡野上。因此，一提起故乡的土布，我就想起那些美妙的织机声。那时的乡村，应该活在一群会用手工织出土布的女人的尊严里。

　　其实，从一缕棉花到一块土布，再到我们身上的一件衣裳，这个过程是很漫长和艰辛的。一茬庄稼的成熟，也就几个月时间。麦子的成熟期最长，经过秋播、冬埋、春发，到了夏天，把一片黄灿灿的穗子递给镰刀，一种粮食的身世又一次被大地完成了。而一块土布呢？我记得母亲先是用好长的时间一斤一两地积攒棉花，由棉花到棉线，又要经过纺车一夜一夜地摇动。那些纺好的线，像一家人过日子时的大部分喜悦，被小心地包在一个包袱里。我经常看见母亲在阳光灿烂的时候，一个人静悄悄地打开包袱，在太阳下反复地比对每把线的成色、粗细和韧性，分得一清二楚。浆线的过程、打筒的过程、经布的过程，这些很精细的程序，如果把它按工序写出来，就是一部讲述织布的读物。如果把织布机、纺车、缯绳、绞棍、木梭这些与织布有关的物件，从一个偏僻的村子里取出来，再看看打造这些物件的木匠，我不知道该说些什么。而母亲花两三年的时间织出来的一匹土布，我不敢说它一定就像云锦，但后来对诗的许多感觉，却确定无疑来自她织的土布。

我想，母亲织的土布有多长，我对乡土的感觉就有多长。

事实上，许多织布的细节，比如拐线、纶绳、浆线，我都作为母亲的帮手参与过。特别是浆线，让我欣赏了乡土生活既朴素又很神秘的一面。

村里人说，母亲的手底下会出活儿。她忙完织布机上的活儿，那双很会裁剪的手又要忙碌着缝制我们的衣裳了。

这样的日子，在我心里充满了幻想：土布、剪子和母亲的手，三种不同的物象，在母亲的巧手之下，变幻出一件件遮蔽我们身体的衣裳。现在，如果我说她那时就像裁剪着云朵，就像缝补着一块土地，也不会有人说我这是矫情。但母亲那时最真实的心态，是让我们穿得体面一点，用她织出来的土布弥补日子的艰辛，带给一家人欢乐。

看着她飞针走线的样子，心还没有长到能用善良、柔情观看世界的我，觉得阳光有多细密，母亲的心就有多细密。乡村人穿衣，也有乡村人的审美标准，就是图方便劳动。至于身体本身，以那时的生活状况，还顾不了多少，只要一年四季不饥、不冷，就是大地上最幸福的人了。可以说，我的父母一辈，就是为此劳累困顿了一生。直到裹着一身土布，回到泥土里去。

那些土布衣服上面，存在着那个年代阳光的气息、泥土的气息，更多的是母亲的气息。作为一件单纯的衣裳，它真实地记录着母亲给予我的那份爱，像棉花一样，像土布一样，透明在那个年代的阳光下。

可惜的是，这个世界上，不再有这些衣裳了。我想，如果还有一件的话，今天吹过乡野的风，会绕过母亲留下的一些织布用的物件，从那件土布衣裳细密的针脚里，帮我吹出她的一丝秀发。

要是我早年贴身穿过的那一件呢？

本草有道

▼

文_钱红丽

　　我喜欢逛中药房，并非买药，只是随便看看。置身中药好闻的味道中，有虚幻感，仿佛一直跟人约会，无须落实到婚姻，自适又淡定。多宝格的抽屉，一层一层地叠加，像一个个甜美的梦，拉开来又推进去，里面藏的都是有好听名字的草药。我对于许多中草药，都是先闻其名，后见其身的，就像先看爱情故事后恋爱一样，总有些恍惚。

　　达尔文把《本草纲目》说成是"1596年的百科全书"，我时不时翻一翻，不同的版本都拿来，看看有什么不同。李时珍的伟大，在于把植物分为草部、谷部、菜部、果部、本部，又把草部细分为山草、芳草、毒草、蔓草、水草、石草、苔草、杂草。第一次读这本书的时候，非常惭愧，作为一个乡里人，日日与它们为邻，却一点感觉没有。那些存在千年的植物，竟被一位古人的慧心点燃了，给人以恩泽。

　　《本草纲目》翻得久了，不免思考我们与植物之间究竟是一个什么样的关系？相互依存，相互照顾？好像植物给予人类的永远多一些。夏天，熬点儿车前子的水喝，一来降暑，二来消炎；冬天，在猪小排里加几段淮山药，可以补气。中医最讲究气。听来一个真实的故事，某人为一方首富，每年都要吃上几万元的冬虫夏草，最后把好好一个身体搞垮了。可见，草药不能随便补，得讲究个度，一旦过了，反而有害。

　　有很多草药的名字富含哲学意味，比如独活、决明子、九里明、丢了棒、王不留行、十大功劳、雪上一枝蒿。你看，"雪上一枝蒿"，遗世独立的一个名字，实则有大毒，用之得当则治病，失当则致命。其实，它的功效无非祛风湿、活血止痛。还有"独活"，非常慎独的一个名字，用它的根可以止头痛、牙痛、腰痛，唯独气虚的人不能用。想想也是，按照字面理解，人家都独活了，说明生命力强大，肯定愿意与气盛之人结伴而行，气短体虚的人肯定受不了这个。这就是命相上所说的相生相克吧。宛如男女之间，气味相投者才能在一起把日子过下去，道不同不相为谋——万物都在遵循着一个道理，你我不过是棋盘上的棋子。

年轻时喜欢草本植物，可能出于一种纯粹的天然喜好，慢慢地，年龄渐长，再来重温这些，恍然大悟，原来可以读出"道"来。《道德经》讲道，《论语》有道，《庄子》明明也在布道……人愈活愈老，竟处处见道。以前读《本草纲目》，是被李时珍的文风所吸引，如今读，悟出世间万物里都有道。一个人修到哪一层，就可以悟到哪一层，一点不带掺假的。

在香港，我买回豆蔻膏，既可以平息幼儿的咳嗽，又可以缓解大人的头痛。有中国人的地方，就有本草的影子。一年一年里，我们相互需要着，难以分开。

老少爷们提笼架鸟

▼

文_崔岱远

肩膀齐是弟兄

最初玩鸟儿的，大多是一些吃俸禄的八旗子弟。他们精心地喂鸟儿、驯鸟儿，形成很多玩鸟儿的规矩，就连什么样的人养什么鸟儿，都有专门的说道，比如"文百灵、武画眉"。儒雅之士讲究在家伺候净口百灵，要给自己的鸟儿找另一只音色好的鸟儿当老师，直驯得它能顺顺溜溜一口气叫出规矩的"十三套"，才算玩到家。行伍出身的爷，讲究大清早起来遛画眉。天刚蒙蒙亮，就得爬起来，穿上衣裳，摆开架势，甩开膀子，摇晃着两个沉重的大鸟笼子，走十几里路，去后海或是护城河畔遛鸟儿，全当是习武练功。

上层社会玩什么，老百姓就崇尚什么，社会上就流行什么。从清末到民国，京城里玩鸟儿的，不再是有钱有闲的旗人，那些缙绅富户乃至平民百姓，无论高低贵贱，都以养鸟儿为荣。尽管大家的身份地位相去甚远，但有了这个共同爱好，一聊起鸟儿来，仿佛"肩膀齐是弟兄"，彼此心里透着些亲近。

北京人对鸟儿投入太多的心思。即使在动荡的岁月里，有些人依然爱鸟如命，甚至倾其所有投身于此，就像话剧《茶馆》里松二爷说的："我饿着，不能叫鸟儿饿着。"或许那些精灵的啁啾欢鸣，就是支撑他们活下去的希望。"提笼架鸟"的生活，俨然成了古都文化中必不可少的一部分。

所谓"提笼架鸟"，其实是两种不同的玩鸟方式。"提笼"说的是笼养鸟，不同的鸟儿要用不同的笼子。画眉有画眉笼，靛颏儿有靛颏儿笼，养红子要用长方形、弯顶的丘子笼等。笼养鸟主要的玩法是听它哨，最好听的恐怕就数红子了。

红子并不是红颜色的鸟儿，而是黑头、灰翅、黑爪子、淡色的肚皮，学名叫"沼泽山雀"。这种鸟儿长相清秀，个头不大，体重不到一两。

调教红子是一件很麻烦的事儿，必须从小雏子刚刚能在窝里扇动翅膀那天就开始。过了这个节骨眼儿，就再也驯不出来。调教出来的红子，鸣叫起来婉转动听，而且声音明澈空灵，穿透力极强。红子是有个性的鸟儿，从来不学其他鸟儿叫，其他鸟儿却要模仿红子的叫声。"百灵十三套"里就专门有一套是模仿红子叫声的，叫作"红子口儿"。

鸟儿把式花样多

"架鸟"，说的是拿杆儿养的鸟儿，可以打弹儿，可以叼钱，玩的是个互动。

最普通的架鸟，当属"梧桐"，是一种黑头、灰身、黑尾巴的候鸟。《诗经》里"交交桑扈，有莺其羽"，说的就是梧桐，它个头较大，轻轻握在手里，一把攥不住。有意思的是，那个大雏子似的短喙是可以变色的，小时候是纯黑色，只在最尖端有一抹鹅黄色的小月牙；长大后，黄色渐渐增多，岁数越大色越黄；等鸟老了，就变成一个蜜蜡色的黄嘴。

北京人喜欢玩飞得快的小梧桐，叫"墨嘴"；天津人喜欢玩漂亮的老梧桐，叫"蜡嘴"。

秋风瑟瑟之时，成群的梧桐从东北飞往南方。有捕鸟人专门到京郊的山里，用网子将它们捕下来，放在大笼子里，带到鸟市上卖。

养梧桐的以年轻人居多。他们挑选那些看着毛色光亮顺溜的小梧桐，套上用棉线或麻绳编成的小辫子似的脖儿索，用一只精美的钩子连上绳子，拴在三尺来长的鸟杠上。那个钩子通常是铁或铜的，制作得特别讲究，可以自由转动，不会轻易脱落，也不会把鸟缠住。

那根手指粗细的鸟杠，也有不少说道，有红木的、六道木的，还有上好的紫檀木做的，两头有铜箍，攥在手上，本身就是一件漂亮的玩物。

年轻人驯梧桐的第一步，通常是含一口凉水，喷它一下子，然后饿它，为的是去除鸟儿的野性。上了岁数的人觉得这么做残忍，另有花工夫调教的妙法，总之是要驯它站杠，慢慢地调教它吃手上的食。过去人们把驯鸟儿的人称为"鸟儿把式"，也有人理解成"把食"——鸟儿不通人性，之所以能听人的话，还不是为了一口吃食？

喂梧桐的食是小麻籽，红豆大小，捧上一小把，梧桐一咬，嘎嘣脆。一开始，那鸟儿是站在杠上，探头探脑地吃；过一两天和人熟了，可以把杠绳放长，让它飞起来吃；再过几天，打开钩子，让它自由飞落在手上吃。渐渐地，手与杠子的距离越来越远，手上的麻籽越来越少，从一小把到十几粒，再到几粒，最终减到两粒。

梧桐熟悉了人手，飞落在微微跷起的中指上觅食，它大概以为那中指就是杠子吧。

玩鸟儿四层境界

调教梧桐的目的，不是为了让它吃手中的食，而是让它打空中的弹儿，也就是飞起来，叼住抛射到空中的小弹丸。驯的时候，就得一点一点抛食，让它接着吃。抛的高度从半尺到一尺，再到两三尺……逐渐增加高度，喂食的难度也逐渐增加。这是打弹儿的基础，接下来，可以换成专用的弹儿。

梧桐打弹儿的时候，也是北京天气最冷的时候。打弹儿讲究找豁亮的空地，后海宋庆龄故居的冰面，就是最佳选择。梧桐在天上转半圈叫"月牙"，转一周叫"一盘"。据说顶级高手可以让梧桐围绕整个后海上空，转上六盘。

那盘旋飞翔的灵羽，划过青灰色的长空，羽翼上闪烁着一抹冬日暖阳，搅动着几近凝固的寒气，看得人心里一下子就敞亮了。等到那精灵"嗒"的一声，衔着弹儿的刹那，就像是从遥远的高空突然传来一簇簇电波，让人的魂魄不由得随之猛然一振，顷刻间没了思想和意识，分不清自己是人，还是那鸟儿。

玩鸟儿有四层境界。第一层是把鸟儿当宠物养活，人与鸟却是貌合神离；第二层是驾驭和控制鸟儿，用心思调教它玩；第三层是人与鸟之间能够有情感的沟通，渐渐地形神合一；最高一层就是达到人鸟交融的境界，在某个瞬间体会到自己随了那鸟儿消失在一个空灵的世界里，比如在红子鸣叫的一瞬间，比如在梧桐打弹儿的一瞬间。这种生活的艺术，被养鸟人发展到极致，也让他们从中体味到某种哲理。梧桐一般只养冬天一季。来年清明刚过，春暖花开，梧桐就要换毛了。天气一热，鸟儿受不了那么高强度的训练。这时候，养梧桐的人要把它放回到大自然里。

在胡同里是放不走梧桐的，即便放了，到钟点儿，它一准飞回来吃食。放梧桐的时候，要特意把它带到西郊或北郊的大山里，之后，喂它饱饱地吃上一顿，解开脖儿索，任凭它箭一般头也不回地"扑棱棱"飞进山林，"唧唧喳喳"地鸣叫着，消失在蓝天深处，一段缘分就此了断。来年即使再见，那梧桐早把本事忘得一干二净，曾经的主人已然恍若隔世。

人是有情的。鸟儿，毕竟是鸟儿。

一条路的生命

▼

文_杨恩智

　　一条路，从远方蜿蜒而来，经过我的脚底，又向远方蜿蜒而去。在这条路上，我缓缓而行，背后是村庄，前面也是村庄。村庄之外，有着更多的村庄，或者城市，其间夹杂着无数的山水、林木、花草……

　　我一直坚定地认为，路是有生命的，就像一个人、一头牛、一棵树、一株草、一只虫有着自己的生命一样。在我的眼里，一条路的生命，丝毫不亚于一只虫、一株草、一棵树、一头牛、一个人，以及它旁边的村庄或城市。在它的生命历程里，有着更多的曲折，更多的疼痛，更多的风雨，也有着更多的自豪和满足。

　　脚下的这条路，已变得宽阔起来，还刚铺上了沥青。10年前，它还只是一条小径。我不知道这条小径产生于什么年代。但我曾见到，它是怎样由一条小径变成了宽阔的公路。那时修路，按村里的劳力分到了每家每户。我曾提着锄头和我的父母一起开挖过这条路。现在，我再次看到了它的变化，它的上面又铺上了油油的、黑黑的沥青。我的身后，还有七八个人在不停地忙碌，或搅拌沥青，或铺沥青，或铲路面。到村街上去赶集的人们，边走边看着铺路的人以及这些人铺好的路，发出"啧啧"的赞叹声。

　　路上，我看到二奶奶更苍老了，佝偻着腰，步履蹒跚，手里提着从街上买的一篮东西。她踩着硬硬的还在弥漫着沥青气味的柏油路，稳稳地向前面的村庄走去。以往，村上还没有村街，赶集要到更远的乡场去。那时，二奶奶的脚步一定不会走得这么从容；那时，二奶奶一定想着，要是赶集的路不那么远、不那么陡该多好。那时，二奶奶的脚步是一种怎样的姿势？村路可以不老，甚至可以越来越年轻；但人必然在变老，直到老得不能再老。我想，要是现在还没这村街，二奶奶还会不会走着路去赶集？

走在这条路上的，还有更多的小孩，他们背着花花绿绿的书包。他们是幸运的。他们还这么小，就能走上这种宽宽的、平平的柏油路。在他们的记忆里，也许不会再有这条柏油路或者公路之前的模样。

不幸的是我的母亲，以及更多已离开了这个人世的人们。

我的母亲在这条路还是小径的时候，弯弯曲曲地绕着山路走进了这个村庄。虽然也走过她参与劳动而变宽了的公路，但最终还是没能走上一趟这条铺了沥青的路。直到最后，她被人抬着沿着这条路离开村庄时，也还是这条她参与修建的公路。

路在变得越来越年轻，人却渐渐老去。一个人永远无法看到一条路的尽头。但一条路，似乎在一个人诞生时，就看到了这个人的尽头。

走在这条路上的人，换了一茬又一茬。在一些面孔变得越来越苍老的时候，又有一些娇艳欲滴的年轻女人，顺着这条路，走进了这路旁的村庄。随着这些女人在这条路上的行走，一个又一个的男孩或者女孩，相继加入了这条路上的行走队伍。先是蹒跚学步，再是疾步如飞，再接着又是蹒跚而行。

路旁，除了村庄的房舍，还有各种各样的果树和杂木树，还有就是一片一片的田地。树正在发芽，嫩嫩的各种形状的叶片或稀或稠地长满了枝头，果树上还有欲绽未绽的花蕾或已灿烂开放的花朵。偶尔还能看到一些被村人们砍伐后留下的树桩，也有一些挤在密林里争抢着阳光和雨露的树苗。那些地里，刚刚点种上洋芋、苞谷。田里呢，一溜一溜地铺展着被太阳晒得泛白的土垡。过不了多久，这些田地里都将长出一片又一片庄稼。在庄户人家日复一日的侍弄中，一季庄稼种下、收取，又一季庄稼种下、收取。这些，都被旁边的路看在了眼里。一个人在那些田地里侍弄了几十年，在路的眼里，似乎也就是转瞬之间。

一个小孩赶着一头母猪和几头小猪走过这条路，然后在田间放牧。放猪的小孩将一天天长大，然后变老，然后再从这条路上离开这个村庄。而那些猪，都将在不久的将来变成村人碗里的美味，包括那头母猪。这些，这条路不用想都知道。这样的事，这条路见得实在是太多了。

路旁那些田地里的庄稼，收割了一季又一季；那些果树，开了一次又一次的花，结了一轮又一轮的果；那些杂木，被村人砍了一片又一片，又栽了一片又一片。就是村里的那些人，也是出生了一批，长大了一批，衰老了一批，死去了一批。只有这条村路，似乎还一直是这条村路。它一直在成长着，没有衰老的迹象。

一条路，从远方蜿蜒而来，又从远方蜿蜒而去。一个在上面行走的人，远眺的目光被村庄、树木、山峦阻断在或远或近的空中，永远看不到路的尽头。一条路的生命里，容纳了太多的生命，也承载了太多的生命。一条路，它用自己的生命，见证了更多的生命。

一个人的生命与一条路的生命相比，微不足道。

台湾小贩

▼

文_绿 妖

　　台湾是怎么管理小贩的，一直都是我很好奇的一件事。跟在阳台上晒衣服都可能违法的美国不同，华人是有爱摆摊的传统文化的。台湾是怎么管理这个让现代都市头疼的"传统文化"的呢？

　　第一次遭遇这个问题，是2011年我首次去台湾。出租车司机说，在台湾，街头艺人是有证的，街头小贩也是有证的。后来停发小贩证，是因为房子越盖越密集，管理部门希望做生意的能专门租个房子，但有人因为习惯或租不起，还是在街头摆摊。怎么办？警察给街上的小贩轮流开罚单，但不赶人。如果有人投诉，警察就说："我有处理啊，有开罚单的。"

　　我对此发了一条微博。在那条微博下，一位台湾网友补充说明：基本上，每个月，摊贩会固定被开三张罚单，一张大的1200台币（折合人民币200多元），一张小的300台币，还有一张不用罚款的劝导单……除此之外，警察不会来骚扰你。一个月一共1500台币，合人民币约300元。

　　这是真的吗？没人管，小贩会不会堵塞道路？垃圾遍地丢怎么办？影响市容和交通怎么办？

　　2013年，我去台湾采访，主要在台中市新社区。新社区的菜市场就在农会外面的街道两边，连绵几百米。如果是固定借用人家屋檐下面或店面门口位置的商贩，可能会和屋主商议出一个包括水电费在内的费用。如果是不固定的摊位，则没有摊位费，地点自便。

仔细观察，就会发现：第一，菜市场没有人用高音喇叭吆喝；第二，果蔬堆放凌乱、丰富，但多严守界线，退在街道两侧的一条白线之内；第三，收摊时，小贩会自觉清扫摊位，并用水龙头冲刷地面，直至彻底打扫干净。

在东市区“丰原客运站”的站口，有两个阿婆摆的小摊。右边阿婆的摊子格外小，只有几个托盘，里面摆着腌红肉李、腌李子、腌芭乐、蒸花生。腌的红肉李，糖分深深浸入果肉，吃一口，甜到心里。

阿婆在这个地方已经摆了几十年的摊了。她指了指窄窄的马路对面的小店：“早些年我在那个店里卖面条，卖了30年。”“为什么不做了？”阿婆轻声说：“我老了。”

阿婆今年78岁，看起来还很精神，穿着一件黑白细条纹Polo衫，翻出一个俏丽的紫领子。听我说想拍照，先捂着嘴笑起来：“啊，我都没有准备。”我仿佛看到她年轻时的样子，一个爱笑的姑娘。

买了她五六个腌红肉李，她一拨拨递过来别的，执意让我们品尝——她几个托盘里的水果，都被我和朋友吃了个遍。最后，她又执意塞给我们一塑料袋花生。她哪里是在做生意，我们吃掉的，比买的还多。

她并不是孤独一人，她的儿子就在对面开着一家便当店。但是，她虽然老了，还是希望活得有尊严，自己挣钱，不用手掌向上跟儿子要钱。

摆一个小摊，会不会被警察赶呢？阿婆噘嘴说：“他们偶尔会来开罚单，一次1200新台币。”我问她：“为什么不租个门面摆摊？这样就可以不被开罚单了。”阿婆又抿嘴笑笑，指一指街角的水果店：“他们一间房，月租3万新台币呢，也要被开罚单，因为水果摆到了人行道上。”

其实答案可想而知。阿婆年纪大了，没有经营一个月租3万的门面房需要的充沛精力。摆一个小摊，每天卖这几个托盘里的小玩意，是她目前仅能做的劳动。而想必警察的罚单也没那么频繁，让这条街维持着一个微妙的生态平衡。

　　最后，我们吃完李子，环顾四周也没看到垃圾桶，问阿婆水果核可以丢在哪里。她伸出手，掌心上衬一张餐巾纸，让我们把核给她。她小心翼翼地把它包了起来。

　　阿婆包起果核的样子，犹如女王包起她的珍珠首饰，很有尊严，很美。

　　那种优美的姿态，我记到现在。

家在山东

▼

文_倪 萍

一

家的样子从来都是那么真实。

五间正南正北的草房子，一进门的厅里有东西相对的两口大锅，透亮的北窗下是一口盛水的大缸，房梁上挂着一篮子好吃的。往东走是东屋，一铺大炕上倚墙叠放着整整齐齐的花被子；竹编的席子用布包了边，清爽好看；炕上有一把绑了红穗的笤帚，墙角永远放着姥姥的针线笸箩；笸箩上面有个撑子，撑子上是姥姥抽空就纳两针的鞋垫，红的、绿的花常常绣一半，姥姥就放下干别的事了。有一回，姥姥给我绣的鞋垫才放下两个月，我的脚就长到鞋垫外了。

西屋是姥姥和姥爷的卧室。炕上依旧是一摞很整齐的被褥，只是颜色都很暗，每一床都是老粗布的条纹，那都是姥爷种的棉花，姥姥纺的线，他们自己织的布。睡觉的时候从来都是姥爷头朝南，姥姥头冲北，我一直以为夫妻都该这么睡。

炕的对面是家里最阔气的大柜，柜上摆的全是他们那几个孩子的照片。姥姥天天擦这些镜框，这是他们夫妻的光荣所在。

二

姥姥家还有个大院子，院子外面套着一个更大的菜园子。

姥姥的菜园子从一开春雪化了露出一地的菠菜开始，就像个大菜市场，要什么有什么。菠菜走了，一地的小白菜就冒出来了。等小白菜长到巴掌大的时候，我们家就顿顿吃小白菜包子。包子里除了小白菜，也有"硬货"——肉渣、老油条、虾皮，最不济也是炒过的葱花和过了油的豆腐。姥姥大多数时候是包烫面的包子，皮薄得像一层纸。

菜园子里的韭菜那才叫神奇，吃掉一茬又长出一茬，永远割不完。割一把韭菜，用缸里的井水洗过，姥姥把它们切成末，拌上几滴香油，倒上半碗酱汤，往豆子面汤里一浇，天哪，没吃过这么好吃的面条！

夏天的菜园子，菜多得你不知先吃哪种。茭瓜，咱们叫西葫芦，是姥姥的菜园子里最不值钱的东西了，可姥姥每次做的茭瓜饼连一片也不剩。姥姥在院墙上摘茭瓜的时候，先用指甲掐一下茭瓜皮，掐不动的是老的瓜，姥姥反手一扭，瓜就掉下来了。姥姥用礤床儿把它擦成丝，半盆茭瓜丝、半瓢面、半勺盐拌在一起，偶尔打上两个鸡蛋，那就是美味的茭瓜饼。锅上抹满了油，姥姥一勺一勺地把面糊摊进锅里。我们就围在铁锅边，熟一个吃一个。天哪，怎么那么香？怎么那么鲜？吃多少都不饱！

三

秋风刚起的时候，菜园子里的豆角就长疯了，两只脚不用挪地儿就能摘满两篓子，一篓自家吃，一篓送邻居。地里永远有两棵不能摘的豆角，姥姥说那是种子，吃了种子就等于把妈吃了。从小我就知道不能吃妈。

到了深秋可以吃萝卜的时候，姥姥家的饭桌上就天天是萝卜菜了。拌萝卜丝是姥姥的一绝，其实就是加点香菜加点盐，连香油都不放。姥姥说上了香油别的味儿就全被盖上了。

萝卜多的时候，姥姥把萝卜用盐腌一下，放盖帘上让风吹个半干，装满一大碗，切上葱花，倒上花生油，在贴满玉米饼子的大锅里蒸上它，这萝卜干吃起来就像肉，很香，姥姥叫它肉萝卜。姥姥说："吃这么一碗肉萝卜，做的都是美梦。"不知姥姥这是穷人骗小孩，还是大医道，反正姥姥活到了99岁。

有房有院子才算个家，家里有姥姥这样的女人才算个家。我长大了，走过那么多地方，住过那么多房子，却始终找不到真正的家。一说到家，就想到了味道，家的味道。这些年画的画，也总是不自觉地和山东的那个家有关，于是想，如果要给自己的画展起个名字，那就得叫"家在山东"。

家不在山东，能在哪儿？

北京的"大"与"深"

▼

文_赵 园

　　我这个外地人前后居京近二十年，感触最深的，是北京的大。每次出差回来，不论出北京站奔长安街，还是乘车过机场路，都会顿觉呼吸顺畅。"顺畅"本应是空间印象，却由复杂的文化感受做了底子。日本鹤见祐辅的《思想·山水·人物》中有一篇《北京的魅力》，说若是旅行者"看过雄浑的都市和皇城之后"，去"凝视那生息于此的几百万北京人的生活与感情"，会由中国人的生活之中发现"我们日本人所难以企及的'大'和'深'"（《鲁迅译文集》）。这或许只是日本人的眼光。据从美国归来的熟人说，看惯了美国的城市，竟觉得北京小了起来。

　　外国观光客如何感觉北京姑且不论，来自人口稠密的江南城镇而又略具历史知识的本国旅游者，所感到的北京的大，多少应当由三代（元、明、清）帝都的那种皇城气象而来。初进北京，你会觉得马路、广场无处不大，甚至感到过于空阔，大得近于浪费。由天安门下穿过故宫，则像是走过了极长的一段历史。出故宫后门登上地处老北京中轴线的景山，你如释重负又不禁怅然。俯视那一片金灿灿的琉璃瓦，会想到那段历史并没有过去，它仍隐隐地笼罩在这古城之上。于是，你又由"大"中感到了"深"。

　　久住北京，已习惯于其阔大，所感的大，也渐渐地偏于"内在"。

　　似乎是汪曾祺吧，于香港街头见老人提鸟笼，竟有点神思恍惚，因这种情景像是只宜在北京见到。不论世事有怎样的变幻，护城河边，元大都的土城一带，大小公园里，以至于闹市区马路边的人行道上，都会有老人提着鸟笼悠悠然而过，并无寂寞之色，倒是常有自得其乐的安详。老派北京人即以这安详宁静的神情风度，与北京的"大"和谐相处。厂甸一带虽重修后透着点俗艳，古玩店因销路不畅有着几分萧条冷落，你仍不妨去想象当年文化雅士流连于珍本、善本间的情景。这一方文化展台与京城日益兴旺的豪华大商场并没有什么不协调，倒像是非有这并存共生无以显示北京的"大气"似的。

　　"大"，即能包容。也因大，无所损益，也就不在细小处计较。北京的大，北京人的大气，多少缘于此。跻身学界，对于北京学界的大，更有领会。北京学界的大，也不只因了能作大题目、大文章，发大议论，凭借"中心"的优势而着眼处大，人才荟萃而气象阔大，更因其富于包容，较之别处更能接纳异见，欣赏后进。

　　哲学家任继愈写北大的大，引蔡元培语："大学者，囊括大典，网罗众家之学府也。"说"北大的'大'，不是校舍恢宏，而是学术气度广大"。北大的大，也因北京的大。当年蔡元培先生的治校原则，或许最能代表北京曾经有过的一种文化精神。

　　至于其"深"，天然的是一种内在境界，非具备相应的知识并有体会时的细心，不能领略。天下的帝都，大致都在形胜之地，龚自珍写京畿一带的形势，说"畿辅千山互长雄，太行一臂怒趋东"（《张诗舲前辈游西山归索赠》）；还说"太行一脉走蜿蜒，莽莽畿西虎气蹲"。

　　见惯了大山巨岭，会以为如北京西山者不便名"山"，但这一带的山却给京城气象平添了森严。居住城市，瓦舍明窗，但见"西山有时渺然隔云汉外，有时苍然堕几榻前"。于薄暮时分，华灯初上，独立苍茫，遥望远山，是不能不有世事沧桑之感的，走在马路上，时见飞檐雕梁的楼宇，红漆金钉的大门，也会不期然地想到古城所拥有的历史纵深。台湾旅美作家张系国写台北水泥森林间的一座小庙，人物由香烟缭绕中体会古文化的宁静，一间小庙尚且能提示一种文化意境，何况古文明遗迹遍地的北京城呢！

直到此时，你还未走进胡同，看那些个精致的四合院和拥塞不堪的大小杂院。胡同人家才是北京文化的真正保存者。前几年有年轻人大力倡导"文化寻根"，争相夸耀楚文化的幽深、吴越文化的绚烂，以为北京胡同文化不足道。于今看来，不免像是可爱的偏见。厚积于北京的胡同、四合院中的文化，是理解、描述中国传统社会后期历史的重要材料。历史不只是在故宫和天安门，那些幸运地保存下来的每一座普通民居，都是实物历史，是凝结于砖石的历史文化。你在没有走进这些胡同人家之前，对北京文化的理解，是不便多言的。

就这样，你漫步北京街头，在胡同深处谛听了市声，因融和的人情、亲切的人语而有"如归"之感，却又时而为古城景观的被破坏而慨叹不已。你忍不住去凭吊古城墙的遗址，为圆明园不伦不类的设施而大失所望；你怅望着那大片单调呆板的公寓楼群，忧虑为子孙后代留出的生存空间的狭仄；你听出了北京话里的粗野，因商店、公共汽车上的冷脸而怏怏不乐。但你仍然发现了古城犹存的活力。北京是与时俱进的。这古城毕竟不是一个大古董，专为了供外人的鉴赏。即使胡同人家又何尝一味宁静——燕赵毕竟是慷慨悲歌之地！

旧时的文人偏爱这古城的黄昏，以为北京适宜这样的一种情调。北京确实也象征过一个时代的落日黄昏。士大夫气十足的现代文人还偏爱北京的冬天，郁达夫的《北平的四季》甚至认为"北方生活的伟大悠闲，也只有在冬季，使人感受得最彻底"。这自然多半因了士大夫的"有闲"。今天的人们，或许更乐于享用生气勃勃、激情涌动的北京之春。他们也会醉心于金秋十月：北方天地之高旷，空气的净爽，于一声嘹亮的鸽哨中尤令人感到真切。北京是总让人有所期待的，它也总不负期待，因而你不妨一来再来。

昆明在别处

▼

文_卤 蛋

云

昆明人和菜头曾在他的文章中写道："如果从南方飞来，你能看到滇池如同双手张开，捧着小小的昆明。"

朋友果然从南方飞来，阳光明媚，万里无云，她没看见巨大水泽边夜晚泛着幽蓝暗光的昆明，见面后把行李丢给我，不和我拥抱，不和我叙旧情，只连连惊诧道："昆明的天这么好看！太好看了！"

我惊诧于她的词语贫乏和对老友的熟视无睹，我问她："怎么个好看法？"

这家伙终于低下了她仰望天空的头，小心翼翼地说："就像钻石。"

我理解她说的透明、清冽，但钻石太过耀眼，我只得纠正她："不，这是冰，世界上最大的一块冰。"

这块巨大的冰悬在海拔1891米的昆明上空，由梅里雪山的冰雪和西双版纳的热浪调和而成，澄澈光亮，对自己的颜色和质地毫不珍惜，就那样随随便便地找个日子铺开来。

在这种蓝色的映衬下，昆明的阳光、雨水、云朵也变得异样，毫不拖泥带水，完全按照自己的性子在城里游荡玩耍。阳光均匀地洒下来，轻盈跳跃；雨水说来就来，说走就走。而昆明的云变化多端，唯其多变反而呈现出单纯。小时候和哥哥爬上屋顶，坐在倾斜的瓦面上，顶着高原的紫外线，头顶上，一头狮子、一场古代的战役、一个童话里的女巫、一条镶在房子和群山上的花边……一个个离奇的故事不断上演。记得最清楚的却是几年前的一个夏天，整个傍晚只有一朵又薄又小的云，像一个捉迷藏躲得太隐蔽的小孩，大家找不到他，散了之后，他才悻悻然地溜出来，又得意又寂寞，我眼巴巴看着他直到消逝……

懒

昆明人确实是懒散的，文化巷、钱局街、翠湖周边，毫不理会朝九晚五，随时可见不慌不忙的人：发呆的、晒太阳的、坐在坎子上喝酒的、遇见熟人了站定就开始吹牛侃大山的……老友开玩笑："怎么会没事做？是不是政府花钱请他们来街上摆造型塑形象的？"这里的时间过得缓慢，没什么马上要办的事情。据说民国时期，昆明警察的另一个职责便是每天早上拿着火钳敲开那些迟迟不开的店门。时至今日，未见改观。而那些昆明开门最早的、关门最晚的、营业时间最长的店铺，都不是昆明人开的。

读书期间学校调整作息时间，早上8点即开始上课。临到冬日，起床时天色仍暗，老教授发话："第一节课起不来别着急，你们就赶第二节课再来。"下一周，第一节课没来的几个同学全是昆明人，这种不进取常被外地人嘲笑："你们的钱都被别人跑到家门口拿走啦！"昆明人笑笑不在意，一边笃定地由着外地的移民大军占领昆明的高楼大厦、大街小巷、早上的包子铺和晚上的烧烤摊，一边由着他们为昆明的懒散找出气候的、地理的、心理的各种依据，证明唯此一懒别无他法。

米线、菌子

很多时候，昆明是游人的中转站。即便如此，昆明也不容许起早贪黑，睡觉睡到自然醒，这是一个馈赠。在日出之后， 整个昆明的米线都热气腾腾，耐心地在锅里、在碗里、在罐罐里等着你醒来。

昆明人吃米线，如同化学实验，仗着四季不断的新鲜蔬菜，各式做法，各种汤料，各色菜式，想到的没想到的，统统给我到碗里来。固定下来的吃法已然上百种，小锅米线、过桥米线、豆花米线、凉米线、卤米线、炒米线、砂锅米线、罐罐米线……光是热米线，又分出了焖肉、脆哨、三鲜、脆旺、杂酱、卤肉、鳝鱼、菊花等。昆明人热爱米线众所周知，它是早点、中午饭、晚饭和消夜，是我们的零食。所以，如果你在下午3点这个不搭界的时间，在昆明宝善街"建新园"店门外，看见一堆昆明人端着米线蹲在街边晒着太阳，边吸边嚼边划拉的场景，不要奇怪， 不要围观，大步走到窗口，对着收银的姑娘叫一声："给我来个凉米线，大碗！"

今年夏天，昆明的雨水很多，和雨水一起来的，是菌子。夏季的雷雨就像一声号令，把它们从睡梦中惊醒，松茸、鸡枞菌、干巴菌、青头菌、牛肝菌、竹荪菌纷纷从云南广袤的深林野地里探出头来，伞盖吸足了山林的野莽之气，根部沾着泥巴，马不停蹄地奔赴昆明的餐桌。我最爱红色牛肝菌，又名"捏捏青"，顾名思义，手捏过的地方会变成铜绿色。这质朴松软的绰号后面暗藏着危险。上学期间同桌食用不当，整个下午眼睛盯着桌面，看彩色的小人在桌面上跳来跳去，这是轻微中毒导致的幻觉。但是，昆明人仍大胆地接受这危险的美味，如乡野探险，每年如期赴约，真正"宁可瞎眼睛，不让嘴放塌"。

马　普

也许是云朵太软阳光太轻，容易让人飘起来落不在地上，昆明方言一开口就故意说得又重又狠。电影院门口，一个急巴巴的少年指着面前慢悠悠走来的一个人，大喝："憨贼！你是踩着你家11路公交车悠着过来呢？说两分钟就到，让我等半日！过来，跪地！"慢悠悠的少年过来，一把搂住急巴巴的少年的脖子，回答道："你冒挨我扯朵朵（'别胡说瞎扯'的意思），你喊哪个跪着？"两个人用普通话的腔调混着昆明方言的发音，是为"马普"，你一言我一语，勾肩搭背扬长而去，留下老友呆立在旁，等我解释。昆明方言的"狠"确属故意，好像如此便可见西南夷民血性义气之端倪。但语言上的这种"狠"容不得推敲，对话时间稍长，便被打回原形，再生气不过"鬼火绿"（生气），再感慨不过"么么三"（类似"哇噻"之类的感慨词），没有绕卷舌打得你心猿意马，没有前后鼻音整得你猫抓火燎，说话平整温和，性情和舌头一样耿直。

一个昆明人若待你好，便没有虚实并进的花招，都是日常的平实妥帖。吃到好吃的，记着带你来；买到好用的，会有你的一份；你有伤心事，赶半夜车带着酒和烧烤来看你；你被欺负了，和你站在一起。不温情不凌厉，不僵直不模糊。

但昆明这个城市仍是冷漠。它对谁都温和，但其实它对谁都不关心，贩夫走卒，达官贵人，任其自生自灭；它对什么都感到好奇，但其实它对什么都不在意，一切在这里和平相处，相安无事。

喏，你看，这是一个"在别处"的昆明。昆明的混合、杂糅、温和、疏离、轻盈、怪异、漫不经心全暗合了这三个字。这不是怒骂，恰恰相反，因了这三个字，昆明一直都可以做个孩子，住在里面的人总能有大把时间看云喝酒、闲逛瞎晃、养草遛狗、碌碌无为，懒惰的例外和云朵一般大胆奇异的想象力，被一部分人花在如何把花、果、草、茶、鱼、虫、鸟、兽、菌做成好吃的，一部分人则如昆虫一样搜遍大街小巷，找到它们，呼朋唤友，下酒佐菜。

任世事的肉汤如何熬煮。

拉萨人：最虔诚的信徒，最低调的土豪

▼

文_梁雅祺

在藏语中，"拉"意为"神"，"萨"意为"地"，"拉萨"是"神圣之地"的意思。生活在这片土地上的拉萨人，尽管所处的是高寒缺氧的高原环境，但他们凭借着虔诚的信仰，依旧将日子过得像神仙一般滋润幸福。

每天，当太阳朦胧现身，庄严的诵经声已经在这座城市响起，袅袅升起的桑烟，随风飘扬的五彩经幡，一起将拉萨人的祈福送达天界。"举头三尺有神明"，每一个拉萨人都深信自己有神灵护佑，所以他们严守神的教诲，诵经念佛，积德行善……

虔诚的信徒用头和身体打磨青石板

拉萨八廓街上随时都在上演震撼心灵的情景：每天都有一大群藏族人匍匐在大昭寺门前，在桑烟与诵经声中，一个又一个地磕着长头。即使手磨破了，额头磕红肿了，如果没有达到自己规定的数量，他们绝对不会停下。站在大昭寺门前，满耳都是此起彼伏的"刷刷"扑地声，寺门前的石板也在信徒们经年累月的磕头声中被擦得锃亮。

磕长头是一个复杂的过程，却是拉萨人生活的一部分。信徒双手合十高举过头顶，依次向下，至额，到胸，作揖三次，再将身体完全匍匐在地，伸直双臂，并划地为号，然后起立。这样，一个完整的长头才算磕完。

没有人统计过拉萨人磕长头的最高纪录，笔者遇见的最虔诚的一个拉萨老阿妈，因为家中孙子重病，她拖着年迈的身子，从当雄县一路磕着长头走到拉萨市区（两地相距160公里），又在大昭寺门前不吃不喝地磕了整整一天。她说，是她的罪孽让孙子病重，她要磕足长头，佛祖才会免去她的罪孽，让孙子康复。

外人可能无法理解拉萨人的这种虔诚，但若见到这样的场面必定会被震撼。行走在拉萨的大街小巷，随处都可以看到手持转经筒和念珠、口诵佛经的拉萨人。他们目光虔诚，神态专注，神圣而庄严的样子，会让人觉得打扰他们是一种亵渎。拉萨人家里都有一个小佛堂，内置佛像、经书等。每天晨起，首先添满佛堂前7小碗清水，边添边诵经，然后磕个长头，愿佛保佑今日事事顺心，平平安安。

低调的土豪，每个人都乐善好施

如果说虔诚的拉萨人精神富有，人们会毫不犹豫地表示赞同，但要说拉萨人物质富裕，许多人一定会摇头不相信。实际上真是如此，拉萨人很多都是低调的"土豪"。

拉萨人一般对穿着没有太多的讲究，衣服邋里邋遢，头发梳不顺，有的甚至半个月不洗一次澡（一生只洗三次澡是谣传）。外人见到这样的拉萨人，心里一定会想：这是从哪个山沟沟里跑出来的穷汉子。其实不然，所谓"千年琥珀，万年蜜蜡"，许多邋遢的拉萨人家中，都有这些价值不菲的东西，而且数量不少。有些九眼天珠甚至可以卖到上百万，但在很多拉萨人家里，它们只不过是比衣服更平常不过的饰物……

倘若想见识见识，不妨去冲赛康市场转悠转悠：有些拉萨人，会把自家闲置的天珠、蜜蜡，穿成一条一条的链子，挂在身上兜售。届时，你也要想办法吸引他们的注意力。因为他们一般都把成色最好的藏在衣服里，要碰见他们认为的真正的主顾，才会拿出来。

如果是个姑娘，在拉萨遇到有拉萨小伙看上了你，他可能会直截了当地问你想要多少彩礼，然后历数他家有多少只羊、多少头牦牛。可别小看了这些动物，一头成年白牦牛的价格可高达两万元，拉萨稍微富一点的牧民家中，基本上都有百八十头牦牛。如果这个拉萨小伙子家里有50头牦牛，不算那些他们不放在心上的天珠、蜜蜡，他也是个百万富翁了。

拉萨的"土豪"多，却毫不吝啬。邀请陌生人一起过节、到家里做客是拉萨人的传统。如果你去一个拉萨人家过林卡（西藏一种半露天的聚会），你可能会惊讶于宾客的身份：一大群人里，有的只是和主人在茶馆里聊过天，有的是在街上擦皮鞋时认识的，有的甚至只是主人素未谋面的朋友的朋友的朋友……

值得一提的是，乐善好施不仅是富豪的专利，每一个真正的拉萨人都是如此。如他们看见乞讨者、流浪歌手，都不会吝啬自己的施舍。每年6月的"萨格达瓦节"期间，虔诚的拉萨人甚至专门换数百元零钱来布施。不少人发愿在这一天里，要给拉萨的每一个乞讨者布施。平时省吃俭用的藏族老阿妈背着整袋零钱，一张一张塞到那些或许收入远高于她们的"乞讨者"手中。曾有记者化装成乞丐，调查拉萨乞讨者的收入，仅仅半天多，他手中的零钱就达到600多元。拉萨人一句"见不得他们受苦"的口头禅，最好地诠释了他们善良淳朴的本性。

"拉漂"一族比本地人更了解拉萨

拉萨的茶馆遍布大街小巷，但这里的茶馆和内地的大不相同：茶馆里没有玩麻将的，没有抽烟的，只有一群用藏语谈天的拉萨人；茶馆里卖的也不是龙井、铁观音，而是甜茶、酥油茶，以及藏面、烤土豆。花几块钱甚至几毛钱，就足以让拉萨人幸福一个下午。

对于拉萨人来说，西郊的天海夜市周边，才是本地生活的大本营：乐百隆的电影与咖啡，朗玛厅里的藏戏与青稞酒，德吉路上的烧烤与洗浴……他们说，这些地方才是真正有拉萨人生活气息的地方。

不过，在拉萨还有那么一群人：他们和拉萨人居住在同一座城市，对拉萨的一切如数家珍，甚至比土生土长的拉萨人更了解这座城市；他们或因为梦想，或因为爱情，从千里乃至万里之外来到这里，并长居于此，融入拉萨成为城市的一分子——这群人被人们称为"拉漂"。

随便找一个"拉漂"开的店，你会惊讶地发现，这群每天都在逗狗、喂猫、看似闲散的年轻人，有的已经周游了数十个国家，有的已经出了好几本与旅行、与拉萨有关的书，还有的仅仅是因为爱上了某个藏族姑娘或是小伙，便在这里安家落户，结婚生子，延续着他们的圣城之恋。

他们不是地道的藏传佛教信徒，却怀着敬畏的心去接受；他们保留自己家乡的饮食习惯，却也会做纯粹的藏餐；他们也许没有拉萨户籍，却也与拉萨本地人做着同样的事：与当地人一起转山，一起点酥油灯祈福，一起磕长头……

他们选择漂在拉萨，只是想过和拉萨本地居民一样简单而无忧的生活，就像一首在拉萨广为传唱的歌里唱的那样：如果我老了，不能做爱了，你还会爱我吗？如果我老了，不能过马路了，你还会搀扶我吗？陪我到大昭寺晒晒太阳，一起跪下磕磕长头；陪我到苍姑寺喝喝甜茶，看我的皱纹，数我的白发，就这样过一生一世吧……

山西，山西

▼

文_柴　静

　　我出生在1976年的山西。山西姑娘没见过小溪、青山之类的景致，基本上处处灰头土脸，但凡有一点诗意，全从天上来。苦闷时也只有盯着天看，晚霞奇诡变化，觉得未来有无限可能。阵雨来得快，乌黑的云团滚动奔跑，剩了天边一粒金星没来得及遮，一小粒明光闪烁，突然一下就灭了。折身跑时，雨在后边追，卷着痛痛快快的土腥气扑过来。

一

　　2006年我回山西采访，在孝义县城一下车就喉头一紧。同事说："哎，像是小时候在教室里生煤炉子被呛的那一下。"

　　是，都是硫化氢。天像一个烧了很长时间的锅一样盖在城市上空。一眼望去，不是灰，也不是黑，是焦黄色。去了农村，村口有一所小学，一群小孩子正在剪小星星往窗户上贴。有个圆脸大眼的小姑娘，不怕生人，搬个小板凳坐在我对面，不说话先笑。

　　我问她："你见过星星吗？"

　　她说："没有。"

　　"见过白云吗？"

　　"没有。"

"蓝天呢？"

她想了好久，说："见过一点点儿蓝的。"

"空气是什么味道？"

"臭的。"她用手扇扇鼻子。

6岁的王惠琴闻到的是焦油的气味，不过更危险的是她闻不到的无味气体，那是一种叫苯并芘的强致癌物，超标9倍。离她的教室50米的山坡上，是一个年产60万吨的焦化厂，对面100米的地方是两个化工厂，她从教室回家的路上还要经过一个洗煤厂。不过，即使这么近，也看不清这些巨大的厂房，因为这里的能见度不到10米。

村里的各条路上全是煤渣，路边庄稼地寸草不生。在这焦黑的土地上，她的红棉袄是唯一的亮色。

二

我家在晋南襄汾，8岁前住在家族的老房子里，清代的大四合院，砖墙极高，朱红色的漆已剥落的门口有只青蓝石鼓，是我的专座，磨得溜光水滑。奶奶要是出门了，我就坐在那儿，背靠着凉丝丝的小石头狮子，等她回来。

一进门是个照壁，上面原来是朱子家训："黎明即起，洒扫庭除……"北厦有两层，阁楼不让上去，里头锁着檀木大箱子，大人说有鬼。小孩们不敢去，手脚并用爬上楼梯往里看一眼，太阳照透了，都是陈年尘烟。小孩儿总是什么都信，大人说这房子底下有财宝，我们等大人们中午都睡着了，拿着小铲子，到后院开始挖坑，找装金元宝的罐子。

一下雨就没法玩了，大人怕在积了水的青砖院子里滑了脚。榆木门槛磨得光滑又暖和，我骑坐在上头，大梁上的燕子一家也出不去，都呆呆地看外头。外头槐绿榴红，淋湿了更鲜明。我奶奶最喜欢那棵石榴树，有时别人泼一点水在树根附近，如果有肥皂沫，她不说什么，但一定拿小铲铲点土把肥皂水埋上，怕伤着树。

那时候，河边还有明黄的水凤仙，丁香繁茂，胡枝子、野豌豆、白羊草……蓝得发紫的小蝴蝶从树上像叶子一样垂直飘下来，临到地上了才陡然一翻。还有蟋蟀、蚂蚱、青蛙、知了、蚯蚓、瓢虫……那时候吃的也多，把青玉米秆用牙齿咬开，嚼里面的甜汁。挖点马苋菜回家拿醋拌了，还有一种灰白的蒿，回去蒸熟与碎馒头拌着蒜末吃，是我妈的最爱。最不济，河滩里都是枣树，开花时把鼻子塞进米黄的小碎蕊里拱着，舔掉那点甜香，蜜蜂围着鼻子直转。秋天我爸他们上树打枣，一竿子抡去，小孩子在底下捡拾。

三

河边上不知从什么时候，开始盖纺织厂、纸厂、糖厂、油厂……柏油路铺起来，姐姐们进了厂工作，回来拿细棉线教我们打结头。那时，工厂里有热水澡堂，姐姐们带我们去洗澡，她们揽着搪瓷盆子冲着看门的男子一点头，笑意里是见过世面的自持。纺好的泡泡纱做成灯笼袖小裙子，我穿一件粉蓝的，我妹的是粉红的，好不得意。

人人都喜欢工厂，厂门前有了集市，热闹得很，大喇叭里翻来滚去唱"甜蜜的生活，甜蜜的生活，无限好啰喂……"

声震四野。有露天电影，小朋友搬一张小板凳占座位，工厂焊的蓝色小铁椅，可以把红木板凳挤到一边去。放电影之前，常常会播一个短纪录片，叫《黄土高原上的绿色明珠》，说的是临汾。我妈带我们姐妹去动物园时，每次都要提醒"电影里说了，树上的柿子不能摘，掉下来也不要捡，这叫花果城"。

我上中学后，姐姐们陆续失业。之后10年，山西轻工业产值占经济总量的比例从将近40%下滑到6%。焦化厂、钢厂、铁厂……托煤而起，洗煤厂就建在汾河岸边。我们上课前原来还拿大蒜擦玻璃黑板，后来擦不过来，一堂课下来脸上都是黑粒子。但我只见过托人想进厂的亲戚，没听过有人抱怨环境——就像家家冬天都生蜂窝煤炉子，一屋子烟也呛，但为这点暖和，忍忍也就睡着了。

我父母也说，要是没有这些厂，发不了工资，他们可能就攒不够让我上大学的钱。

我1993年考上大学离开山西，坐了30多个小时的火车到湖南，清晨靠窗的帘子一拉，我都惊住了，一个小湖，里头都是荷花——这东西在世上居然真有？

就是这个感觉。孩子心性，打定主意不再回山西。就在这年，中国放开除电煤以外的煤炭价格。当时1吨煤卖17块钱，此后10年，涨到1000多块钱1吨。煤产业自此大发展，在山西占到GDP的70%，成为最重要的支柱产业。

2003年春节，我从临汾车站打车回家，冬天的大早上，能见度不到5米。满街的人戴着白口罩，鼻孔的位置有两个黑点。车上没雾灯，后视镜也撞得只剩一半。精瘦的司机直着脖子伸到窗外边看边开，开了一会儿，打电话叫了个人来："你来开，我今天没戴眼镜。"

我以为是在下雾。

他说："嘻，这几天天天这样。"

我再也不想回山西了。

四

"再也"，这两个字刺目。

2007年，我再回山西。

王惠琴7岁了，剪了短头发，黑了，瘦了，已经有点认生了，远远地站着，不打招呼只是笑。

她家还是没有搬，工厂也没有搬。在省环保局的要求下，企业花了6000万把环保设备装上了，老总带着我们左看右看："来，给我们照一照。"我问："你这设备运行过吗？"老总的儿子嘿嘿一笑："还没有，还没有。"

在临汾时，我曾去龙祠水源地拍摄。水源地只有10亩左右，"最后这点了，再没有了。"边上的人说。

我站在栅栏外面往里看，愣住了。

我从来没见过这样的山西。

附近村庄里的小胖子跟我一起把脸挤在铁栅栏上往里看，谁都不说话。水居然是透亮的，荇藻青青，风一过，摇得如痴如醉，黄雀和燕子在水上沾一下脚，在野花上一站就掠走了，花茎一摇，细细密密的水纹久久不散。

一抬头，一只白鹭拐了一个漂亮的大弯。

这是远古的我的家乡。

听说西藏能让人脱胎换骨

▼

文_夏 洛

人生永远的污点

女子监狱大门外，冬日惨白的阳光照得我有些眩晕，我不得不闭上眼睛适应一下。再睁开眼睛，爸妈蹒跚到我身边，他们花白的头发在风中纷乱着，仿佛受到了太多惊吓。警察不失时机地在后面喊："好好做人。"爸妈连连替我答应，我心如刀绞。

4个月前，刚毕业半年的我在一家公司做会计。老板娘是财务总监，对我非常好，有时还手把手教我工作，不到一个月就给我转了正。谁知身为总经理的老板突然状告财务总监挪用资金，我在糊里糊涂中背负了连带责任。

得知要在高墙内度过6个月，我眼前一黑。做了将近23年的好孩子，大学毕业后的美好前程就这样被彻底颠覆，跌入无底的深渊，我无法接受。

对一辈子奉公守法的父母来说，这也是很难接受的现实。好面子的父亲几乎一夜白了头，母亲哭得像个无助的孩子。但是他们很快筹到了足够的钱支付赔偿，让我提前4个月获得了自由。

回家的路上，妈妈哭了笑，笑了又哭，爸爸抹着眼泪说："这不是好了吗？人都有个磨难。"

怎么可能好了呢？没有任何同学和朋友来接我，事实上，自从两个月前我被告上法庭开始，过去的朋友们纷纷消失，从高中一直谈了7年的男朋友同样没有出现。我终于明白，这个世界上除了父母，没有任何人真正靠得住。

出租车七拐八拐，来到了一个老旧小区。我瞬间明白，父母用半辈子的血汗钱换来了我提前4个月的自由。5年前，父母拿出积蓄和卖了单位老房子的钱，买下了新房。当时我骄傲地不许他们在房产证上写我的名字，我不想啃老，没想到我的无知不仅让自己付出了惨重的代价，也连累父母失去了老来的居所。

"这里环境也不错，离超市和商场都很近。"爸爸说。"附近还有一个公园。"妈妈说。我知道他们是在安慰我。我想，无论如何，是该重新开始了。

我上了社会黑名单

生活很现实，你已经准备好重新开始，它却还没有准备好接受你。

每天关注招聘信息、发简历成了我的日常生活状态，然而每次在面试的时候，面试官总是惋惜地摇摇头表示爱莫能助。越来越沉重的失落感让我的信心失掉一大半，唯一没有失掉信心的是我的父母。

"你看刘晓庆，多出名。她以前也在里面待过。"

"周立波，多成功，谁还在乎他的过去呢。"

我不耐烦了："行啦，这能比吗？人家是名人。"

爸妈开始搜集身边小有成就的人士的信息，好不容易有个正面的例子，爸妈欢天喜地，马上对我进行新一轮的洗脑："隔壁小区的一个大老板，过去也有这样的遭遇呢。"

为了让父母停止"狂轰滥炸"，我又踏上了求职路。这次我不再提往事。

果然，机会来了。当面试官对我说"下周一上班"时，我暗暗发誓："一定要努力。"然而，办理转正手续的时候，人事部一纸措辞委婉的劝退信结束了我的工作。不管你现在多么努力，曾经可以否决这一切。我把自己关在房间里无声流泪，难道我上了社会黑名单？有什么办法能让我脱胎换骨、重新来过啊？

浑浑噩噩到了2012年的夏天。一天，妈妈说："你去年说想去西藏，现在想去吗？"西藏是我一直神往的地方，要不是去年的劫难，我说不定早就出发了。

"想。"我真想。

"好好好，我跟你一起去。"爸爸开心地说。

"你爸身体不错，而且我们也查过了，你看。"妈妈说着拿出个小瓶，说提前半个月吃能降低高原反应，看来他们预谋很久了。

虽然出发前做了充分的准备，高原反应还是来了，我开始头痛、呕吐，行动也特别缓慢。心底深处，我对自己受到的折磨有一种莫名的暗喜。我希望痛苦来得更猛烈些，因为我实在太渴望得到新生了。

听说西藏能让人脱胎换骨

我和爸爸用了三周的时间，才慢慢游遍了拉萨附近的地方。西藏蓝得通透的天空包容着雪白的云朵，分不清到底是湖水倒映着蓝天，还是蓝天倒映着湖水。西藏空灵的一切，让我暂时忘掉了生活的烦恼。

当我和爸爸坐在湖边，看着眼前如蓝宝石一般晶莹静谧的湖水，我的眼睛有些湿润。

晒黑了许多的爸爸说："闺女，你好久没有这么开心过了。"他又轻声说："我和你妈什么都不图，只要你能开开心心、平平安安就好。"爸爸的声音有点颤抖，我不敢回头看他。

我突然有大喊的冲动，站起来双手放在嘴边，对着后面的大山"啊——"大喊起来，然后坐在草地上大口喘气，又哈哈大笑了起来，爸爸却哭了。

“爸爸，不要哭。今后再也没有什么事情能让我退缩了。”我帮爸爸擦着眼泪说。

“这就好，我就知道，我闺女是不会认输的。”爸爸笑了。

一个月之后，我和爸爸回到家。我翻着每一张照片告诉妈妈西藏的旅程，加上一些奇闻趣事，妈妈听得乐不可支。“发到网上去吧。”爸爸建议。

我在论坛上把去西藏的经历和照片发了出去。第二天，帖子居然置顶了。

回复的人很多，鼓励和赞美的话语比比皆是。其中一个名叫“刀狼”的网友回复得特别真诚，最开始跟帖的人就是他。他说看到这个帖子仿佛看到了一个积极向上的女孩，他相信去过西藏的人不会轻易向困难妥协。

我想他一定是个经历丰富的人。我更加用心地写自己的感受。有几次，我不知不觉把自己在高墙内度过的两个月的感想也写了进去，又几次删除，我怕因为这样这个帖子会秒沉。但是，我内心的感受快要爆炸了，不吐不快，我一狠心把它们畅快淋漓地写在了帖子上，然后关机离开，仿佛埋了一颗定时炸弹。

第二天，我咬着嘴唇去看自己的帖子，居然置顶加精，下面的回复一天之间刷了好几十页。虽在现实生活中处处碰壁，但虚拟的网络给予的肯定也足以让我感动。我想，西藏真是神奇，去了那里的人，果然能脱胎换骨啊。

涅槃是什么感觉呢

我珍惜每一条回复，尤其让我感动的是“刀狼”，他说：“我也去过西藏。也许你不知道，我每天都期待着看你的帖子，是你给了我力量和信心。”他每天凌晨一点左右还在看我的帖子。

有一天半夜，临睡时我捧着的一本厚书掉到了床下，"咣啷"的声音把我吵醒了。我起床准备上个厕所，打开房门一看，爸爸正披着衣服坐在电脑前，那时是凌晨两点。

听见我的动静，爸爸手忙脚乱地关网页，电脑却死机了……

原来，爸爸就是"刀狼"。我明白了为什么爸爸非要我把电脑放在客厅，说放在床边有辐射，我明白了爸爸为什么总是眼圈黑黑的……

我搂着爸爸的脖子哭了。我以为是西藏让我脱胎换骨，其实从头到尾都是我的父母。

为了不辜负父母的良苦用心，我下定决心，无论如何都要做好一件事。我喜欢上研究风俗文化，一边研究，一边去附近商场找一些零工，挣一点生活费。爸妈有空的时候，我便和他们去附近的景点旅游，和网友分享旅游日记成了我的爱好。

2013年初秋的一天，我正在浏览帖子，突然论坛上弹出一个站内短信，我去西藏的一篇帖子被省内一家著名的旅游杂志转载了。

没过几天，这家杂志社问我是否有兴趣做专栏作者。虽然工资不高，但勉强够生活费，更重要的是，对我来讲，那仿佛是迷失的黑暗中忽然透出的一缕阳光。

我提心吊胆地问："你们了解过我的经历吗？"

"我们关注你很久了，你的经历让你有如此丰富的感情和对大自然的共鸣，这正是我们需要的。"对方回复。

我激动得声音几乎变调地对爸妈大声喊道："我有工作啦！"

这个冬天的早上，爸妈一边浇花一边聊天，我在电脑上发送出最近一期的约稿。父母悉心照料的杜鹃花在冬季依然红艳似火，我仿佛看到自己，不管在谁的黑名单里，我依然能绽放自己的一片春天，因为父母之爱如暖阳细雨，永无黑名单。

赖在城里

▼

文_王少磊

我一定要赖在城里，当你们逃离"北上广"时。

南京算几线城市来着？刚看到个新闻专题，述及中国"城市病"日益严重，"人们"不得不逃离"北上广"，到二三线城市"发展"云云。

普通人就是活着，考虑怎么活得更好点，哪里谈得上"发展"。"城市病"应该是指交通拥堵、住房局促、环境恶化、资源紧张。说"人们"肯定有点夸张，最多存在普遍的生活压力和工作焦虑，真付诸实施的应该不多吧。假如因加班跟老板龃龉，终于休假郊游，远远看到村姑在夕阳下劳作，觉得名利之心顿消，乃至感慨何时退休"归去来兮"，这不能算"逃离"。

事实上，村里已经没有村姑了，她们都在"北上广"的车间里。农村余下老人和孩子，最惨烈的故事时有听闻。

摄影家照相，社会主义新农村是常见主题，满眼老农笑口齿缺抱玉米，或者肚兜男孩儿搂南瓜，一水儿"大丰收叙事"。这是赤裸裸的粉饰帮闲，农村是你们说的样子吗？

但是其他主题的，比如领导送温暖的图片，社会主义新农村虽只作背景，却无意透露了穷困的事实。汶川地震后群星一遍遍唱着"我让你重回原来的生活"——那种生活是值得羡慕的、文明、有尊严的吗？很多人对少数民族的了解，就是民族村的载歌载舞，有谁细想过大凉山的小学？

我是农村出来的孩子。准确地说，是从农村逃离的。先撂个话在这儿：

"你就是打死我，我也要赖在城市里。"我之所以没有在"北上广"，是因为我失去了在那里的机会。

事实是：农村的交通更原始、住房更简陋、环境更糟糕、资源更稀缺。

在东部，"村村通"勉强通了村村；而我小时候，一场大雨，三五天后才能勉强走出家门。雨靴是极罕见的物件儿，连工字木屐也属奢侈，其他就更不用说了。

有太多的指数，可以区别城乡的资源情况。不提那些不合理的制度设计，单单升学就业，城市是否在同一个标准？更别说图书馆、歌剧院、少年宫、体育场。城市的环境确实属于媒体热门的议题，但农村的环境问题，根本没多少机会进入媒体的视野。它们似乎是一个沉默的虚空，可以被主流社会无限度地转嫁。

上海朋友忆苦思甜，说童年时食品短缺，大人把饼干放在高处，以限制小朋友的馋嘴。我心想：小时候，听说有一种叫"饼干"的美味，在一座叫上海的城市里——我是说在有一种叫幼儿园的地方，胸前别着"手捏子"（手帕）的"小朋友"，可以一块块掰着享用。直到课本里，学到周总理给小桂花同学苹果，我还没见过一颗真正的苹果。

倒是30年来，总有各级领导在某个固定的工作季，到农村给同学送温暖，每次看到都很心痛。我小时候，跟城市的孩子一样会流鼻涕，但没有手捏子，于是总把它像大人一样，抹到树干或者鞋跟——如果碰巧有鞋跟的话。当然如你所知，我跟城市的孩子一样会大便，我起誓不会有人想知道，我用什么来替代手纸。

记忆里，村上几无工业社会的痕迹。所以，当外地教书的父亲买回全村第一台缝纫机时，我迷上了它台板的光滑。我的恋物癖倾向，就是从那时候开始的。

彼时乡人的中国梦是"吃商品粮"，也就是拥有城市户口。实在不行，到城市当临时工。说"上班"的感觉，比"下田"实在高端许多。

在多年不变的新闻通讯里，农村已经翻天覆地。不过就算我没拿到数字，仅凭直觉就可以推知，城乡差距正在拉大而非缩小。也许城市病确实在蔓延，但农村先天不足，从来就是病歪歪的。

城市病是撑的，农村还饿着。

农业文明仍在畜力阶段，在今天就是不文明。我大概因为饥饿的童年，一直追慕物质文明。我甚至讨厌农村题材的影视剧，却垂涎好莱坞中产阶级的生活方式。他们的厨房、花园、烟囱和壁炉，现在就是我生活的动力。在南京城乡结合部的仙林，我有一套不到90平方米的房子，却弄了一套5.1音响的蓝光影院。

《新概念英语》中有篇文章，描写作者对城市文明的赞美，我非常有共鸣。雨中的广场和夜里的路灯，多有诗意，我根本不怀念故乡漆黑的夜晚和泥泞的小路。

在农村的庙会上，有难得一见的临时舞台，上演传统戏曲，或者草台班子的肚皮舞。那里没有小剧场，也没有全国同步的院线。严重的信息不对称和内容稀缺，使得即使《新闻联播》，也还有一如既往的"魔弹效果"。

也许城市是让人沮丧的城市，但还有更让人沮丧的农村。老相册里有一张合影，我与家兄舍妹站在南京长江大桥上，不过那只是布景。真相是，我们站在皖西北县城的一家照相馆里，在20世纪70年代。从那时起，我就决定要去大城市，让我的孩子在幼儿园而非牲口圈里开学，胸前也别着个"手捏子"，吃饼干——哪怕你们城里人把它叫作"垃圾食品"。

哪怕有雾霾，我也要呛死在城市。何况"北上广"有更好的医院，哪里先呛死，也还难说。

地下变术

▼

文_徐卓君

北京，花家地北里302号楼地下室，隐匿在望京的摩天楼群中，看起来和北京1.7万套地下室别无二致，只是地面入口处的黄色招租牌泄露了天机，"地下室招租"中的"下"字像是贴歪了。

这是设计师周子书设置的一个小机关，黑体"下"字可以360度旋转，当"下"字转动180度时，地下室变成了地上室。这也是周子书进行地下实验的目的：消弭地上和地下的界限，将破败的地下空间变成一个可持续发展的有活力的社区。

设计只是起点

二房东刘青买来一桶银色油漆，把通向地下室的楼梯和扶手刷了刷，由于通风不好，廉价油漆刺鼻的味道至今没有散去。他的大房东发话了："听说你这里火了，里面改造得这么漂亮，但是楼梯太脏了，你得处理一下。"

刘青每天接待几十拨来客，"有租房的，有参观的，有谈合作的，有人就直接拍了40万，说是要投资"。对多数来客而言，他们对地下室的一切认知来自大众媒体：地下迷宫、狭长幽暗的过道、昏黄的钨丝灯、石膏板分隔成的小隔间、滴水的晾衣绳和散发着恶臭的公共卫生间……

走下36级台阶，并不是想象中的幽暗，反而是颜色对比强烈的墙壁吸引了眼球，居住在这里的30个住房早晨出门时会看到象征希望的蓝色，而晚上回家时看到的则是温馨的黄色。狭长如迷宫的走道被彩色数字所分隔，每一个数字代表一个楼层，这样可以帮助地下室的居民消除无方向的恐惧感，让他们更有序列感和安全感。

这是来自中央圣马丁艺术与设计学院的学生周子书的设计，经他改造后的地下室一下子"火"了。他在去年冬天租下了3号走廊左侧的两间地下室，这里原本是刘青的游戏室。

在保留地下室原始感的基础上，周子书先用最简单的白色涂料和木质材料，塑造了一个"异托邦"的空间。先将整间地下室变成一个白容器，然后用木质的折叠系统加以润色，所有家具——工作台、椅子、搁板、床都可以被收纳进墙壁。根据在北京一家创意餐厅当服务员的住户的建议，墙壁最上方被涂成了尖尖的屋顶形状，保留了一部分地下室原来的痕迹。

地下是梦想，多数住在地下室的居民希望以后挣够了钱，回到家乡盖一栋漂亮的大房子；地上是现实，社会竞争的残酷现实，可以激励这些人更加努力地改变现实。周子书说："地下室项目的核心是试图探索一个地下的战略发展模式，促进当地社区的居民和住在地下空间的住户，在地下空间里，通过互动和沟通，来重建北京的社会资本。"

出于控制人口和安全考虑，2010年年初，北京市民防局制定了清退防空地下室居民的3年计划，但到2013年，全市仅清退了防空地下室内的居民3万人—没有解决方案，清退只是纸上谈兵，北京的地下室问题陷入了僵局。遗憾的是，无论是政府、商业组织还是NGO，对于日渐衰败而又拥有巨大可能性的地下空间，几无对策。

周子书试图探索一种新的发展模式，改变地下室作为廉租房的传统运营模式，他打算在地下室里进行一系列的社会实验。

技能交换才是高潮

碰到刘青以前，周子书和他的助手林木村几乎跑遍了望京地区的地下室。房东们以为周子书是记者，拒绝交谈。

刘青和妻子从河北老家来京，在花家地的地下室里住了7年，是房东，也是房客。从圣安物业公司手里租下这个500平方米的地下室后，刘青的时间像是静止了一般。他绝大多数时间都耗在这个地下迷宫里。根据民防局的规定，地下室24小时得有人值班。除了打扫卫生和收租，地下室里没什么值得太操心的。

刘青渴望改变："我已经30岁了，我爱我的老婆，而且女儿都已经3岁了，如果我再这样每天混下去，那就太不像话了。"刘青决定把自己的游戏室租给周子书，虽然在最初他并不能完全懂得这个项目的全部意义，他以为周子书要进行一场公益活动，而他自己也会有房租收。

周子书的想法很"高大上"——把这个房间打造成一个技能交换平台，让成功的北漂族和正在努力奋斗的地下室北漂群体，通过技能交换来构建城市群体间的信任。

周子书的调研发现，居住在地下室的人来到城市，多是为了寻求个人的发展，他们目前所从事的工作基本上都是老乡介绍的，对自己的职业现状并不满意，渴望了解其他职业发展的可能性，但同质化的社交网络让他们无从下手。

夏都花园的锅炉工小严想做平面设计师，去培训班学了三个月的Photoshop之后，发现平面设计并不只是学习一个软件就能行的，在花费了9100元的培训费之后，他又做了锅炉工。

周子书决定采用技能交换的方式，而不是单方的给予作为交流的起点。

"大家都是一样，本质上没有什么差别，"周子书的助手林木村在和大量地上地下的居民聊过之后有些感慨，"喜欢的东西差不多，吉他、摄影，生活状态也一样，下班回来之后上上网，多数人没什么社交。"林木村还记得其访问过的一个做足疗的小伙子。小伙子思路非常清晰，表达能力比自己强，只是没有一个拓展圈子的渠道，一直困在足疗领域。

当然，也有不同之处。当地上居民被问起有什么技能时，这些公务员和公司白领一时间多半语塞，而地下的居民因为有特别明确的职业技能，足疗师、厨师、美甲……他们的回答更加干脆。

于是，周子书开干了。

这条路走起来挺难

周子书用地下室里极具象征意义的彩色晾衣绳和挂钩、中国地图和中国人潜意识里的老乡观念，设计了一个装置艺术。周子书在两面墙上各手绘了一张中国地图，一面代表地上，一面代表地下，两堵墙的中间垂下几百根彩色晾衣绳组成一堵隐形的墙壁，这代表了现存的地上和地下的隔阂。那些愿意参与技能交换的人，在各自一方的中国地图上，找到自己的家乡，然后用挂钩固定住白色小卡片，填好自己的名字、拥有的技能和希望获得的技能，并拉起一根彩色晾衣绳，连在挂钩上。

和一般意义上的交换不一样，地下室的技能交换只是手段，周子书并不指望大家通过一次交换就能教会彼此一项技能。他更希望测试地上地下交流的可能性，在技能交换的过程中，地上和地下的藩篱会被打破，社会资本在一点一点重新建立。

当所有的晾衣绳被拉起时，地上和地下的隔阂也随之被打破，整个装置呈现地上和地下居民的沟通和信任关心，是重建社会资本的可视化过程。他说："地上地下的信任建立起来了，即使我们走了，信任还在，这个视觉化过程还是挺震撼的。"

想要找到需求吻合的配对并不容易，周子书和林木村发动了身边的朋友。项目开展至今，也只进行过两次技能交换，刘青想开淘宝店，周子书找来自己的师妹小李，用刘青的话说，见过两次面，小李把怎样申请开店、开店的流程和一些重要的注意事项教给了他，还留下了一个开店的说明文档，至今还存在他的电脑里。

25岁的足疗师小赵，不甘于困在足疗师的圈子里，曾经在职业高中学习计算机，想学软件设计。周子书辗转找到软件工程师周珂，周珂有心理学背景，想把心理治疗和理疗结合到一起。他们进行了一次交换，后来小赵知道了，软件开发并不适合他，他开始继续寻找其他的行业。

史肖健来京5年，学的是挖掘机操作，换了4份职业—保安、服务员、厨师，现在是一家制服公司的销售员。

史肖健也填了一张技能交换卡，拉起了一根绿色绳子钉在中国地图的山西省，他的卡片只填了名字，想要得到技能这一项是空白，他说："地上的人为什么要和你交换呢？我不觉得我有他们没有的东西。"

虽然对此将信将疑，史肖健还是打算加入周子书的团队，周子书也邀请见证过这个项目发展的史肖健入伙，作为地下一方的代表，参与技能交换的运营。

足疗师小赵在不久之后，就搬离了这间地下室，周子书不知道他去了哪里。不只是小赵，自去年冬天周子书租下地下室以来，房客已经换了大半。房东刘青的生活一如既往，淘宝店还没有开起来，只是打扫卫生的频次高了许多。

技能交换的路，走起来挺难。

别那么着急

▼

文_连 岳

　　我们可能过于夸大变化的功效了。在这种气氛里活久了，看到什么东西两天之内没有差别，就觉得落伍了，不折腾点"新"玩意儿出来，誓不罢休。

　　比如，你有幸掌管一个城市，流行的做法是：在你的任期之内，要把它搞得四年以前离开的人再也不认识它。那些回来寻根的人再也看不到老街旧巷，原来自己住的500年古宅，现在已经神奇地化为一座现代化公厕，大便一元，小便五毛。这个人想到这样一座古宅说没就没了，俯身痛哭，仿佛内急的人挣扎到了公厕前面却发现自己没有带钱，在铁面无私的看厕人面前彻底失掉自尊："请让我进去，我要炸了……""不行，大便一元，小便五毛……"

　　这个人旁边若有记者（考虑到现在媒体发达，他身边一定会有记者的），看见此人一副海外游子的打扮，又举止怪异，当然就拍了下来，登在报纸上，图片说明是：家乡巨变，游子喜极而泣。然后，还有新闻链接，说欧洲有的城市，300年没有新房子，寒酸死了，鬼都懒得旧地重游。

　　一个人，六根摄入的都是类似的资讯，他就会变得非常着急。一个文学青年写下第一个字，就看到了诺贝尔文学奖的支票；一个新闻记者做完第一个采访，自我感觉就成了社会良知的化身；一个受迫害妄想狂，在网上发几个帖子，就以曼德拉的口吻说话了。而更多的人，时时在交换神秘的资讯，不完全统计一下，有这些：利润100倍的生意、处女膜自然再生、迅速成名的圈子、一年就可以拿到的博士文凭、年薪50万元的工作……

快快快，来不及了。

我的意见是，除了内急我们要急着解决，不要允许别的东西让我们急。急匆匆才能赶上的东西，往往不是什么好东西，它可以是地产泡沫的最后一棒，可以是一个公开性爱日记的女人，最好的结局就是一辆已经塞得密不透风的公交车。

人生只有两次迅速改变命运的机会：一是托生在大富大贵之家，二是嫁入大富大贵之家。这两个机会没有把握住，只有慢慢来了。一个急切的人，5点就跳起床，每天见另外50个急切的人，说一些牛哄哄的想法，晚上12点才回到床上，好像非常充实。我们不妨起得迟一点儿，早一点儿睡，把自己想做成的事，订个三年计划，每天做一点儿，三年后和其他人比比，看看谁的效率高。

后者的活法好一些，它符合人的节奏，好像《圣经·诗篇》里所描述的这个人："他要像一棵树栽在溪水旁边，按时候结果子，叶子也不枯干。凡他所做的尽都顺利。"

一年结一次果，就是树的最快节奏。一棵树听信传言，说一年可以结五次果子，这棵树就疯了。

不只有房子，还有诗和远方

▼

文_高晓松

关于房子，我跟大多数人的概念不一样。

我从小住在清华校园里，家是那种二层的小楼，外表看起来很普通，面积也不是特别大，但是特别安静。那地儿到现在都没变过，也没装修之说，从我生下来，它就是那样，红色的，很老很旧。但我住在那儿真觉得挺好。

有一个家，而不仅仅是有个睡觉的地方。我自己也不知道那房子多少年了，我们也在感慨：后边的院子多好啊，出门就是操场、游泳馆，还有漂亮的女生、白发的先生；四周的邻居，随便推开一家的门，里面住的都是中国顶级的知识分子，进去聊一会儿，怎么都长知识，梁思成和林徽因就住在我家前面的院子。

或许这才是住处真正的意义，它让你透气，而不是豪华的景观、户型和装修什么的。

2007年，我们搬了出来，因为家人都在国外，我又不在清华教书，学校就把房子收回去了。后来我去了洛杉矶。到了美国，我一样是无房户，坚定的无房主义者。

刚去美国的时候，我做编剧和音乐，只卖出了两首电影歌曲。美国流行音乐是草根文化，美国卖吉他的黑人当我师傅都有富余，不是说他弹得比我好，是同样一个琴，我们弹的都不是一个级别，弹出的声音都不一样。国外很多伟大的乐队，都是一个班的同学，在中国整个高校也选拔不出一个牛的乐队。为啥？国内很多年轻人的热情都被分散了，赚钱的热情大过音乐本身，比如买房。

郑钧有一天跟我说："有些艺术家被抓进精神病院，成了精神病人；有些精神病人从精神病院逃出来，成了艺术家。你就是后者，你的生活就像行为艺术。"

不过，我肯定不属于时尚人士，因为我从来不关注流行趋势，也算不上中产阶级。如果我的钱只够旅行或是买房子，那我就去旅行。

平时除了听听歌，看看电影，我最大的爱好就是满世界跑着玩儿。我去过30多个国家，到一个地方就买一辆车，然后玩一段时间就把车卖了，再去下一个地方。

我妈也是，一个人背包走遍世界，现在还在流浪。

我妹也是，也没有买房，她挣的钱比我多得多。之前她骑摩托车横穿非洲，摩托车在撒哈拉沙漠里的某个小村子坏了，她索性就在那里生活了两个月，等着零件寄到。她在那个小村子里给我寄了一张明信片，叫作"彩虹之上"。她在明信片里告诉我说："哥，我骑了一辆宝马摩托车，好开心。我看到沙漠深处的血色残阳，与酋长的族人喝酒，他们的笑容晃眼睛……"

我跟我妹都不买房。你只要不买房，你想开什么车就能开什么车。你想，你在北京买一个厕所那么大的地儿花的钱就差不多能买一辆奔驰。

后来有一天，她说："你知道我现在在做什么吗？我在撒哈拉沙漠的那个小村子里给人当导游呢。"

我妈从小就教育我们，不要被一些所谓的财产困住。所以我跟我妹走遍世界，然后我俩都不买房，就觉得很幸福。

我妈说生活不只是眼前的苟且，还有诗和远方。我和我妹深受她的影响。生活就是诗和远方，能走多远走多远；走不远，一分钱没有，那么就读诗，诗就是你坐在这儿，它就是远方。

越是年长，越能体会我妈的话。

北京太偏僻了

▼

文_红　柯

一车车土豆
离开了大地
滚向遥远的城市
它们说去寻根
……

老汉一大早就带着孙子上路了。老汉扛一把铁锹，孙子拎一个"鲜橙多"瓶子。那瓶子挺大的，差不多跟孩子的胳膊一样长，快挨到地上了，就像牵了一只羊或一只狗。

两年前，孩子的父亲从100多里外的镇上带回一瓶真正的橙汁，爷爷给瓶子拴上了牛皮绳子。有了牛皮绳子，瓶子就像家里的牛呀狗呀的，它们都属于村子了，不用人看着，它们自己会回到村子里来。从那以后，井里的水都是通过瓶子喝到孩子嘴里的，瓶子总在孩子怀里咕咕咕叫，又叫又跳。

装满水的瓶子沉甸甸的，孩子换了几次手，拎过瓶子的手都拉长了。爷爷告诉孩子："胳膊长了，你也就长大了，好好用你的力气吧！"

孩子做起事来是不惜力气的，妈妈就对爸爸嘀咕："该让他上学了，该让他用脑子了。"爸爸把这个打算告诉了爷爷。"上学是好事情嘛。"爷爷笑呵呵的，胡子都抖起来了，皱巴巴的脸上一下挤满了笑容，眼睛都笑没了，房子都笑了起来，窗户嗡嗡响，跟鸟儿抖动翅膀一样。

爸爸妈妈一直在100多里外的镇上做小生意，平时很少回家。听到爷爷爽朗的笑声，妈妈就趁热打铁，说明天要把孩子带走。"不是明年才上学吗？"爷爷的声音一下就冷淡下来。

"明年上小学，今年上学前班啊，都六岁了，城里的小孩两三岁就搞学前教育了。"

爷爷只好闷声闷气地说："土豆还没收，这娃是我的好帮手哩。"说完爷爷就闭上了眼睛，不再理爸爸妈妈了，那样子就跟山神一样，面无表情。

爸爸说："笤帚大的娃娃能干个啥？我晚走一天，一个晌午就把土豆收了。"爷爷不吭声。孩子说话了："我跟爷爷种的土豆，你来收呀？没门儿！"爷爷的眼睛就睁开了，笑呵呵地把孩子搂在怀里。

爷爷很威严地扫了两口子一眼："忙你们的，就不要瞎操心了。"

第二天一大早，爷爷带着孙子走出村子。太阳慢慢升起来，没有光芒，好像没有睡醒。爷爷去年就告诉过孩子，那是因为太阳离得太远。

孩子懵懵懂懂地跟着爷爷走出村子，像得了梦游症一样。爷爷揪他的耳朵，怕他跌倒。一老一少奔向太阳。孩子就问爷爷："要是我还睡在房子里，天就亮不了啦？"爷爷说孩子懂事了。孩子恨自己懂事太晚。爷爷就说："五岁六岁正是懂事的好时候。"孩子还是不甘心，嫌爷爷把他叫得太晚，说："去年你就该叫我了。"爷爷就笑了，说："太阳离我们还远着呢。"

天大亮的时候，他们到了地头。爷爷在地上挖了个坑，点上火，驱赶寒气。孩子守着火，爷爷开始挖土豆。轻轻一刨，沙土底下就滚出结实浑圆的土豆。孩子还记得第一个土豆出来时所散发出的凉飕飕、湿漉漉、带着土腥味的芳香。孩子被火烤得热烘烘的，鼻梁上都冒汗了。

太阳一点点亮起来，那是一支一支从远方射来的箭，一下子扎在爷爷的背上，很快就扎满了爷爷的前胸后背。爷爷就像传说中的英雄，万箭穿身还在挥动手臂，弓着腰，毫不退让。太阳的金箭越来越密，快扎不进去了，爷爷还不住手，土豆一个一个滚出来，大地被掏空了。最后一个土豆被掏出来的时候，大地长长地嘘了一口气，瘪了下去，彻底地松弛了。

火堆没有了火焰，成了松软的火灰。爷爷把土豆埋进火灰里，一共埋了五个。土豆"吱吱"叫，它在使力气呢。烤熟了的土豆的芳香远远超过它们被挖出来的时候。爷爷告诉孩子，大地上的人都会闻到香味的。

"他们会来吗？"

"他们是最尊贵的客人，当然会来。"

爷爷盘腿坐着，就像一个佛爷虔诚地祈祷着。焖在火灰里的土豆也好像进入祈祷状态，再也不"吱吱"叫了，安安静静地等待着，一门心思地散发着香气，似乎非要把远方的客人引来不可。太阳到了天顶，停住了。爷爷扒开火灰，掏出一个土豆，孩子可以先吃。孩子很熟练地剥掉土豆皮，"啊啊"叫着开始吞咽这道美味。土豆和孩子都很诱人。

还真把陌生人吸引过来了。这个尊贵的客人就像一块大石头，神情冷漠，眼睛呆滞，手脚都是僵硬的，唯一灵活的就是鼻子。爷爷一言不发，给陌生人递上水，就是孩子拎来的"鲜橙多"。陌生人喝了一小口，就跟喝酒一样。爷爷把香喷喷、热腾腾的土豆递上去，陌生人开始吃。土豆太烫，陌生人蹲在地上，吃得呜呜咽咽，像在跟一只猛兽搏斗。陌生人接到第三个土豆时，举起来，对着太阳看了片刻，很熟练地剥光了这个土豆，全是粉粉的肉啊。吃完了，他轻轻地抹一下嘴巴，显然进入了一种忘我的境界，连一声招呼都不打，对爷俩看都不看，昂着头向远方走去。

"他连'谢谢'都不说，爷爷。"

"他已经谢过天谢过地了。"

离开的时候，他们又点了一堆火，在火灰里埋了五个土豆。

孩子边走边回头看，好几里以外了，土豆的香气还是赶在他们前边向四面八方飘散。太阳正在降落，用爷爷的话讲："太阳在给土豆磕头呢。"孩子已经看过小人书了，在那些故事里，万物生长靠太阳。孩子就把这个道理说出来了。可爷爷的道理都是从大地上长出来的，爷爷很固执地认为是太阳在给土豆磕头。

三天后，爷爷赶着车子运回了土豆。孩子一声不响地帮爷爷干活。孩子还检查了那个火堆，那些烤熟的土豆已经让人掏走了。换句话说，已经让人吃掉了。再换句话说，已经到远方去了。孩子真希望大地上最遥远的人到这里来。这个大胆的想法让孩子难以自持。孩子扬手朝远方扔了一个土豆，跟发射火箭一样，扔出去以后，还傻傻地保持着投掷的动作，好像他从准噶尔盆地深处向宇宙发送最了不起的飞行器。

孩子跪了下去，一脸感恩的神情。孩子不会想到太阳也是这样跪下去的。孩子自己挖了一个坑，捡柴火点了一堆火。不是爷爷用的干草，是干牛粪。孩子点燃一堆牛粪，把土豆埋进牛粪的火灰里，孩子知道这是比火箭更遥远的一种发射。做这件事的时候，孩子完全跟一个大人一样，从容自如。做完了，孩子拍拍手。

大地上好像只有孩子一个人，孩子在忘我的境界里沉醉了很久。

爷爷不说话，牛不说话，那辆"吱吱"惯了的车子也不说话，就把土豆运回去了。

第二年秋天，也就是8月底吧，孩子离开爷爷去镇上上学。

村庄消失的时候孩子流泪了，到底是个孩子，绷不住了。

在学校，孩子跟一个真正的男子汉一样，谁都不会轻视他，包括老师。而且不是一般的老师，是北京来的大学生，正确的说法是志愿来西部支援教育事业的大学生。老师课讲得好，课外活动的时候还放电视，是从北京带来的光碟。孩子们看到了故宫，看到了圆明园和长城。这些内容在课堂上是要提问的。孩子第一个被叫起来了，事后想起，这个孩子是整个学校第一个回答北京老师提问的学生。孩子的声音不大，但很清晰。

"北京太好了，就是太偏僻了。"

老师不敢相信，又问了一遍，学生们也瞪大眼睛，都以为他答错了，可孩子清清楚楚地告诉大家："北京好，就是太偏僻。"

教室里静了好长时间。这个女老师摘下眼镜擦一擦又戴上，走到孩子跟前，问了孩子的名字，还摸了孩子的头。

"我有你这么大一个弟弟。"

女老师回到讲台上，讲她的家乡，大概是内地一个贫困山区，还讲她怎样努力学习考到北京的大学里。

"这个同学所讲的，我在大学二年级才明白过来。他讲得非常好。"

古装的平遥

▼

文_邓　涛

一

若去山西，少不了在平遥落个脚，仿佛城里住着一位鹤发童颜的故人。

平遥这个颇有年头的大古董里，每一处都是历史的一个切片，包括清淡而朴素的生活。

平遥的历史最早可追溯到西周，传说是大将尹吉甫筑就的夯土城垣，明朝洪武年间扩建成今天的面貌，形似乌龟，故俗称"乌龟城"。

如龟的平遥从变化着的社会形态中从容地行走过来，在现代视角的三晋大地孤独站立。

二

久远的记忆固化成城墙、楼台屋舍，我坐上人力黄包车如同轻在里弄辗转，渴望随时从某个角落蹦出许许多多的古人来，让我们在历史河床上的回程中移形到皇恩浩荡的王土，回到纯中国式的市井逻辑里。那时西方文明游离于我们意识之外，大地是平的，马、驴为我们代步，食品安全、核污染等人为造成的恐慌在生活中荡然无存。

一个民族的回望仅靠文字显然是不够的，步入平遥，在历史立体的站姿里，满含愧色地矗起我们的惊叹。

平遥还是一张平实的脸，处乱不惊的神情，不论人流多么嘈杂都移不开它的注意力，目视前方是城楼和垛口，在现代文明的和平环境下似乎仍在执行一次驻守。我看到时光深处一面面飞扬的旌旗，将军的铠甲还在城头，放不下恩爱和孝，奔赴平遥的烽烟中，奔赴与城共存亡的生死里。

厚实的青灰主色调在提示我们，活着要像祖宗那样知书达理，城墙上的三千垛口、七十二座小楼，竟是象征孔子三千弟子和七十二贤人，虽然没有实质上的意义，起码是这座古城尊重本民族文化的一种外在表达。在我们被西方文化熏染时，不知有多少西方人在苦读东方的圣贤书，其实连我们自己都懒得之乎者也了。

在高速发展的时代，我们要不断地回首，看看什么不该遗失的却失了，原本熟悉的却转眼陌生。

三

平遥，中国古代城市建筑珍贵的活体，在北方城市中如此的完整几乎是孤本，仿佛是前朝特意留给未来世界的一个黑匣子。

我开始步行，开始用我的手和脚来接触平遥的身体。长时间的彳亍中脚并不累，心里却有一种酸涩在发酵。

传统文化被拆迁，无疑是一种自戕。类似平遥这样的城市在中国曾经是普遍概念，如今它的古装反而成了未被时代吞噬掉的个性。

同样被战火与暴力摧毁过的平遥，依然四平八稳地盘踞在晋地。它是覆巢之下可贵的完卵，从熙攘人群中灿烂的表情里，我们还依旧不吝惜自己的情感，说明我们的行囊中还有鼓鼓的旧情。

古城的砖瓦间，可以看出晋人的性格和精神的浓度，也可以察觉到他们的情绪以及活跃的生命体量。

农耕时代一路跌撞走来的东方民族，有太多的挂念萦绕于心间。因为躲避贫困，我们闯东关、走西口去逃荒，因为要驮回财富，晋人的双脚踏遍整大江南北。他们在闭关锁国的社会背景下，就以开放的襟怀，在一个内陆省份缔造了相对独立的商业化阵营。

中国长期被轻商意识笼罩，山西缺天时又缺地利，却上演了不可思议的晋商神话。所以，中国首家、也是最大的一家经营汇兑业务的票号，并没有出现在早已资本主义萌芽的富庶的沿海地区，而是在山高水远的山西，这便是日升昌票号，堪称中国票号博物馆。由此，乔家、曹家、常家、渠家、师家等商家大院，攻占了我们的眼球也就不足为奇。

四

平遥的碗砣、牛肉是商贾远行时咀嚼的乡情，平遥人的胸口挂着护身的算盘。时到今日，历史在这里检讨对商业英雄们的忽略，以"奸"注释、以缺失道德盖棺论定的商人们，在这座古城壮威的气宇中翻案了。

晋商首先是懂得道义的文人，以行商的忠诚岿然成为传统精神的坚守者，财富最终兑现成敞开大门、让天下人进出的文化模块。

当代文明在平遥进行复古的体验，尝尝中国文化的原汁，于是，我每当离开平遥时都踟蹰难舍，迷失的路中至少还有一个平遥可以等我们回去。

阿尔山站：中国最小最美的火车站

▼

文_齐　栋

可以不写旅顺，不写碧色寨，但不能不写阿尔山。更何况，我已经错过了民国大才女林徽因的吉林西站。无论怎样，阿尔山站的光芒，都足以点亮这片森林和湖泊密集的灵境之地。

关于这座小站，有太多太多的传奇故事。阿尔山站和中国不少异域风情浓烈的铁道小站相似，均打上了外国列强的烙印。阿尔山站所处的白阿线和台湾的平溪线，都是侵华日军为掳掠当地矿产资源所建。到了今天，也都不约而同地成了大陆和台湾代表性的"景观铁路"。

相对平溪线的如雷贯耳，白阿线显得有些孤单和寂寥。

这个夜晚，我正坐在一趟K7565次绿皮车上。起点是沈阳，终点是阿尔山站。一想到即将体验的白阿线上的无限美景，以及那座朝思暮想的小站阿尔山，内心的情绪便起伏难平。夜间的绿皮火车，像一只沉默的羔羊，丧失了一切理性和思考，独自在轨道上狂奔。

在绿皮车的世界里，白天和夜晚，自然是两种迥然不同的体验。如果夜晚是暧昧的，那白天就是直接的。窗外的风景好与不好，一看便知。此时此刻，白阿线上最精彩的那段景观，正赤裸裸地呈现在K7565次的窗外，让我目不暇接，心花怒放。尤其值得大书一笔的，是从大石寨到索伦之间的"42公里"。这是一段"让人不忍将视线移开一秒，甚至连眨眼都成为浪费"的旅途。一碧千里的大草原，迎风盛开的向阳花，躲在山坡上吃草的牛羊，以及让时间沉淀下来的蓝天白云,成就了一趟赏心悦目的火车旅行。

这趟车的大部分乘客,已在白城和乌兰浩特等地纷纷下车。我所在的10号车厢,也仅剩下了六七个人。而除我之外,其他几个人都为两三个家庭组成的"小旅游团体"。

K7565次停靠在阿尔山站的那一刻,正是阳光最美妙的下午三点左右。人们被阿尔山站金黄色的东洋风格建筑所迷醉,纷纷拿出相机拍照留念,快门声此起彼伏。

人们依依不舍地朝出站口走去,很多人仍在回望。站台上的工作人员几次大声催促游客们赶紧出站。我注意到阿尔山站出口处竖着一块牌子,上面写着"本站不是旅游景点,请勿拍照和逗留"之类的话语,一副冷冰冰的拒人千里的姿态。尽管阿尔山站的工作人员已网开一面,默许游客们拍照留念,但这样的牌匾竖立在此,总归让人觉得心里有些疙瘩。

好在尽管现实有诸多不如意,但我们也总能找到相应的对策。我爱旅行,也爱火车,所以不管有多少艰难险阻,都不能成为让我停止前进的障碍。

和我一起来阿尔山站朝圣的,还有这两年一直对我不离不弃的那台老式胶卷相机——美能达X-700。这台相机陪我一起登上过海拔5000米以上的雪山,也在暴雨之夜和我一起见证了坟地的无比凄凉。我喜欢这样的胶卷相机,也喜欢胶片绝无仅有的色彩和颗粒感。与数码摄影最大的不同在于,在胶片摄影中你不能随意删除你拍下的照片。因此,每一次的快门都是一次赌博。因为这渗入了你无法预料的惊喜——在冲洗之前,你永远不知道你拍的是一张怎样的照片。

因此,这样带有赌博性质的"小把戏",让我沉迷,欲罢不能。不必再细说胶片成像后的独特美感与色彩,这当然只能让我更加喜爱不已。也许自己骨子里天生就是一个怀旧的人吧。之前写过绿皮火车,现在又在写铁道小站，而挂着老式胶卷相机乘绿皮车穿过一座座小站，这又显得多么相得益彰。

为了拍摄阿尔山站的全景，我煞费苦心，选定了位于车站对面一座宾馆的第五层楼。找到老板娘，直截了当地告知想法，却遭到了拒绝。老板娘的回复简单实在："那几间房子都住了人。"

一切问题的根源，都是一个钱的问题。于是我提出用钱租赁的方式，这一次却得到了老板娘爽快的同意。

服务员帮我打开了5楼"最佳机位"的房间，客人的行李果然散落一地。我有些不好意思地对服务员表示，一定要看好我，不然万一丢了东西，不好交代。

抓紧时间，对准阿尔山车站，按动快门。清脆的快门声，响彻在5楼某个房间之中。想到我竟然偷偷在一间有人居住的旅馆房间里拍照，自己都觉得有些奇怪。

大多数时候，阿尔山站是安静的。当游客散去时，这座小站很快便恢复了原有的面目。它在时间和空间的洗礼下，岿然不动，将一切风霜和血泪独自咽下。甚至连它不远之处的阿尔山国家森林公园，也只有在夏秋之际，才被趋之若鹜的游人挤满。更多的时候，它只不过是当地人口中的"沟里"。对于广大游客来说，来阿尔山，当然是奔着国家森林公园来的。对他们而言，阿尔山站也许只不过是一道"餐前小菜"。

而对于虔诚的铁道迷来说，来阿尔山，则当仁不让地冲着"中国最美的火车站"而来。毋庸置疑，这时候的阿尔山站，已彻底成为铁道迷们期许已久的一场"饕餮盛宴"。

如果喜欢这座火车站，就多看两眼，甚至泪洒当场；如果不喜欢，就转身离去，不留下任何痕迹。

原生态：碧山没有乌托邦

▼

文_刘　醒

虽然在外人看来，碧山村里的一切犹如伫立在村口的5层白色古塔一样没有变化，但对于欧宁，他已寻到"心灵的故乡"。"碧山计划"的另一发起人左靖说："太愧疚了，被公众、媒体这样关注，却一直没拿出什么看得见、摸得着的东西。"事实上，当这群"外来人"来到这个宁静而古老的村落，改变便注定发生。

农民为什么要淳朴

在"碧山计划"的第一个大型活动"碧山丰年庆"上，村民们看见欧宁用大巴车拉来大批的外国人，以为这个喜欢戴礼帽的男人是广东来的大老板，要把碧山村开发成同安徽省黄山市黟县的宏村、西递那样的旅游胜地，一时欢呼雀跃，尊敬地称他为"欧老板"。

殊不知，这些外国人只是欧宁请来参加活动的嘉宾，基本上都是艺术家、建筑师、记者，并非手握重金的投资人。而"欧宁"们组织策划这场活动，也完全是公益性的，不但不会获利一分钱，反而要四处筹资。

举办"碧山丰年庆"活动期间，安徽大学的学生志愿者们跑到村民家里，希望借几张条凳，村民不但不答应，反而提要求："你们搞活动赚钱，还想免费借东西？要租，10元一天。"

同样的事情，还发生在2012年第二届"碧山丰年庆"筹备之时。

舞龙、舞狮是中国民间一项非常传统的表演，"欧宁"们为了让村民重温传统乡土的生活，决定重现这个民俗活动。他们打听到县里有一个舞狮队，于是发出邀请。没想到的是，舞狮队开口便向他们索要500元演出费！

后来，随着对农村问题研究的深入，欧宁和左靖对于村民的"不淳朴"，多了一些理解。从小在县城长大的左靖这样反思："农民看重实际利益，是城市对农村'压榨'造成的，是城市人教会他们这么干。凭什么你'掠夺'完农民，又要求他们必须淳朴呢？"

一群知识分子的乡村建设

在贴上"乡建人士"这个标签之前，欧宁是艺术家、策展人、杂志主编，而左靖则是策展人、诗人、安徽大学的副教授。

欧宁出生在粤西贫困的农村，贫瘠的物质和精神生活，曾让他十分痛恨农村的家乡。为了洗掉"乡土"的印记，他用功读书，终于成为一个有些名气的城市中产阶级。

然而，人近中年，欧宁却突然领悟到他之所以能够有今天的成就，竟全在于贫困生活的逼迫。这让他对农村、对家乡有了一丝怀念，而这，最终成为他发起"碧山计划"的主要动机。同时，他还意识到：城中村的问题是城乡二元化带来的后果，而农村的很多问题，根源也在于此。能做些什么，又该从何处着手呢？

2005年，一个偶然的机会，欧宁认识了谢英俊，这位台湾的建筑师正在晏阳初乡村建设学院做志愿者，践行着一些建筑上的乡建试验。通过谢英俊，欧宁又结识了"三农"问题专家温铁军、乡建人士何慧丽等人。在这些人的启发下，欧宁认为推行自己乡建理念的第一步，是找到一块合适的基地。

为此，他跑遍河南、四川、福建、江苏、云南等地。2007年10月，在安徽诗人左靖的陪同下，他遍访安徽省的合肥、旌德、绩溪，一直走到了黟县。

早在2001年，左靖就在农村进行了一些行为艺术的实践，并开始研究乡村问题。身为策展人，他还一度醉心于中国传统文化和民间手工艺的挖掘。因此，听到欧宁的乡建愿望和邀请，他欣然应允。

碧山这个显赫于明清时代、曾走出众多大徽商的古村落，对古建、宗谱、民俗、手工的传承，也符合他们希望从自己熟知的文化和艺术角度介入的条件。

2011年，欧宁用38万元的价格在这里买下了一栋四合院的徽派老宅。不久，左靖也在邻近一个叫关麓的村子买了一栋老宅，起名"关麓小筑"。

诗、酒与钱

在第一届"碧山丰年庆"上，有人问左靖："明年继续吗？"左靖反问："你看呢？"那人回答："恐怕取决于你们和政府的关系。"左靖苦笑："取决于我们和钱的关系，没钱了。"

事实上，政府和钱都是欧宁和左靖不可轻视的对象。

2012年底，黟县屏村一个晚明时代的祠堂里，莉·汤普森（Leah Thompson）正在布展。这是开展前的一天，再有两个小时就可以布置完成了。然而策展人忽然接到县政府的电话："展览延期。"没有多余的解释。

同样被"延期"的，还有第二届"碧山丰年庆"，甚至第三届"碧山丰年庆"也未能举行。

后来，"被延期"的真实原因陆续传来："欧宁"们策划的影展，打破了以往只展示唯美风光照的传统，在展览中加入了批判元素，甚至将几幅表现"垃圾"的照片挂进祠堂，引发了当地人的不满。

这不是"欧宁"们的第一次挫败，妥协时有发生。"丰年庆"原本叫"丰年祭"。欧宁解释说："在台湾的语境里，'祭'既有英文festival的意思，也可以表示'祭奠我们逝去的传统生活'。""欧宁"们挂出的海报—白底上写着绿色的"祭"字。当地人觉得这些都是不祥之兆。最终，在有关部门勒令下，"祭"改成了"庆"，白底变成了红底。

钱的问题呢？筹呗。几个文化人不得不低声下气，到处看人脸色。第一届"碧山丰年庆"时，欧宁恰好接了2011年成都双年展的设计展策展工作，顺势将"碧山计划"作为参展项目，规划了一个大空间，这样就能从800万元的预算中拨出20万元。

钱不够，他又找到在碧山村买老宅的一个房产商，拉了10万元的赞助，又向同为策展人的葛亚平要了10万元。可是钱还不够！最后，县委书记指示当地一家农村银行赞助了10万元。

商业PK商业

记者采访当天，在距离欧宁家不远的一座清代大祠堂里，四壁树立的书架上还空空荡荡。再过两天，第一批书籍将被运到这个已被改建成南京先锋书店碧山分店的地方。2014年4月23日，是书店正式开业的日子。这是全国第一家进驻农村的书店，也是欧宁和左靖为碧山村找到的一项颇具代表性的商业投资。

"欧宁"们希望这个地方能成为文化创意产品生产、乡建研究等资源聚合平台。有趣的是，在他们的设想中，这些文化创意产品，比如印有碧山村风景钢笔画的明信片、手工笔记本等，除了供来碧山村的游客消费，还将拿到临近的宏村、西递等村庄销售。

2014年6月14日，安徽大学连续5天展出"黟县百工"的调研和出版成果。这是左靖和他的学生们耗时两年，取得的"碧山计划"重要阶段性成果。

这是一个旨在挖掘黟县民间手工艺的项目，通过记录民间手工艺流程、手艺人生活等方式，将这些濒临失传甚至已经失传的手工艺辑录成书，再通过活跃在市场上的艺术家、策展人，"按图索骥"，找到与自己熟知领域有共通之处的民间手工艺，进行符合现代审美和生活需求的改造，使其能够重新满足市场需求，达到复兴民间手工艺的目的。

当下，左靖还在筹划做一笔"生意"：把"关麓小筑"改建成一家乡村酒店，经营所得的钱用来运营"碧山书院"——一家公益性的、为本村及附近村庄的孩子提供音乐、美术、国学、英语等教育的学校。

"我的思想也在转变。"欧宁总结自己对商业态度的转变，"现在我遇见有钱的朋友，都会劝他们来碧山投资。当然，前提是要有约束。"

然而，他们不能控制的事情已经发生。不久前，有个商人来碧山村买下了200亩土地，其中50亩用来建造一座超五星级的酒店。在与政府签订的合同里，这个商人坚持将"支持每年举办'碧山丰年庆'"写进里面。

左靖看起来忧心忡忡："这是好事还是坏事，我现在还不知道。"

穿旗袍的女人们

▼

文_余秋雨

一

我出生并生活到将近十岁才离开的屋子，地处浙江慈溪桥头镇车头村一个叫"高地地"的宅院里。妈妈是全村唯一一个有文化的人，因此，无论白天、夜晚，她都要给全村的乡亲读信、写信、记账、算账。

村民不管隐私不稳私的，全村基本上都算本家，一家有信全村听。读信时，妈妈会把声音尽量放轻，但她发现，声音越轻，凑过来的脑袋就越多，而他们口中吐出的劣质烟味也越呛人。时间一长，她也就放开了声音。

妈妈嫁到这个村子的时候，穿的是旗袍。旗袍是在上海做的，很合身，但对"高地地"的人来说，却是奇装异服。

妈妈结婚那天，下轿时穿的是织锦缎旗袍，酒红色中盘旋着宝蓝色，让村里人眼前一亮。但是第二天，新娘子还是穿着旗袍，只不过换成用丹士林布料做的，一色正蓝，与织锦缎那件一样合身。更让村里人奇怪的是，她居然穿着这身旗袍，拎着篮子到河边淘米、洗菜去了。

在妈妈看来，丹士林旗袍就是工作服。这身旗袍的颜色比村里其他女人的衣服颜色都要单一，而且料子也极普通。

妈妈出门很少，但不管走到哪里，稍一转身，总能看到窗口、门边注视她的目光。她以为是乡亲们对新人好奇，便红着脸低下头，用微笑打一个没有具体对象的招呼，快步回家了，却不知道麻烦主要出在那身旗袍上。

祖母也来自上海，当然看不出妈妈的旗袍有什么不对，反而觉得这个儿媳妇处处让她顺眼。直到有一天，祖父的堂弟余孝宏先生对妈妈说了一句话，才传达出了一个村庄对一种服装的嘀咕。

二

孝宏爷爷坐在草垛边的石墩上，叫了一声妈妈的小名。这小名是他从祖母的呼唤声中听来的，他与祖母同辈，这么叫很合适。

妈妈停步，恭敬地等他说话。

他说："你这种穿法是朱家的，这里不这么穿。"

妈妈看了一眼自己的旗袍，没有听懂他的话，看着他，等他说下去。

孝宏爷爷说："你看这里的女人，都是穿老布裤干活的。你这身，又不过节又不做客，太齐整。"

妈妈"哦"了一声，点点头，便转身回家禀告祖母。祖母一听就来气："就他管得宽！把他老婆都管成了痴子！"话虽重，口气却是打趣式的，祖母说的时候还笑出声来。

"痴子"也就是疯子，是指孝宏爷爷的前妻，祖母的妯娌，一直蛰居在我家西边邻居的楼上。前妻疯了，孝宏爷爷又续娶了一位。小阿婆只比我妈妈大三岁，却长了一辈，她干练爽利，丰腴白净，是村子里的一个人物。她是从北边的新浦沿嫁过来的，那里靠着海，有渔业、盐业、航运业，比我们村里开化。据说小阿婆还见过在整个浙北、浙东都鼎鼎有名的士绅王尧辉先生，那可是身价无限的土皇帝，早被当地的村民神化了，小阿婆居然见过！光凭这一点，就使她在村民心中的地位不凡。

孝宏爷爷把这么一个见过世面的小阿婆娶到了家里，实在让村里人佩服不已。但是，正是这位孝宏爷爷，不能接受我妈妈的旗袍。

"那我改穿长裤吧？"妈妈征询祖母的意见。

"其实随便，都可以。"祖母说。

妈妈改穿长裤的第三天，孝宏爷爷又在草垛边的石墩上把她叫住了，说："你这长裤也不对，太瘦，这里的裤子要宽大。也不能长到脚背，只能到膝盖下面。"

这次妈妈不理了，仍然穿着长到脚背的瘦长裤，过几天又换成旗袍。后来她自己缝了一条裤子，宽大了一点，但还是长到脚背。

乡亲们天天晚上聚到我家来，看妈妈读信、写信，时间一长，也都习惯了她的旗袍和瘦长裤。

三

读信、写信，是在读写一座村庄。妈妈快速地进入了村庄的内心。

终于，妈妈发现，外出的闯荡者也都不识字，收到乡间妻子的来信后还要请别人来读。这让她做出了一个重要决定：义务在这些村子间办识字班，扫除年轻人中的文盲。

妈妈知道，要吸引大家来上识字班，第一个条件是不收学费；第二个条件是上课时间要在大家收工以后或不出工的日子里。

这样办，粗粗一算，来的人会很多，光她一个人教，吃不消，要找一个人来帮忙。有文化、能教书、愿意尽义务、完全不要报酬的，就必须是一个女的，出来教书不影响家庭生计……

她想到了自己的娘家——朱家村，西边半里地之外的斯文富贵之地。她要找的那个人，便是朱家村除外公之外的另一个"破产地主"朱炳岱先生的年轻妻子。

　　朱炳岱的妻子身材娇小、美貌惊人，比妈妈小一岁，也是从新浦沿嫁过来的，姓王，叫王逸琴。

　　妈妈抱着我，敲开了王逸琴家的门。开门见山，妈妈对她说："你帮帮我。高地地太苦了，年轻人都不识字。我打听了，别的一些村也是这样。我们两个一起办一个识字班吧，我教语文，你教算术。"

　　王逸琴说："亏得你还想到我。"

　　妈妈说："这事没有报酬。"

　　王逸琴说："我不是这个意思。你看，我是地主的老婆，别人都不喜欢我到外面走动。"

　　妈妈笑了，说："我还是地主的女儿呢。"

　　王逸琴问："万一人家拖脚怎么办？"她的意思是，如果有人检举、揭发她们，说有一个地主的女儿和一个地主的妻子一起办了一个识字班，一定有什么不良目的，该怎么办。

　　妈妈回答道："有人拖脚，我们就歇手。"

　　"脚"和"手"对仗，说出口之后妈妈自己笑了，王逸琴也笑了。

　　那么简单就说定了，王逸琴把妈妈送到她家的竹园边。妈妈上下打量了一下这位美丽的少妇，问："你这旗袍是上海做的吗？"

　　"我没去过上海，这旗袍是在娘家新浦沿做的。"王逸琴说。

　　"新浦沿的人穿旗袍吗？我婆家一个长辈也是从新浦沿嫁过来的，看不惯我穿旗袍，说那里只有王尧辉的家眷才穿。她还见过王尧辉本人。"

　　耳边传来轻轻的声音："王尧辉是我爸爸。"

四

　　识字班在我家东门口的堂前开办，一些青年听说不交学费、不误农活就能识字，地方又那么近，都抢着要来。

开班那天，人来得太多了，桌椅不够，又临时到村子里各家各户去借。

堂前乱了一阵，妈妈开始讲课。她把一块深色门板当黑板，拿着几支从半里外的小学要来的粉笔，教几个最简单的字。这在村里算是一件大事，男女老少都拥过来看。妈妈讲了一会儿之后，王逸琴开始讲算术。她显然比妈妈更受不了这种混乱的局面，经常停顿，但还是讲了下去。突然，她发现站着的妇女都把头转向了一边。全场突然肃静。大家注视的，是一个头发不整、表情木然的女人。

王逸琴面对这个场景不知所措，妈妈一看也吃了一惊，那是西楼上的疯女人，她也下楼听课来了。疯女人的存在，使全场不再喧闹，但大家的注意力再也集中不到老师身上了。

下课之后，妈妈把自己刚刚做出的决定告诉王逸琴：识字班可以在祠堂里开，那里桌椅很多，地方很大，只需叫两个学员去打扫一下就成。

正说着，小阿婆过来了，热情地挽着王逸琴的手问："听口音，你也是我们新浦沿人吧？哪家的？怎么长得这么漂亮？"

王逸琴笑一笑，回答说："那我们是同乡了，我离开那里已经很久了，现在住在朱家村。"

"这下你有穿旗袍的伴儿了。"小阿婆笑着对妈妈说。

五

从此，识字班就开办在祠堂里了。

识字班其实办得很苦，大多数情况是，下雨或下雪天，不能干别的活了，就上课。两个女子撑着伞，在泥路上走，从来都是她们等学员，没有让学员等过她们。妈妈平日不在乎打扮，但每次去识字班前总要在镜子前梳妆打扮一番，因为会遇到王逸琴，其实王逸琴也是同样。

她们去识字班，必定都穿旗袍。祠堂在田野间，两个女人从不同方向同时到达，上完课后一同出来，站着说一阵话，又朝不同方向回家。由于她们总是比大家先来后走，因此一眼看去，田野上常常只有她们两个女人的身影，悄悄走拢，悄悄分开。

识字班办了三年。这三年间，先是王逸琴的丈夫朱炳岱先生英年早逝，再是王逸琴再嫁，不幸第二个丈夫又去世，她就实在悲痛得没法教下去了。

妈妈说："她的人太好了，可她的命又太苦了。"没了她，妈妈一个人就没有办法把识字班支撑下去了，只得解散。

妈妈从此很少再穿旗袍。而且，再也不愿踏进祠堂。

风的路，鸟的路

文_刘亮程

在新疆塔城塔尔巴哈台山和托里玛依勒山之间，隐藏着一条300多公里的牛羊转场牧道——塔玛牧道。每年春秋季节，数百万头牲畜浩浩荡荡走在这条古老牧道上，一群一群的牛羊头尾相接，绵延几百公里。这条与公路并行的宽阔大牧道，由深嵌在土中的一条条小羊道组成，蜿蜒穿过山谷、草地。

手绘地图上的塔玛牧道，像一棵多枝多杈的大树，树干部分是老风口牧道，那些分岔到塔尔巴哈台山和玛依勒山各沟谷的牧道，在老风口会聚在一起。老风口是去玛依勒山区冬窝子的唯一通道，也是塔城盆地和准噶尔盆地气候交流的孔道。在这条宽阔的山谷地带，风要过去，四季转场的牛羊要过去，东来西往的人也要过去。风过的时候，人和羊就得避开。风是这条路上最早的过客，后来是羊和其他动物，再后来是人。

人总想把风挡住，自己先行。史书记载，清代官方曾把100张牛皮缝起来，竖在老风口，说是要把风的嘴缝住，还建了风神庙祭祀。20世纪90年代，塔城地区投巨资在老风口种植10万亩防风林。10万亩林木把风挡了一下，风往北侧了侧身，还是要过去，从村庄、田野、县城刮过去。

老风口刮大风时，羊群都躲在洼地避风，耐心等风停下。羊不着急，牧羊人也不急。被堵在风口两边的人着急，他们都有急事，赶着外出或回去。风把人的大事耽搁了。有些事耽搁不起，就有人冒险闯风口，结果丢了性命。他不知道风的事更大、更急。羊和牧羊人都知道，此刻天底下最大、最急的事情就是刮风。风不过去，谁都别想过去。对羊来说，也没有比等风停下来更大的事了。羊在哪里候着都有一口草吃。堵在风口两边的人慢慢也在风声里学会了安静。

从塔城到托里，平行的牧道和公路上面，还有一条黑色的鸟道。

成群的乌鸦和众多鸟类，靠公路养活。乌鸦是叫声难听的巡路者，一群群的黑乌鸦在路上起起落落。乌鸦成群飞在公路上空，就成了一条黑压压的路，落下来跟柏油路一个颜色，很难分辨。塔城盆地是北疆大粮仓，往外运粮的车队四季不绝，乌鸦就靠运粮车队生活。乌鸦落在粮车上，啄烂车厢边的麻袋，麦子、包谷、黄豆、葵花子在汽车的颠簸中撒了一路。乌鸦沿路抢食，麻雀和黄雀也跟着乌鸦享福。老鼠也在路旁安家，忙着搬运撒落在马路上的粮食。

早年，运粮汽车上坐着一个赶鸟的人，乌鸦飞来了就"啊啊"地叫，挥动白衣服赶。乌鸦怕白，这个不知谁传下来的可笑说法，竟被当真了。后来运粮车上蒙了厚帆布，乌鸦啄不烂，便到别处谋生活去了，有的飞到城市，跟捡垃圾、收废品的那些人搭伙。乌鸦有脑子，飞到哪儿都能过上好日子。

乌鸦把靠路生活的办法传给更多的鸟，它们离不开路了，连野鸽子和鹞鹰都成了公路的常客。老鼠更是打定主意，世世代代在公路边安家，尽管每天有老鼠被车轮碾死。

鸟在人的道路开通前，早已学会靠羊道生活。鸟在高空，眼睛盯着牧道，羊群来了就落下来，站在羊背上找食物。粘在羊毛上的草籽，藏在羊毛里的虫子，都是好吃食。每群牛羊的头顶上都有一群鸟，鸟是牛羊的医生和清洁工。牛背上的疮，全靠鸟时刻清理蛆虫，直到痊愈。羊脊背痒的时候，就扭身子，往天上望。鸟知道羊身上有虫子了，飞来落在羊背上，在厚厚的绒毛里啄食。

鸟很依赖羊。有的鸟老了，飞不动，站在羊背上，搭便车，从春牧场到夏牧场，再回来，就差没在羊毛里做窝下蛋了。

北京四合院里的"学问"

▼

文_朱晓春

　　北京四合院都是平房，规模小者只有一院，多数有前（外）后（内）两院。外院横长，大门开在东南角，进入大门，迎面在内院东厢房的南山墙上筑影壁一座（或为独立影壁），与大门组成一个小小的过渡空间。外院正对民居中轴的南房称"倒座"，为客房。倒座最东即邻门屋的一间为男仆室，隔门屋东侧有一座小院，为家塾。倒座最西一间，即全院最西南角为厕所，隔以门墙，相当隐蔽。由外院正中向北，通过一座垂花门式的中门进入方阔的内院，即全宅主院。北面正房称"堂"，3间，间宽约2.7米，遵守着明清朝廷"庶民庐舍不过三间五架，不许用斗拱，饰彩色"的规定。正房开间和进深尺寸及高度都较厢房为大，故体量最大。正房左右有时各接出一间或两间耳房，住长辈。耳房前有小小角院，十分安静，所以也常用作书房。这种一正两耳的布局称作"纱帽翅"。在正房之前院子两侧各有厢房，其前檐不越正房山墙，所以院落宽度适中，空间感觉良好。厢房是后辈居室。正房、厢房朝向院子大都有前廊，用"抄手游廊"把垂花门与左右厢房的前廊和正房的檐廊连接起来，可以沿廊走通，不必经过院子。廊边常设坐凳栏杆，可以坐在廊内赏院中花草。所有房屋都采用青瓦硬山顶。

　　正房之后有时有一长排"后照房"，或作女儿和女仆居室，或为杂屋。较大的民居可以在堂后再接出一座方院，或在全宅一侧接出另外一组四合院，也有的在一侧接出宅园。

开在东南角的大门称"青龙门"。按八卦，北为坎，东南为巽，宅门的此种布局称"坎宅巽门"。东南巽方代表春夏之交，最富于生气，依风水观念认为是最吉利的。实际上，宅门不设在中轴线上，使得从宅外进入必先通过一个小小过院，有利于保持民居的私密性和增加空间变化（只有王府的宅门才放在中轴线上，认为以王侯之尊，即使不做坎宅巽门，也可以免除外界的侵害）。

北京以外的其他地区，不论南北，在一般民居中，坎宅巽门也十分通行。宋朝《清明上河图》中的宅院就是这样。宅门大都一间，按大小和规格又有数种：广亮大门等级最高，进深大，门扇安在中柱一线，前后各有一个空间，前部空间两侧设守门人条凳，额枋下有雀替。金柱大门等级较低，门扇前移在金柱（檐柱与中柱之间的柱子）一线，门前空间也较小；蛮子门更低，门扇更前移，安在外檐柱一线，门前没有空间。以上3种都是官宦人家。再次一等是如意门，和蛮子门差不多，门扇也在外檐柱，只是除了门樘本身以外，其他面积都用青砖封砌起来，用在虽非官宦而相当殷实的人家。

有的如意门可能就是前三个等级的宅门改造而来的，原因是新宅主不当官，为免逾制，只得改门了。有时如意门的面宽只有半间，那就是建宅时宅主并不当官。最小的是随墙门，没有进深，门上有小屋顶，或模仿西洋建筑在门的两边砌通天柱。

从外院进入内院的中门，通常是一座称为"垂花门"的小门屋，悬山勾连搭顶（即前后两个双坡顶相接），造型玲珑，相当华丽，预示过此即进入内宅，丰富了内外两院的景观。垂花门的两个前檐柱不落地，柱下饰以花蕾，故名。在垂花门后檐柱处设门扇，称"屏门"，平时关闭，人由门前左右廊道绕入，遇大事或贵客莅临，方才开启。

北京四合院亲切宁静，有浓厚的生活气息，庭院方阔，是为冬季多纳阳光，尺度合宜，院中莳花置石，一般种植海棠树，列石榴盆景，以大缸养金鱼，寓意吉利，是十分理想的室外生活空间，最为人们所钟情。遇婚丧大事，可在院内临时搭建大棚，以待宾客。院内四面走通的游廊是北京四合院的最大特色，把庭院分成几个大小空间，但分而不隔，互相渗透，也使得庭院更加符合人的日常生活习惯，家庭成员可以在这里交流，为创造生活情趣起到很大的作用。

文明的尴尬

▼

文_吴若增

说是文明的尴尬，有些客气，其实应该说是文明的遭遇。

那一天，我坐火车从北京回天津。火车的车厢是封闭的有空调的那种，在那种车厢里是不准吸烟的。这一点，没人不懂。然而，坐在我前面几排的两个三十来岁的小伙子，却忍不住烟瘾，竟拿出了烟点着，旁若无人地吸了起来。

对此，旁观的国人有的视若无睹，有的微蹙眉头，却无人干涉。我呢，只是条件反射似的摸了摸衣兜里的烟，但想了想，没有拿出来。恰在这时，一个金发碧眼、也是三十来岁的老外从座位上站起来走过去，用相当熟练的汉语对那两个小伙子说："这里不准吸烟！"

老外说这话时，表情是严肃的，严肃中透着理直气壮，甚至显得有点儿傲慢。他相信他是真理在握的，因此，他准以为下面的情景一定是两个小伙子连说"对不起，对不起"，接着就会掐灭烟。没想到，他错了，那两个小伙子听了他的话后，"腾"地站了起来，四目圆睁，狠狠地盯着他。老外一看不妙，自嘲地耸了耸肩，摊了摊手，咧了咧嘴，转身回到了自己的座位上。

也许那个老外以为他管不了就不管了，也就罢了。没想到，他错了。他刚刚回到座位上，那两个小伙子就跟了过来，一个站到他的座位旁边守住了他，另一个则坐在他对面的一处空座上对准了他。接着人们看到：两人分别狠狠地吸足了一口烟，然后冲着老外的那张白里透红的脸，一点儿都不剩地喷了过去……

让我想象不到的是，那个老外只是默默地站了起来，一声不吭地走开了……

再说一件事。有一回，一个朋友到我家来，看到我家阳台空落落的，就说他家里有一个闲置的书柜正好可以放在我家阳台的一角，藏书也行，存储杂物也行，干脆送给我。过了些天，我到他家去看了那个书柜，质量不错，量了量体积和面积，正好。

朋友说："你等我哪天借一辆车给你送去吧。"我说："行。"但我走出他家时，发现一辆平板三轮车正从我面前经过。我灵机一动，对骑着那辆三轮车收破烂儿的小伙子说："你先别收破烂了，你给我拉一趟书柜吧，我给你十块钱。"小伙子听了很高兴——这样的机会可不多。

回来的路上，我骑着自行车，小伙子骑着三轮车，边走边谈。主要是我问他答：老家是哪里的呀？那里的生活怎么样呀？你出来多久了呀？在天津都干了些什么呀？晚上住在哪儿呀？捡破烂儿一天能卖多少钱呀……他的回答令我感到他生活的艰难，不禁对他产生了许多同情。此外，他那老实巴交的样子，也使我对他产生了好感和信赖。

没有走多少路，就到了我家楼下。小伙子帮我把书柜抬进了楼上的家，我拿出二十块钱交给他，说我就不下楼了，让他下去把那两块玻璃给我拿上来。小伙子看了看二十块钱，愣怔了一下，但也没说什么就把那超出一倍的钱揣进了衣兜，随后就下楼拿那两块玻璃去了。

然而，等我把书柜在阳台上稳稳地摆好，小伙子却还没有上来。我走到对面的房间，把头伸到窗外一看——哪里还有那个小伙子的影子？

那两块玻璃是书柜上的玻璃门，刚才上楼时，害怕不小心碰碎了，才临时卸下来放在三轮车上的。可他却拿走了！而且，我待他可不算不好啊！

现在的人们，经常谈到文明缺失的问题。我以为具体到每一个人来说，自有其特定的原因与经历，特别是遭遇；但从全社会来说，我以为上溯自20世纪60年代开始热衷于阶级斗争起，我们的文明即开始了缺失。因为我想起了我自己经历过的一件事。

1963年的秋天，我考进了南开大学，当时19岁。有一天，我带几名女同学参观我住的那间宿舍。进门时，我下意识地或习惯性地抢先一步推开了宿舍的门，回头又做了一个请进的手势。随后，几名女同学便走进了那间宿舍。

我觉得这一切都很正常，也很自然，我甚至都没有意识到别的什么。意外的是，我的那两个邀请动作却被一些同学嘲笑，他们说那是资产阶级的腐朽作风，他们还说只凭这一个动作，就可以看出我的资产阶级思想与资产阶级世界观有多么严重。于是，从那以后，我就"改邪归正"了。

21年后的1984年冬天，上海一名女作家到天津来看我，把她领到我单位楼前的大门时，我掀开厚厚的棉门帘子就走了进去，可她好半天也没有跟进来。我很奇怪，走出去一看，她正站在门外流泪。

"怎么回事？"

"你……你……你怎么掀开门帘，就……就自己走进去了？"她哭着指责我。

原来，她以为我会掀开门帘请她先进，然后我再进去。她没有想到我竟会自顾自地走了进去，结果，就在她紧跟我往里走的时候，那张厚厚的棉门帘却猛地砸了下来，击中了她那娇嫩的"资产阶级的鼻子"。

童谣里的辛酸与快乐

▼

文_十年砍柴

　　小大姐，小二姐，你拉风箱我打铁。赚了钱，腰里掖，买个蒲包瞧干爹。干爹戴着红缨帽，干妈穿着高底鞋。走一步，嘎噔噔，毛蓝裤子鸭蛋青。

　　这是一首北京的传统童谣，传唱至少有百余年了。如果不是从儿子的嘴里念出，我可能不会关注它——这个年代每天要接受的资讯太多，那些童谣差不多被遗忘了。

　　《买个蒲包瞧干爹》这首童谣是儿子最喜欢背诵的几首童谣之一。可能因为他知道"干爹"是这个城市里已少见的称谓。他有一个干爹，是我的朋友、著名的音乐人杨海潮。内子怀上儿子时，已是高龄孕妇，海潮知道后，就让他在妇产医院工作的夫人对内子十分关照。儿子出生后，他的奶奶在老家找算命先生算了八字，说这个孩子要找干爹才行。于是和海潮夫妇一商量，让他们做了孩子的干爹干妈。

　　儿女认干亲，现在看来似乎是俗不可耐的事，但在旧中国却非常流行。传统中国是个熟人社会，寻常人的交往多半是凭血亲、姻亲，一部分人还有学缘，如士子的同学和同年，手工业者的师兄弟。而没有血缘或姻缘的好友之间，为了固化那种交情，让儿女认对方为干爹，是一种"拟血亲"的处理。

　　这首童谣也极具北京特色。干爹为什么戴着红缨帽，这是一个很有意思的话题。成年男子戴红缨帽，其夫人穿高底鞋（即花盆底），是旗人的装束，一百多年前在北京城不稀奇，在南方如我的家乡恐怕很少见。

仔细琢磨这首童谣，恐怕是一个穷人家——至少是小户人家一个美好的愿望，希望儿子能认有些背景的贵人做干爹。旗人在当时社会地位普遍比汉人高，而且能戴红缨帽，应该是有官衔的。寒门人家的子弟，能读书出仕的实在是凤毛麟角，多数人希望能学门手艺或者做个小生意糊口。打铁是技术性很强的一门手艺，但从业者很辛苦。一个小男孩，让大姐、二姐拉风箱，自个儿打铁。这样的人家怎么能高攀上官宦之家？这不过是那时候北京普通市民的一个"中国梦"。

关于打铁的童谣，中国许多地方都有，可见那时候打铁对日常生活来说是一个多么重要的行当。最常见的是"张打铁，李打铁，打把剪刀送姐姐"。接下来的词，各地版本不同。我记得我老家的是：

> 张打铁，李打铁，打把剪刀送姐姐。姐姐留我歇，我不歇，我要回去学打铁。打铁难扯炉，我要回去学做屠。做屠难杀猪，我要回去学读书。读书又怕先生打，我要回去学喇叭。喇叭难换气，我要回去学唱戏。唱戏难帮腔，我要回去学卖姜。卖姜不挣钱，我要回去学卖盐。卖盐难认秤，我要回去学捡粪。捡粪又怕野狗咬，提起粪箕往回跑。一跑跑到山坳坳，捡个烂草帽，戴在头上哈哈笑。

这首童谣所唱的是中国农耕社会南方乡村的情形。童谣中的主人公——一个小男孩，和北京童谣的"瞧干爹"的那个都是家中骄子，上面有姐姐，也许还不止一个，他当然受到父母和姐姐的宠爱。这样的男孩既没有父辈的庇荫，又因为受宠很可能缺乏吃苦精神和坚韧意志，人生的道路上往往易受到挫折。我之所以对这首童谣记忆深刻，是因为我姓李，小时候做事不勤快、没恒心，母亲常责骂我说："就你这样子下去，将来就和那个李打铁一样，到头只能去捡狗粪。"

儿子还喜欢唱的一首童谣则是在北方广为流行的《姥姥家唱大戏》：

拉大锯，扯大锯，姥姥门前唱大戏。接姑娘，请女婿，小外孙子也要去。今儿搭棚，明儿挂彩，羊肉饺子往上摆，不吃不吃吃二百。

这首童谣也有诸多版本，但在我的记忆中，似乎童年没有唱过类似的。老家叫外婆为"婆婆"，不叫"姥姥"，而且将"锯"念成"ge"，"去"念成"ke"，与"戏""婿"不押韵。羊肉馅的饺子更是北方的吃食。不过童谣中所描摹的中国民间社会的客套，倒是哪儿都一样。外婆当然是至亲，可毕竟是去做客，父母会事先叮嘱儿子，在外婆家要讲礼数和客气，要装出斯文样子，否则会让人瞧不起。旧时候多数人生活艰苦，难得有机会饱餐羊肉饺子，大人的教诲毕竟挡不住美食的诱惑，口中还照着父母的吩咐说"不吃不吃"，羊肉饺子则一个个下肚了。

小孩子天真无邪，不会藏着掖着，一点点狡黠也透着童趣。而大人则不一样，尤其是女婿去岳父母家，得特别注意言行，如果像自己儿子那样放开肚皮吃饭，那会见笑于岳家，让妻子在娘家很没面子。

我小时候，母亲给我讲过她的二叔即我的二外公的一件趣事。旧时湘中风俗，新婚夫妇第一个新年去娘家拜年叫"拜新年"，非常郑重，小夫妻要从正月初二待到十五方才回家。我的那位二外公长得高高大大，孔武有力，饭量很大，一顿要吃三碗饭。而他到了岳父家，必须讲客气，每顿只吃一碗饭便放下筷子说饱了。等过完元宵节回家，一个精壮汉子已饿得形销骨立。

这种讲客气的风俗，乃是在食物长期匮乏的时代所形成的，客人多吃则必然让主人饿肚子。现在外孙到姥姥家，女婿去岳父家，还用得着担心多吃饭菜而让人笑话吗？恐怕女婿和外孙饭量越大，岳母或姥姥越高兴，说明女儿最亲密的人身体健康。

曾和冉云飞讨论过这一童谣，他说成都地区的版本是：

扯锯，拉锯，家婆门口有本戏。请外孙，来看戏，牛肉包子夹狗屁。

某家大兴土木，盖起了房子，请戏班子庆贺，叫来女儿女婿和外孙，这样的风俗全中国都一样。不同的是，川人比北方人更幽默风趣，爱讲不正经的"带把子话"，馋嘴的外孙也不像在北方地区被父母教导得那样假客气。于是，外公外婆或者舅舅会逗小男孩，给他一个牛肉包子，骗他说里面夹着狗屁。

每个地方的童谣中，几乎都会有关于当地地名的。我记得小时候也唱过从我所在的乡去宝庆城（今邵阳市）一路走过的地名，编排在一起朗朗上口。但因为少年的我没有什么机会进城，这类童谣也就忘了。

儿子口中的童谣有一首北京地名串讲：

东直门挂着匾，隔壁就是俄罗斯馆。俄罗斯馆照电影儿，隔壁就是四眼儿井。四眼儿井不打钟，隔壁就是雍和宫。雍和宫有大殿，隔壁就是国子监。国子监一关门，隔壁就是安定门。安定门一甩手，隔壁就是交道口。交道口卖白面，隔壁就是大兴县。大兴县写大字，隔壁就是隆福寺。隆福寺卖古书，隔壁就是四牌楼。四牌楼南，四牌楼北，四牌楼底下喝凉水。喝凉水把头抬，隔壁就是钓鱼台。钓鱼台没有人，隔壁就是齐化门。齐化门修铁道，南行北走不绕道。

　　这首童谣应当是北洋时期形成的，因为朝阳门（即齐化门）外的环城铁道是1916年修建的，与京奉铁路接轨。今天的俄罗斯馆在从东直门往北再向西二环路拐弯所包围的那一片占地甚广的园林里，被称为"俄罗斯湾"，那是1949年中华人民共和国成立后对苏联老大哥的一种友好和睦的表示。清代俄罗斯的东正教传教士在此处建立了"圣尼古拉教堂"，被称为"北馆"——苏联大使馆是以此为据点向四周扩张的。所以，一进东直门就能看到俄罗斯馆。那时候放电影是一件洋气的事儿，只有外国驻华使馆、教会组织或少数富贵人家才有这个能力。

　　北京叫"四眼井"的地名很多，此处指的是东直门内北小街的四眼井，靠近雍和宫。这口井的井水很好，所以清末民初这里有一家粉坊的豆汁儿极其有名。"交道口，卖白面。"大约是当时此处粮店较多。大兴县指的是今天东城公安分局所在地——清代的大兴县衙门，衙门外面总是会用大字写对官员的警勉之语，类似现在政府机关大门外的"为人民服务"。大史学家洪业曾回忆他父亲在山东做县令，县衙前是十六个大字："尔俸尔禄，民脂民膏；下民易虐，上天难欺。"这是大清朝州县衙门前的标准训词，估计大兴县衙门所写的"大字"也是这十六个。隆福寺和琉璃厂曾是北京城最有名的两处旧书交易市场，至今还有旧书门市部，只是来往的文人墨客比以前少多了。

　　这童谣分明是写一个进城见世面的郊区青年的所见所闻，一路步行，到了东四牌楼时累了，也不敢花钱进茶馆，于是坐在牌楼底下歇脚，喝一口携带的凉水。最开始的新鲜劲也就过去了，下面的风景不值得再啰里啰唆述说了，一下就看到了钓鱼台——北京有四处钓鱼台，这里指的不是名气甚大的玉渊潭钓鱼台，而是东钓鱼台，位于朝阳门以西，如今已找不到踪影了。等经过东钓鱼台走到朝阳门，这一圈逛完了，可以出城回家了。

吃主儿

你要请我吃大餐

▼

文_王金刚

十八岁那年，我在北京的一个建筑工地上打工。眼瞅着工程结束，到了该发工资的时候，老板却跑得没影了。

那时候已是年底，该回家过年了。我含着泪拆开了夹衣的领子，那里有八十块钱，是我来北京之前母亲缝进去的，刚好够买一张回家的火车票。那个年代，银联卡还没有普及，所以，家乡人外出打工都会用这招，以防万一。

母亲说："这八十块钱就是回家的路费，再困难也不能动。"

买完了车票，我就身无分文了。

一天一夜的路程，吃喝又成了问题。我咬了咬牙：不就是几顿饭嘛，挺一挺就过去了。

饥肠辘辘地上了火车后，好不容易找到了自己的座位，我一屁股就坐了下去，动都不想动一下。

对面座位上是个四十多岁的中年人，上车后就一刻不停地在吃东西，不是瓜子就是苹果，苹果刚吃完，又拿出了饼干。从早上开始，我已经连着两顿饭没吃了，所以，中年人的举动对于我可怜的胃来说，无疑是种折磨。于是，我很不满地瞟了他几眼。

见我看他，中年人有点不好意思地笑了笑："中午没顾得上吃饭，所以先垫垫肚子。你也来点？"

我装作有点不屑地摇了摇头。与此同时，我却听到自己的喉咙"咕噜"响了一声，那分明是咽口水的声音。

中年人很热情地说："我姓谢，叫我老谢就行。你贵姓？"

"姓王。"我多一个字都懒得说。

可能看出我不太热心，老谢就不再说话，专心吃自己的东西。

不一会儿，天黑了下来。到了开饭的时间，广播里开始一遍遍不厌其烦地播放着用餐通知："餐车为大家准备了丰盛的晚餐，有糖醋鱼、鱼香肉丝、红烧肉……"同时，"盒饭、盒饭，十元一份"的叫卖声也渐渐由远及近。

再看对面的老谢，片刻间，他像变戏法似的将吃的摆满了桌子：酱猪蹄、卤鸡爪、火腿肠、花生米……还有一瓶二锅头。他边倒酒边自言自语："再弄一份盒饭，就可以正式开饭啦。"

我不由得在心里恨恨地说："这人，真是饿死鬼托生的！"转而一想，又在心里叹气，"唉，我这是吃不着葡萄说葡萄酸嘛，人家也没碍着我的事，我发哪门子的火啊？"

轮流请客

一眨眼的工夫，卖盒饭的推车就到了跟前。乘客们的声音此起彼伏："给我一份！""我也来一份！"饭菜的香味弥漫在车厢里，直往我的鼻子里钻。为了避免尴尬，我只好从包里掏出一本书，装作看得入了迷。

这时候，老谢却开始喊我："小伙子，别光顾着看书了，开饭啦！"

我把书拿开，扫了一眼推车里的盒饭，又看了一眼桌子上诱人的吃食，很坚定地对老谢说："谢谢，我不饿。"

这个时候，我的喉咙又一次背叛了我，更响地咽了一口口水，同时，我的肚子也没出息地咕咕叫了起来。我心虚地看了看老谢，他正低头掏着钱包，似乎并没有注意到我的窘态。于是，我索性往椅背上一靠，拿书遮住了脸，装作睡觉。这时，我听到老谢响亮地喊道："盒饭，要两份！"

接着，又听到老谢在叫我："小伙子，来，帮个忙！"

我直起身来，只见他一脸的笑容："知道你不饿，但是你瞧，我一个人吃饭喝酒实在没意思，不如咱俩搭伙一块儿吃，这顿我请你，下顿你再请我，怎么样？"

还没等我回答，老谢就拿出个塑料杯子放在我面前，倒满酒，然后又端起了自己的杯子，说："人家说'百年修得同船渡'，咱们同坐一趟车，大概也是修了一百年的缘分，来，干一杯。"说着，他就一口干了。

看他这么热情，我也只好咬咬牙，把杯子里的酒喝了下去。

几杯酒下肚，我的身体里就像腾起了一团火，头也变得晕晕乎乎的。一顿饭，我和老谢聊了很多。老谢说，他是个业务员，一年起码有大半年都在外面跑。老谢还说，他的儿子和我的年龄差不多，明年就要考大学了。

出于自尊，我没好意思说出自己的现状，只是说辛苦了一年，却没挣到什么钱，都觉得没脸回家了。说话的时候，我的鼻子直发酸，泪水都噙在了眼里。

老谢叹了一口气说："其实，挣钱多少没关系，快过年了，父母最在乎的是你能平安回家。"说完后，老谢盯着我的眼睛，又强调了一句："知道吗，孩子？"

最后，我不但一个人吃光了两份盒饭，还把满桌的零食消灭得一干二净。

吃饱喝足的我，在座位上踏踏实实睡了一夜。

这笔账先记上

天亮后，我一睁眼，只见老谢正坐在对面微笑着。老谢指了指面前的两桶方便面说："咱们一人一桶。我想过了，早饭省钱，你随随便便就把我打发了，那我可就太亏了。干脆早饭我也请了，中午你请我吃顿大餐，反正餐车里好菜有的是！"

我勉强笑了笑，说："好，中午请你吃大餐。"

洗漱完毕后，我木然地吃下了老谢给的面，然后装作看书。老谢不时和我搭句话，我嘴里应着，心里却七上八下地乱成了一团麻：身上分文没有，午饭拿什么请老谢？吃人家的嘴软，谁让自己嘴贱了？说没钱，他会相信吗？他会不会说我骗吃骗喝？

一个上午，我的脑子里连一刻都没有消停过。眼看中午将至，我还没想出招儿，一咬牙抬起头，正想向老谢坦白，却意外地发现他正在收拾行李。

"你这是？"我不解地问。

"要不怎么说喝酒误事呢，这不，刚想起来，我快到站了。"

老谢一边说着，一边递给我一个塑料袋子："我行李多，带着不方便，就麻烦你帮我把它们消灭了吧。"

我看了看，袋子里是几桶方便面和几根火腿肠。

"这个……"

我刚想伸手推让，老谢却一把将袋子塞进了我的怀里，然后说："就这样吧，天下没有不散的筵席，咱们后会有期。"

我一阵感动，张了几次嘴，却说出了一句很没用的话："我还欠你一顿饭呢。"

"对啊，真可惜。"老谢笑着说，"这笔账只有先记上了，有缘还会再见。说不定以后我会到你们那儿跑业务，到时你一定要请我吃顿大餐！"

我心里想着，自己是不是应该向老谢要个地址、电话号码什么的，但我什么都没做，只是呆呆地看着老谢摆了摆手，消失在车厢尽头。那一刻，我的心里竟然可耻地感到一阵轻松。

还有更好的解释吗

中午吃饭的时候，我拿出了老谢留下的方便面，去车厢另一头接开水。打开水龙头，热水器里却没水了。我只好继续往前走，又穿过了一个车厢。我在另一个热水器前接完开水后，不经意间一扭头，顿时呆住了，我竟然发现了老谢！

在离我几尺远的车厢通道里，老谢正侧对着我，和几个旅客一起坐在行李上，谈笑风生。

怎么，他没下车？

我愣了好一会儿，才渐渐地明白：老谢看出了我的窘境，所以假借轮流请客，巧妙地帮助了我。接着，为了不让我面对请客的尴尬，保住我那点可怜的自尊，他又假装到站下车，躲开了我。

除了这个答案，还有更好的解释吗？

我端着面，在那儿站了很久，呆呆地看着老谢。每当过道里有卖零食、卖杂志的推车经过时，老谢都要站起来，把屁股下的行李高高地举到头顶，侧身躲闪，待推车过去后，再如释重负地坐下去，一次又一次。

我的眼睛里涌出了泪水，很想上前感激老谢一番，但想了半天，最终还是转身走开了。

就想吃个烧饼

▼

文_王芳芳

烧饼介于主食和点心之间，全国不分东西南北，各地都有，像面条一样做法多样，又百变不离其宗。也像面条一样富含乡情，人人都夸家乡的烧饼最好，可到底好在哪儿，谁也说不清楚。我上网查了一下，烧饼的做法有100多种：大饼、烤饼、芝麻烧饼、油酥烧饼、起酥烧饼、发面堆、掉渣烧饼、糖麻酱烧饼、炉干烧饼、缸炉烧饼、罗丝转烧饼、油酥肉火烧、什锦烧饼、炉粽子、杜称奇火烧、牛舌饼……

知道有这么多，也不会有人一一找来去吃。不管怎么搞，它都是大路货，原料简单，价格低廉，摆在路边摊上卖，一炉子、一案板、一人足矣。除了少数出众的，很难被列入当地名小吃，走南闯北的吃货，对它无暇一顾。它的功用，主要在于充饥果腹。

烧饼炉子在秋冬季节最有趣。秋风起兮天气凉，黄叶翻飞，在不远处，一个炉子，一个默默看着炉子的人，那一刻的感觉是萧瑟中含着安宁。冬天早上，袖着手走路，看看远处的树，枝干纵横干瘦，像黑铁，天空灰白，万物空寂，有时候还要下点雪。然后看见一个卖烧饼的，他在那里埋首劳作，一回一回地伸头，一下一下地伸胳膊，把烧饼在炉子里翻个个儿。

我吃过的烧饼不少。最早是老家的"朝牌"，贴炉子里烤出来的长马鞍形烧饼，薄，几乎就两层皮夹着一点葱油，底面焦黄，正面柔白有韧性，淡淡的咸味，单吃意思不大，要夹刚出锅的油条。"朝牌"身形足够长和大，把油条夹在其中，一起做个对折，饼面合围处露出油条黄灿灿的头和尾，就手一口，面饼的寡淡、柔韧，油条的浓郁、松脆，恰成天作之合。

家常风味的绝妙，当时不觉得，多年之后会让人很怀念。冬天在苏州山塘街的菜市场上，看到有铺子在卖烧饼和油条，那油条好粗壮，一根根理直气壮地指向早晨的天空。烧饼在旁边很低调，长相和老家的差不多。许多市民拎篮提兜地在排队买，我想味道一定不寻常，但胃已经盛不下了，只好一步三回头地离去。

由此可见，"朝牌"并非本乡特色，但老家人还是津津乐道，给它安上了一个荣耀典故。说清朝宰相张英退休后回到家乡，令人将烧饼做成朝笏的形状，以表感激君恩之意。

皖南那边，有种梅干菜小油酥烧饼，又号"黄山烧饼""蟹壳黄"，很有名，许多去黄山玩的朋友，都会带一袋子回来送人。

黄山烧饼的特色在于梅干菜和猪油，两样放在一起浓墨重彩，要配浓酽的茶最好，其先天的干硬与油腻都被化解了。所以食物也要配对的，就好像武侠小说里有夫妻搭档、雌雄双煞，必有令江湖人士闻风丧胆的手段。

我有个女朋友极爱它，某年尝过一次后念念不忘，有人去黄山那边，就叫帮忙带一袋子回来。这种烧饼适宜于贮存，能当干粮，皖南男人经商四处跑，行李中必有它们。也有攀龙附凤的传说，说朱元璋饥饿时吃过，登基之后封之为"救驾烧饼"。此类传说全国各地都有，难以当真。

我想吃的，是蚌埠的烧饼夹里脊。里脊就是普通的里脊肉用油煎过，重点在于烧饼，其特点——不是放炉沿上贴烤出来的，炉子里另有一金属的铛，饼子陈列其上，拿出来是整整一铛。饼面薄薄一小张，淡焦黄色，撒着芝麻，出炉时要用铁筷子在饼面一戳，放出热气与香气。饼里面大有乾坤，类似于千层饼，但比千层饼薄很多，每层都极纤薄透明，咬在嘴里，韧而绵，有浓浓的猪油香与葱花香，另外加点椒盐，空口吃都是极香的。

那时候我住在蚌埠张公山，菜市边上就有这种饼摊，永远需要排队。买到的人并不急着走，到隔壁买几串油煎里脊肉，老板将烧饼接过，竹刀从中间轻轻一劈，烧饼就可爱地张开嘴了，左手掐住，右手把几串里脊肉塞进去，往回一抽，油滴滴的里脊肉就留在饼子里面。一块块塞进塑料袋，大家才心满意足地拎着走了。

这种烧饼加里脊肉的搭配，丰盛而充实，吃过以后对人生非常满意。我那时高中毕业，无所事事，专职替家里的晚餐买饼，离菜市一公里的路，每天都兴冲冲跑过去，不觉得是负担。

自从离开蚌埠后，有10年没吃到这种烧饼了，有一天突然想起来，馋得抓心抓肺，四处买不到，不知如何是好。特意往蚌埠跑一趟吧，似乎又有点小题大做，又怕扑空，不知道它还在不在。

胡适：三分之一个"吃主儿"

▼

文_安 东

王敦煌先生写过一本《吃主儿》，里面特意提到"吃主儿"和"美食家"之间绝非简单的等号关系，因为一个合格的"吃主儿"必须具备三点：会买、会做、会吃，缺一不可。民国时期的文人好美食者众多，又多是酒家中的贵客，所以，常会根据自己的口味研究出一些菜品，有些菜品甚至流传至今——拿胡适为例，就有著名的"胡适一品锅""胡博士鱼"等。

不过若是以王敦煌的标准来衡量，胡适只能算三分之一个吃主儿。

吃主儿们最看重食材本身，能买到最恰当的食材，这道菜就已经成功了一大半，所以，"会买"甚至要重于"会做"。住在美国时，胡适常去买菜，他是文人脾气，面皮薄，不好意思挑三拣四，买回来的菜总是不能让老婆满意。后来，胡夫人让寄宿在家中的鲍士平代劳。鲍士平聪明伶俐，买东西又好又快，远胜于书生气的胡适。

至于做饭，胡适就更不沾手了。在北京居住期间，胡夫人吃完晚饭就出去打牌，出门之前先煮一个茶鸡蛋，用饭碗一扣，再沏一壶茶，就走了。胡适倒也满意："我太太最好，她去做她的，我做我的。"等茶配鸡蛋吃够了，胡夫人就从香港买回一种英国的苏打饼干给胡适充当夜宵。后来到了美国，仍是胡夫人做饭。有一次胡适不在家，有贼从窗口爬进来，胡夫人镇定自若，迅即走到大门口，拉开门，义正词严地对那贼说了一个英文单词："Go！"贼被这个矮矮胖胖却临危不惧的中国老太太镇住了，愣了一会儿，真就乖乖地出去了。胡夫人则继续返回厨房做饭，真乃大将风范。

虽然不会买菜也不做饭，但胡适会吃，也懂吃，他首创的"胡博士鱼"，做法不难，鲤鱼切丁，加三鲜细料熬鱼羹而已，但味道绝美。

胡适在文化上提倡西化，对西餐也不拒绝，《胡适日记》中经常记载他去北京饭店吃西餐。他的老师——美国哲学家杜威，还专门请胡适夫妇在北京饭店的西餐厅用过餐。但就饮食习惯来说，胡适还是中国化的，确切地说，是徽州化的。

胡适是徽州人，他一生的生活习惯保持着许多徽州人的特点。徽州的水含矿物质较多，是一种硬水，饮用后须多吃一些动物脂肪，肠胃才舒服，所以徽州菜便有了荤油重、味道咸的地方特色。胡适有一次请梁实秋、潘光旦等到餐馆吃徽州菜，他们上楼时，老板用徽州话对着厨房大喊："绩溪老乡，多加油啊！"原来老板见是徽州同乡胡适来了，忙叫伙计菜里多放油，款待乡亲。梁实秋后来回忆那顿饭："有两个菜给我的印象特别深，一个是划水鱼，即红烧青鱼尾，鲜嫩无比；一个是生炒蝴蝶面，即什锦炒生面片，非常别致。缺点是味太咸，油太多。"咸而油多恰是徽州菜的特色，胡适尝到家乡味，胃口大开，梁实秋虽说找了个徽州媳妇，却也难以消受。

晚年的胡适饮食比较简单，早餐喝一杯橘了水，主食是烤面包（抹一点黄油、果酱），再加上两碟咸菜就稀饭。中午四盘菜，如豆腐、肉丝炒青菜等。胡适家里常有人来做客，他的态度是来者不拒，有时也留下两三个人吃饭，除平时的四盘菜之外，再加一盘炒鸡蛋。医院的医生劝胡适不要吃肉，少吃油，多吃鱼。但胡适却爱吃肉，尤其爱吃红烧肉里的肥肉，不爱吃海鱼。厨师便想方设法去买河鱼，如鲤鱼、鲫鱼，养在水池里，每天吃一条。吃鱼虽是为了健康着想，可对一个客居台湾、又喜油、嗜咸、爱肉的徽州人来说，却也是一种无可奈何之举。举箸食鱼时，难免念起再难挽回的遥远乡愁和那一去不返的流金岁月。

一盆面条两头蒜

▽

文_刘秉忠

　　我们村的张老汉到死都没原谅王老汉，尽管王老汉早他两年就撒手人世。我们村的人每年都讲他们结怨的故事，据一些长者说，故事没加半点水分。

　　1960年，张老汉和王老汉都是40多岁。麦收后，每人把着一张二牛抬杠的旧式步犁给队里耕地。那一年全国缺粮，我们村也不宽裕。两个老汉每天吃着又黑又粗的糠加菜的窝窝头，提着皮鞭子跟着牛屁股，一步一步，一垅一垅，硬把100多亩地耕完了，而且耕得平展。非常有趣的是，他二人在这段时间，还暗自进行了比赛，尽管没有奖金没有裁判，但丝毫没有影响他们。他们心照不宣背地里使劲，遗憾的是没赛出个名堂来。今天你多一点，明天我少一点，到完时，谁也没超过一天三亩的定额，工分也一样多。队长每天来看看，不说话就走了。最后一天，他们交了犁拴起牛。队长对他们说："今天，半夜时到饲养房，我把饲养员打发出去了，我给你们两斤白面半碗胡油，做一顿面条吃。狼多肉少，二八小子拉胡琴——你们自顾啊！"

　　俩人也没客气，回家就给老婆说："半夜开会，回来迟点。"张老汉忍不住饥饿，吃了半个刚出锅的窝窝头。王老汉从家里拿了两头蒜。两人前脚后脚来到了饲养房。

　　不到半夜，队长袄里揣着布袋子，送来足足两碗面，端着半碗胡油。队长放下东西，说："吃完后洗净锅和碗，不要留下油腥气。"说完就走了。

事情坏就坏在饲养员的炉灶忌西风，偏巧那天天刚黑就刮起了西风。更巧张老汉有眼疾，一见烟就泪流不止。于是，王老汉就到里间点了马灯做饭，张老汉就坐在外间的炕上想乱七八糟的事情。王老汉在里间呛油、和面、烧火，烟熏雾罩。快做熟时，才想起还有两头蒜，出来扔到炕上，张老汉接住就剥蒜皮，剥得极仔细。也许是炕热的缘故，张老汉蒜还没剥完，就盘腿坐着打了一个盹。你想他心里惦记着这顿美食，能睡踏实吗？然而，就这短暂的一瞬，便铸成了大错，留下了终生遗憾。

当一种水渠开口的声音将他从一个不太完整的梦中惊醒时，他一激灵，连鞋都没穿就下了地进了灶房。此时此刻，王老汉正好把一瓷盆汤面吃了个底朝天，并且还不以为耻地打了个饱嗝。一见他进来，王老汉这才打个愣怔。两人四只眼一对视，王老汉的眼皮耷拉了，张老汉的嘴唇青了。说时迟，那时快，张老汉夺起瓷盆举过头顶，朝锅砸了下去……

第二天，饲养员叫队长赔锅，队长说："两个毛驴进去踢架，叫毛驴赔去啊。"

此后，张老汉又添了不能见蒜的毛病，看见蒜头发就竖起来了。而王老汉也添了不能见面的毛病，看见面头就低下了。

王老汉遭到了全村人的小看，一盆面嘛，一张嘴嘛，真是下哇（贱）。后来，王老汉逢人就说："我真的无意，那面实在太香，跟上鬼了，舌头没动就进肚子里了。"

人们说，其实，这么多年都过去了，只要王老汉给张老汉赔个不是就可以了，可王老汉一直没那样做，在张老汉的鄙视下，低着头过完了后半生。

前几年，读了刘恒的一个著名短篇小说后，我似乎找到了张老汉不谅解王老汉的症结。那篇小说的题目叫《狗日的粮食》。

赖那狗日的粮食，不赖人啊！

五个饽饽

▼

文_莫 言

　　除夕日大雪没停，傍晚时，地上的雪已积了几尺厚。我踩着雪去井边打水，水桶贴着雪面，划开了两道浅浅的沟。站在井边上打水，我脚下一滑，"财神"伸手扶了我一把。

　　"财神"名叫张大田，四十多岁了，穷困潦倒，光棍一条，由于他每年都装"财神"——除夕夜里，辞旧迎新的饺子下锅之时，就有一个"叫花子"站在门外高声歌唱，吉利话一套连着一套。人们把煮好的饺子端出来，倒在"叫花子"的瓦罐里；"叫花子"把一个草纸叠成的小元宝放到空碗里；人们把纸元宝端回家，供在祖先牌位下，这就算接回"财神"了——人们就叫他"财神"，大人孩子都这么叫，他也不生气。

　　"财神"伸手扶住了我，我冲着他感激地笑了笑。

　　"挑水吗？大侄子！"他的声音沙沙的，很悲凉。

　　"嗯。"我答应着说，"'财神'，今年多在我家门口念几套。"

　　"好吧，金斗大侄子，你是咱村里的大秀才，早晚要发达的，老叔早着点巴结你。"

　　天黑时，下了两天的雪终于停了。爷爷又去了饲养室，说等到半夜时分回来跟我们一起过年。自从父亲去世后，生产队看我家没壮劳力，我又在离家二十里的镇上念书，就把看牛的美差交给了我家。

　　我和母亲、奶奶摸黑坐着，盼着爷爷回家过年。好不容易盼到三星当头，爷爷回来了，奶奶把一个包袱郑重地递给爷爷，轻轻地说："供出去吧。"

爷爷把包袱接过来，双手捧着，像捧着圣物。包袱里放着五个馉馇，准备供过路的天地众神享用，这是村里的老习俗。五个馉馇从大年夜摆出去，要一直摆到正月初二晚上才能收回来。

我跟着爷爷到了院子里，院子当中已放了一条方凳，爷爷蹲下去，用袖子拂拂凳上的雪，小心翼翼地先把三个馉馇呈三角形摆好，在三个馉馇中央，反着放上一个馉馇，又在这个反放的馉馇上，正着放上一个馉馇。五个馉馇垒成一个很漂亮的宝塔。

这蒸馉馇的白面是从包饺子的白面里抠出来的，这一年，我们家的钱只够买八斤白面，它寄托着我们一家对来年的美好愿望。不知怎的，我的嗓子发哽、鼻子发酸，要不是过年图吉利，我真想放声大哭。就在这时候，柴门外边的胡同里，响起了响亮的歌声："财神爷，站门前，看着你家过新年；大门口，好亮堂，石头狮子蹲两旁；大门上，镶金砖，状元旗杆竖两边……"

我从地上爬起来，愣愣地站在院子里，听着"财神"的祝福。他都快要把我家说成刘文彩家的大庄院了。"财神"的嗓门宽宽的，与其说是唱，还不如说他念。他就这样温柔而郁悒地半念半唱着，仿佛使天地万物都变了模样。

"财神爷，年年来，你家招宝又进财；金满囤，银满缸，十元大票麻袋装，一袋一袋摞起来，摞成岭，堆成山，十元大票顶着天……"

我被"财神爷"描绘的美景陶醉。

"大侄儿，别发愣，快把饺子往外送，快点送，快点送，金子银子满了瓮。"

我恍然大悟，"财神爷"要吃的了，我急忙跑进屋里，端起了母亲早就准备好的饭碗。我看碗里只有四个饺子，就祈求地看着母亲的脸，嗫嚅着："娘，再给他加两个吧……"

母亲叹了一口气，又用笊篱捞了两个饺子放到碗里。我端着碗走到胡同里，"财神"急步迎上来，抓起饺子就往嘴里塞。

"财神，你别嫌少……"我很惭愧地说。他为我们家送来了这样美好的祝福，却只换了六个饺子，我感到很对不起他。

"不少，不少。大侄子，快快回家过年，明年考中状元。"

"财神"一路唱着向前走了，我端着空碗回家过年。"财神"没有往我家的饭碗里放元宝，大概连买纸做元宝的钱都没有了吧！

过年的真正意义是吃饺子。饺子是母亲和奶奶数着个儿包的，一个个小巧玲珑，像精致的艺术品。饺子里包着四个铜钱，奶奶说，谁吃着铜钱，谁来年有钱花。我吃了两个，奶奶爷爷各吃了一个。

母亲笑着说："看来我是个穷神。"

"你儿子有了钱，你也就有了。"奶奶说。

"娘，咱家要是真像财神爷说的有一麻袋钱就好了。那样，你不用去喂牛，奶奶不用摸黑纺线，爷爷也不用去割草了。"

"哪里还用一麻袋。"母亲苦笑着说。

"会有的，会有的，今年的年过得好，天地里供了饽饽。"奶奶忽然想起来了，"金斗他娘，饽饽收回来了吗？"

母亲对我说："去把饽饽收回来吧。"

我来到院子里，伸手往凳子上一摸，心一下子紧缩起来。再一看，凳子上空空的。"饽饽没了！"我叫起来。

爷爷和母亲跑出来，爷爷找出纸灯笼，把油灯放进去。我擎着灯笼满院里找，灯笼照着积雪，凌乱的脚印，沉默的老杏树，堡垒似的小草垛……

我们一家四口围着灯坐着。奶奶开始唠叨起来，一会儿嫌母亲办事不牢靠，一会儿骂自己老糊涂，她面色灰白，两行泪水流了下来。已是后半夜了，村里静极了。一阵凄凉的声音在村西头响起来，"财神"在进行着最后的工作，他在这个夜里，要把他的祝福送至全村。就在这祝福声中，我家丢失了五个饽饽。

"弄不好是被'财神'这个杂种偷去了。"爷爷把旱烟锅子在炕沿上磕了磕，沉着脸站起来。

"爹，您歇着吧，让我和斗子去……"母亲拉住了爷爷。

"这个杂种，也是可怜……你们去看看吧，有就有，没有就拉倒，到底是乡亲，抬头不见低头见的。"爷爷说。

我和母亲踩着雪向村西头跑去。积雪在脚下"吱吱"地响。"财神"还在唱着，他的嗓子已经哑了，听来更加凄凉："快点拿，快点拿，金子银子往家爬；快点抢，快点抢，金子银子往家淌。"

我的身体冷得发抖，心中却充满怒火："'财神'你真毒辣，你真贪婪，你真可恶……"我像只小狼一样扑到他身边，伸手夺过了他拎着的瓦罐。

"谁？谁？土匪！动了抢了，我咧着嗓子号了一夜，才要了这么几个饺子，手冻木了，脚冻烂了……""财神"叫着来抢瓦罐。

"大田，你别吵吵，是我。"母亲平静地说。

"是大嫂子，你们这是干啥？给我几个饺子后悔了？大侄子，你从罐里拿吧，给了我几个拿回几个吧。"

瓦罐里只有几十个冻得硬邦邦的饺子，没有饽饽。

"饽饽上不了天，饽饽入不了地，村里人都在过年，就你'财神'到我家门口去过。"我坚信爷爷的判断是准确的。我把瓦罐放在雪地上，又扑到"财神"身上，搜遍了他的全身。"财神"一动也不动，任我搜查。

"我没偷，我没偷……""财神"喃喃地说着。

"大田，对不住你，俺们孤儿寡母的，弄点东西不容易，才……金斗，跪下，给你大叔磕头。"

"不！"我说。

"跪下！"母亲严厉地说。

我跪在"财神"面前，热泪夺眶而出。

"起来，大侄子，快起来，你折死我了……""财神"伸手拉起我。

屈辱之心使我扭头跑回家去，在老人们的叹息声中久久不能入睡……

天亮的时候我做了一个梦，梦见那五个饽饽没有丢，三个在下，两个在上，呈宝塔状摆在方凳上。

我起身跑到院里，惊得目瞪口呆，我使劲地揉着眼睛，又扯了一下耳朵，很痛，不是在做梦！五个饽饽两个在上三个在下，摆在方凳上呈宝塔状……

这件事一晃就过去二十多年了，我由一个小青年变成了中年人。去年，我曾回过一次老家，在村头上碰到"财神"，他还是那个样，没显老。

牛骨头

▼

文_张玉清

秋耕时，生产队的"黑瞪眼"跟邻队的一头公牛顶架受了伤，自此一蹶不振，至秋末，眼见其伤势难愈，队长便决定杀了它吃肉。

喜讯像长了翅膀似的，在孩子们中间飞来飞去。当我们急不可耐地等到放学，一溜烟跑到生产队的场边时，牛早已杀毕，屠夫刘秃头正在掏牛的内脏。

这时已聚拢了一大堆人，队长和会计张罗着分肉事宜。会计手里倒托着一个油腻腻的帽子，里面是白纸做成的阄。队长在喊："抓阄了！抓阄了！"

各家各户的代表从人堆里钻出来，上前抓阄。一头牛的内脏、蹄、血等物数量有限，没法按人口均分，所以每逢这种时候就把这些东西分成若干份儿，做好阄，由大家来抓，看运气，谁抓到什么就得到什么，抓到"肝"的得肝，抓到"肺"的得肺，抓不到的没有份儿。这些东西也不是白给，而是抵肉，比如"上水"两斤抵一斤肉，"下水"三斤抵一斤肉。这是划算的事，因此人们对抓阄极为踊跃。

凡有这样的事，我家全是我爹出马。

我焦急地在人群里寻找我爹，想知道我家的运气。却见我爹眯着眼，不紧不慢地吧嗒着旱烟，根本没有去抓阄，又忽地把烟锅一磕，站起身往队长跟前凑着要说话。

原来爹是在跟队长商量，要用放弃抓阄的权利来换取那一副牛骨架。

队长说："行，牛头不算，那得留着完事了给秃头和帮忙的爷们儿下顿酒，还有你家的肉就抵了。"

爹笑眯眯地点头说："行，行。"

我一听急得都要哭了："爹，咱不要肉要骨头干啥？不要骨头！不要骨头！"

爹怪我多嘴，用烟锅往我脑门上一晃："你懂个屁！"

阄抓完了，刘秃头也开始分肉。这时，我爹已将除了牛头之外的所有骨头装进一个大筐里，又让我将那根粗大的牛尾巴拎在手上往家走。

我爹往筐里装牛骨头时，人群里就有人议论："嘿，不要肉却要骨头？"

"这牛骨头比肉上算？"这是奚落和疑问。

"七叔是精细人，他不要肉要骨头必有道理。"

"有道理个屁！老七这回可是走了眼了，刘秃头一手好刀法，你没见那骨头剔得一丝肉不留，咱都没地方下嘴。"

众人哈哈哈地笑起来，刘秃头也得意地笑。

我跟在爹后面，打量爹背筐里的牛骨头，果然每一块都白森森不见肉星，心里一边埋怨爹糊涂，一边恨死了刘秃头。

到了家，我娘早已迎在院子里，一见我爹背来一筐牛骨头，立刻变了脸。我爹重重地放下筐，喘了口气，说："先别急，先别急，一口人一斤肉，咱家总共才能分四斤肉，我把它换了这筐骨头。"

我娘说："换骨头干什么？你看看这骨头上一点肉都没有！"

我爹说："咱炖着看，看有没有肉！"

爹搬了三块石头，在院子中央摆成"品"字形。我家有一口大铁锅，不知是什么年代的产物，因为太大，平时不用，只有村里谁家有事要做几十人的大锅饭时，才来我家借用，闲时它便倒扣着弃在院子的一角。我爹走过去，把这大铁锅搬起来架在石头上，就成了一个露天灶。

爹吩咐我娘把锅刷干净，让我去三娘家里借来一把大铁锤。

爹已经担了一担水放在院子里，先将我家门口的石台阶冲刷干净，自己又将铁锤在清水里洗了两遍，这才要我帮着他砸牛骨头。

就在洗净的石阶上，爹将筐里的骨头一块块拿出来用铁锤砸。牛骨头特硬，爹脱了褂子，让我躲开些，抡圆了铁锤奋力砸。砸了足足一个小时，才将那些骨头全部砸完，爹累出了一身汗，我在一旁帮忙，双手也被震得发麻。爹把这些骨头用清水洗了一遍，投在架起的大铁锅里。

娘抱来了秸秆，正要添水点火，爹却拦住了，说："先别点火，这东西得用硬火炖，等我去拾些好柴来。"

爹说完，背起那只原本装牛骨头的大筐，拿了一把镰刀，拽上我去了村东的树林子。

爹告诉我别捡枯枝败叶，只捡粗的树枝；又让我仰起头往树上看，找树上已风干但还没有掉下来的干树枝。爹说干树枝烧起来有火力，这样才能把牛骨头炖好。

天已经快黑了，不远处的村子里好像已飘来了牛肉的香味。爹很沉着，把弄到的干树枝一根根折断，长的捆成一捆，短的装在筐里。爹说："行了，够了。"就将好大一捆树枝扛在肩上，让我背着那只筐，回家。

到了家，爹吩咐娘用屋里的锅灶先做饭，吃了饭再炖骨头。我等不及了，说："还不赶快炖骨头啊，人家可都吃上了！"

我爹说："就算赶快炖，今天也吃不上了，这骨头得炖一宿呢。"

吃了晚饭，爹放下筷子就去烧火炖骨头。他先将一把秸秆点着塞在锅灶下，然后把我们弄来的干树枝放到火上，树枝立刻"噼噼啪啪"地烧起来。

爹蹲在灶前，看着火势添柴，让火始终保持旺盛的势头。

娘拿来了葱、姜、大料，这些都是炖肉的作料。爹却急忙从灶前站起来，把这些作料从娘手里拿过去，说："先别放这些东西，什么也不能放，先用白水熬。你们谁也别插手，全由我来管。"

娘说："你这是弄什么啊？"

爹胸有成竹地说："你们该睡觉就睡觉去，明天早晨再来看。"

娘嘀咕了一句回屋哄妹妹睡觉去了，我不肯走，凑在爹跟前。爹专注地添着柴，火光把他的脸映得红彤彤的，带着点让人捉摸不透的意味。

锅盖下沸腾的水"咕嘟咕嘟"地响着，诱人的肉香由淡至浓地溢出来。我坐在爹身旁一边咽着口水，一边不住地打哈欠。爹不住地添柴，但我们拾来的柴连一半也还没有烧完。

我实在忍不住了，问："爹，还没熟吗？"

爹说："得等这些树枝都烧完才行，你先去睡觉吧。"我一听泄了气，立刻感到困极了，便极不情愿地回屋睡觉。砸骨头、拾柴早已经把我累得够呛，回到屋里头一落枕头就睡着了。

半夜里我醒来一回，迷迷糊糊从窗子往院里看，见灶上已没了火，只剩一堆余烬仍一闪一闪地在黑暗里亮着，爹仍静静守在灶前，嘴上的烟锅一明一灭。

我轻轻敲了敲窗玻璃，小声叫："爹——"爹听见了，磕了一下烟锅，起身掀开锅盖捞了两下，用碗端进来一块骨头，小声说："吃吧。"

我抓起骨头来啃，上面只一点点筋肉，炖得十分软烂，入嘴即化，淡巴巴没味道。我把碗放在炕上，就又睡了。

第二天早上，我刚醒来，爹便在院子里喊我们出去看。

爹掀开锅盖，我们惊讶地张大了嘴巴。只见锅里一片白汪汪，牛骨头炖出了油，这些油凝固成了一个光润的镜面——天哪，那是小半锅的油啊！

爹在一旁笑眯眯地吧嗒着烟，脸上全是得意。爹的眼球上网着红丝，我想爹可能守了整整一夜没有睡。

娘也非常高兴，十分佩服地看了爹一眼，在爹的指挥下端了个大盆出来，拿了铲子去铲锅里的牛油。在那个穷年月，这么多的油简直是一家人的宝贝呀。

　　厚厚一层牛油下面是碎牛骨头和肉汤，待娘把牛油铲净，爹让娘往锅里放了作料和盐，把捞出的骨头和剔下的肉又放进去，灶下添一把柴点燃，又煮上一小会儿，这才出锅。

　　牛骨头上的一点点肉星几乎都炖化了，汤却稠得像粥。这顿饭，我和妹妹吃得狼吞虎咽。这是我童年里吃得最香的一顿饭，炖牛骨头！

　　那些牛油，娘铲了满满一盆，我家吃了整整一年，一直吃到了第二年的秋天。

吃 茶

▽

文_信陵公子

　　《水浒传》《金瓶梅》《西游记》里，都把喝茶写作"吃茶"，这并非笔误，而是真吃。王婆和西门庆制造了中国的史上最著名的通奸案，为了哄住潘金莲，就先"浓浓地点道茶，撒上些白松子、胡桃肉"。《西游记》里蜘蛛精的师兄多目怪给唐僧师徒四人下毒，就是在茶里放了几颗毒枣子。《梦粱录》里，宋朝人四时卖"奇茶异汤"，花生、杏仁、芝麻、核桃仁都敢往茶里放，看着方子都很香。比起秀雅的"饮茶"，"吃茶"显得更平实活泼，多了点人间烟火气。

　　至今吴方言里，"喝水"二字还被读为"吃茶"。扬州人认为"上午皮包水，下午水包皮"，上午茶馆，下午澡堂，是人生至乐。实际上，一上午若真是光喝茶，只怕人都喝成了仙，一下池子都化没了，所以，在茶馆里主要还是以吃为主。干丝、五香牛肉、烧卖，皆可佐茶。老扬州、南京人有"吃讲茶"之俗，比如要谈事，就不吃饭而吃茶，只来一笼点心、两碗茶，事情就能谈下来。淮扬点心名动天下，一大半倒是吃茶吃下去的——比如有名的干丝，虽然煮干丝也算一道菜，但上了饭桌，总有点小姨娘当正房的感觉；一旦做成拌干丝——豆腐干切丝，用水烫过，用三合油拌匀了——配茶喝，才有味道。老北京人见远客，常有"去茶馆，先喝，喝饿了就吃"的说法。汪曾祺写以前云南人吃茶时，有人会直接配火腿吃——一片火腿一口浓茶，虽然能消解油腻，想来还是有些夸张。广东茶餐厅的吃茶是最夸张的，比起后面堆山填海的云吞面、虾饺、河粉、白云猪手、豉汁凤爪，茶真的只是山间白云、湖上浮萍，纯是点缀，但最后这一系列行为，还是称作"饮茶"。说也奇怪，边吃边聊，消磨掉大量的时间和食物，只要冠以"饮茶"二字，忽然就云淡风轻了。

茶食不比下饭菜，回锅肉、梅菜扣肉、老母鸡汤之类过于肥厚，会把茶的小身骨给挤压没了；大白馒头又显得太平实了点。当然，过去江南乡民物质还比较贫乏时，一个少油不起酥的粗面烧饼加一碗浑厚浓酽的劣茶，一起收拾下肚，打个饱嗝，一下午就圆满了。

日本料理，论烹调之花样复杂、口味之繁多华丽、色彩之绚烂多姿，未必能和中国相比。但周作人喜欢日本料理，认为其精雅超然，尤其夸日本点心"优雅朴素，合于茶食的资格"。日本人是地道的吃茶，走在日本街上，到处可见"喫茶"字样，喫者，吃也。茶道里，配茶点心"和果子"位分极重。哪家有善做和果子的秘方，与私藏秘制茶器一样，都可以当家族的骄傲。日本物产不算丰富，所以和果子的主料总是豆沙、麻薯和糖。但妙在做得精致。关西饮食清淡些，果子也做得细巧；关东口味醇厚，于是从山梨县的"信玄饼"到东京浅草寺的"人形烧"，都是以麻薯为里，外面厚厚一层黄豆粉。京都有名的果子店"俵屋吉富"，创于18世纪末，给京都公家做了两百多年的和果子。其出品配料上，也无非老老实实的"樱渍""黑糖""抹茶"，一如当年初创时。论味道其实没多么华丽，但好在果子口感细腻，易取易吃；匣子漂亮，一张旧京都地图为包装，连看带吃，和风俨然，配玄米抹茶喝，感觉甜味儿从有形到无形消融弥散。吃完起身，也没有"拂了一身还满"的扑簌簌麻烦劲儿，非常妥帖。

小说里写俄罗斯人折腾茶，是地道的吃茶——把茶炊煮得"咕嘟咕嘟"响，合家围坐。大家都是膀阔腰圆、武夫饭量，喝茶得就上烤饼、馅饼、甜面包、饼干、糖块、果酱。如果说英国人喝下午茶配小点心，还是比较矜持优雅，当半餐在吃，俄罗斯人吃茶就真有正餐的规模了。北欧气候寒冷，人需要大量热量，所以，茶需煮得浓沸，此外还得加蜂蜜。俄罗斯西部离波罗的海近的人喝起红茶来，若无点心，常有直接嚼口砂糖、就口茶的吃法，极为夸张。

　　当然，说到喝茶就糖，俄罗斯人是敌不过英国人的，英国人在这方面最为传奇。当年英国饮食文化还没靠海外航运来的稀罕物儿大兴起来，午后红茶还没有搭配各类细巧华丽的小点心时，只好呆喝茶。茶来自东方，绿茶又不耐久藏，所以英国人所见，大多数是红茶。直至17世纪，英国人根本不相信绿茶和红茶是一种植物，咬死认为这是两种东西。英国"光荣革命"时，王妃玛丽的嫁妆单子里，赫然列有半斤红茶，可见其珍贵。但英国人喝起红茶来，非加糖不行。所以，18世纪时一度有这么个事儿：为了研究英国人喝了多少茶，直接统计砂糖的销售量——虽然在下午茶点心发明前，拿糖下茶的确有点寂寞，但在英国，这俩玩意就是如此秤不离砣。

　　亚洲的茶与美洲的糖，统统被日不落帝国的坚船利炮收于帐下，摆在桌上。比之中国人满是人间烟火味的吃茶，英国人吃茶则多了点火药味。

浇头面记

▽

文_夊 俏

　　江南的众友人都喜欢吃面，每每到了难以决定下一顿吃什么的时候，总故作谦虚地说："我来一碗面就好。"殊不知，大多数江南人吃面，并非真心只吃那朴素的一碗面，其实是贪恋面上的浇头。"浇头"一词，自然是"浇上、盖上"的意思，所以有"盖浇饭"一说，指的就是放在主食上的配菜。但有时候，"浇头"也有调料之意，《红楼梦》里有"预备菜上的浇头"一说，可以理解为是浇汁。但在苏州面馆里，浇头已不是浇上去的了，它演化成了数十种小菜，分量细巧，做法多为现炒。一碗阳春面，可搭配十几种浇头，主旨是让客人吃得高兴而不寂寞。

　　在苏州面馆里，浇头是门大学问，肉浇头的面叫"带面"，鱼浇头的面叫"本色"，鸡浇头的面叫"壮鸡"。肉浇头中，纯瘦肉的是"去皮"，较瘦的是"小肉"，中等的是"五花"，特别肥的是"硬膘"。鱼浇头中，则有"肚档""头尾""头爿""甩水""卷菜"。要两个浇头的，自然是"二鲜"，三个浇头是"三鲜"。可又有谁知道，"红二鲜"指的是鱼肉双浇，"白二鲜"指的是鸡肉双浇。"二鲜"又可以叫"鸳鸯"，所以就有"红鸳鸯""白鸳鸯"，还可以依照浇头大小分为"大鸳鸯"和"小鸳鸯"。喜欢加葱在面上的，叫"重青"，不要的叫"免青"。有的人怕浇头不热，要埋在碗底的，就是"底浇"。有的人喜欢把浇头与面分开，放在另外一只盘子里，那就是"过桥"。就算是无浇头的面，也有好几种叫法：

"免浇""阳春"或"飞浇"。老面客大清早吃面，气定神闲地对跑堂的说："清炒虾仁，要宽汤，重青，重浇过桥，硬点。"而旁人则感叹："凡此种种，如外地人来此，耳听跑堂口中之所唤，定如丈二和尚摸不着头脑。"

　　浇头面做得最讲究的老字号，让我来说，是苏州的"朱鸿兴"面馆。去苏州游玩时一定要去"朱鸿兴"面馆吃面，在上海也有"朱鸿兴"的分店。这家店的浇头有家常的焖肉焖蹄，也有极其金贵又富有时令气息的三虾爆鳝。不仅如此，就连食器都要与浇头搭配得宜。比如蹄髈面就要用红花大碗，焖肉面则用青边大碗，虾仁面是用金边大碗，除此以外，一般的面就是用普通青花碗。

　　不吃精工细作的大店，到路边无名小店来一碗现炒的浇头面，那也是了不得的市井乐趣。我有一位朋友，号称吃遍了上海所有的现炒浇头面小馆，告诉我们评判一家现炒浇头面是否合格，那就是看那位面店的老板娘是不是够凶。这样的小馆大多是夫妻店，一人兼顾炒浇头和煮面，一人又要跑堂又要收钱。默不作声照顾后厨的那一位基本上都是丈夫，而凶神恶煞般料理前厅的则是老板娘。因为饭点上的客人多，而浇头必定是一个接一个现炒出来的，有时候某些客人等得不耐烦了，就会催，而老板娘心疼老板，便不分青红皂白地破口大骂。这种时候，一般客人都会吓得不敢作声，只怕得罪了老板娘，无缘吃上那碗面。越好吃的面馆，客人自然越是能忍，而老板娘也越是嚣张。"现炒浇头面馆的老板娘无疑是上海滩最有权势的人。"朋友说，"我还记得有一次，遇到一个看上去似黑帮老大的人跟我们在同一家面馆吃面，忍不住催了几声，被老板娘怒骂。我们当时都怕得不得了，就怕那老大站起来开打，没想到他竟也默默忍受，直到吃完面，走出面馆的门，这才回头，忽然爆出一句脏话骂那老板娘。这样忍辱负重的人，将来必成大器啊！"

味蕾是有感情的

▼

文_王小丫

味蕾是有感情的，这是我用了很多年才搞明白的一个道理。

原来以为有些人天生比较固执，这是性格所致，其实不然，固执中也有相当成分的感情比例。我的表叔是一个典型，他最突出的表现是在对事物的坚持上。

首先在他的厨房里放不得胡椒，哪怕在外面吃饭吃出胡椒味，他也要说："真是浪费，天府之国这么多的红辣椒和青辣椒，放什么胡椒。"其次他见不得咖喱，他说："哎呀，黄不拉几的，什么颜色？要辣你就鲜明点嘛。"他还不待见芥末，自己孤陋寡闻不知道芥末，却气哼哼地抱怨："这玩意冲得人鼻涕眼泪的，长啥样儿都看不到。"

我曾经问他："如果做白味的菜（即不见红油却要有辣的口感的菜，比如烧肚条之类）咋办呢？"他引经据典地告诉我："烧肚条的全名叫大蒜肚条，是借大蒜的辣。大蒜没颜色吧，呵呵。"

还真是。我又问："如果没有大蒜呢？"

"用青辣椒啊，切得细点就行。"

"如果冬天没有青辣椒呢？"

"哎哟，冬天不是吃烧肚条的季节，吃点别的。"

宁愿不吃，这份不为瓦全的气节令人尊敬。

我问他："为什么这样钟情于辣椒？"

他说："从小在辣椒地边长大。"

我说："世界很大，还有一些辣是值得尝试的。"

他说："不一样的，从翻土、播种到发芽、结果，你都了解，头天晚上下一场雨，天一亮就知道这辣椒苗子又蹿高了几厘米，这样的食材吃到嘴里，味道绝对不一样。这一口吃着辣一点，那是前两天太阳好，它劲头足呢。不是嚼它，是跟它说话呢。"

表叔是个让人尊敬的人，同样值得尊敬的还有我的发小。她每年都要做几坛醪糟，那叫日夜兼程啊，起早贪黑地，不只是花多大力气，更有专注，完全是照顾新生婴儿的架势。醪糟是发酵食品，最关键的是温度与时间。她用一个小房间作为工作室，一盏小灯昼夜明亮。各种薄的厚的棉被捂着这些坛坛罐罐，间隔多长时间换一次热水袋，再打开坛子观察，并与空气适当接触，都有详细记录。而做这些之前，必须像外科医生那样用肥皂洗净双手。

对待食物有了这种内心的专注和外在的仪式感之后，一切都变了。每年大家都以分到一小瓶醪糟来印证与发小的深厚感情。我到北方多年，这依然是冬天里的惦记。有一回开车到机场取这一小瓶醪糟，路上堵车，来回五个多小时也无怨无悔。

想想现在各种食品，农药、化肥、添加剂，有毒有害的保鲜方式，看上去鲜亮，哪里有感情？终于有一天，发小无奈地说："哪里是念旧哦，是保命呢。"

味蕾真是有感情的。发小年年冬天吃着自己精心酿制的醪糟，岁月流逝，青春依旧。

祖师爷赏饭吃

▼

文_回声蒋杰

人们对某些宗教、学术、技艺及其派别的创始人，称为"祖师爷"。旧时手工行业大多属三教九流，都有自己的祖师爷。这些祖师爷中，有些是直接或间接开创、扶持本行业的人，有些纯属偶然，更有些是后人强行加上去的。有的几个行业共用一个祖师爷，像丝织、剃头、糕点等都把关羽当祖师爷；而有的则是一个行业有好几个祖师爷，像盐业的祖师爷就有管仲、蚩尤、张飞、炎帝、鲁班等。

"三百六十行，无祖不立。"做得好，要说是"祖师爷赏饭吃"；做得不好，也只好赖"祖师爷不赏饭吃"。

老子不会打铁

老子过潼关，写下了《道德经》，因此被尊为道教的祖师爷，这十分合情合理。可他还有一个身份是铁匠的祖师爷，这就有点牵强了。老子一介书生，怎么可能会打铁？不过，老子有一个"炼丹炉"——就是烧孙悟空的那个八卦炉，这个炉就与铁匠打铁的炉挂上了钩，一不小心老子就成了铁匠的祖师爷。大概铁匠自知底气不足，就说老子的一个徒弟是铁匠，在铁匠炉前给老子的嫡传弟子——所有道士们留了三尺三的地方，但凡道士走进铁匠铺，起码要茶水招待一番。

建筑业的所有行业都尊鲁班为祖师爷，不是因为他干这行最早，而是因为他干得最好。鲁班门下弟子多，木匠、石匠、泥匠、棚匠、绳匠，前几个还有谱，绳匠凭什么呢？依据大概就是"木曲中规，輮以为轮"了。做车轮的是木匠，但你离不开绳子！有一个传说，木匠、瓦匠、石匠出师时，鲁班分别给了木匠、瓦匠一根线，到了石匠，线没有了，石匠就去找师娘。师娘正在纳鞋底，便把纳鞋底的绳子给了他，所以石匠的线略粗些。

鲁班的弟子涉及建筑的各行各业，但他多不过关羽，典当、算命、香烛、蚕业、丝织、糕点都尊关羽为祖师爷。关羽还有一个兼职，就是武财神，在某些地方，凡是和江湖有关、经营有关，都供奉他，常见在香港警匪片里面，警察和黑社会都供奉关二爷。有人疑问："二郎神才是掌管秩序的神啊，为什么拜关二爷？"其实，拜关羽拜的是他的忠义。张飞也不差，他和樊哙一起被聘为屠宰业的祖师爷。桃园三兄弟就差大哥刘备了，其实，刘备也不赖，人家是编草鞋的祖师爷。

梨园有明皇

常言道："名不正则言不顺。"没有一个强有力的祖师爷，等于没有根基，无法正名。文人拜孔夫子，从事其余行业的都是被孔子剔除在"君子"以外的人，社会地位低下，因此祖师爷的名头就一定要响亮，要有影响力，找一个与行业有关的名人做祖师爷，实在找不到，那就"挂靠"一个。

戏曲业因唐明皇设梨园教习戏曲，自己还粉墨登场，扮丑角，因此梨园就尊唐明皇为祖师爷。旧时戏台后面有一溜衣箱，是为了方便跑码头，装服装和道具的。演员扮好角色后，要按规矩坐在指定的衣箱上，不能乱坐，只有丑角可以，因为他和祖师爷唱的是一个行当。

尊皇帝当祖师爷的还有乞丐，就是丐帮。他们供奉朱元璋，因为朱元璋要过饭。听闻此言，不禁为洪七公、乔峰等流一把辛酸泪，如此帮扶丐帮，竟然连个祖师爷都没混上。乞丐的祖师爷朱元璋还有两个兼职：一个是酸梅汤的祖师爷，一个是烤鸭业的祖师爷。

事实上，乞丐还供奉范丹。当年孔子周游列国，曾向范丹借粮，后来还不上，双方商定，所欠之粮由孔子的弟子继续还。范丹愁孔子的弟子满天下，素不相识无法讨要。孔子回答："凡门头上有字的、墙上有画的、家有藏书的，尽是孔门弟子，讨之无错。"所以，数来宝中有这么几句："大掌柜，你听其详，打周朝就有我这行。孔夫子无食困陈蔡，多亏了范丹老祖把粮帮。借你们吃，借你们穿，借来了米山和面山，直到如今没还完。我不论僧，不论道，不论回汉和两教，孔圣人的门徒我都要。"所以，读书人看到乞丐，要大方些，因为你祖师爷欠人家的。

尊皇帝当祖师爷不算什么，最不靠谱的就是制作服装和器具上使用的丝编的带子、绳子的绦带业，竟然供奉哪吒为祖师爷，为什么呢？因为他抽过龙筋给他爹做腰带。老北京曾经有一座哪吒庙，每年阴历三月十五日，绦带业的商人都要去庙里祭祀。

尊皇帝为祖师爷的还有：曲艺行业尊周庄王（为了"正风化俗"，曾"击鼓化民"），咸菜行业尊秦始皇（为修长城发明了咸菜），涮羊肉行业尊忽必烈。尊神仙为祖师爷的也不少：干鲜果行业、脂粉行业供王母娘娘，变戏法、杂技、娼妓供奉吕洞宾，保镖行业供奉达摩，化妆行业供奉观音（难道因为她善于变化？），烧窑行业供奉女娲娘娘（因为她炼石补天）……

皇帝和皇后都是祖师爷的只有黄帝和嫘祖，黄帝被尊为"人文初祖"，但他曾教民众用骨针穿麻线，缝树叶和兽皮做衣，也是缝纫业的祖师爷。嫘祖因教会民众养蚕制丝，被供奉为蚕桑行业的祖师爷。

下九流行当

手工行当，都是靠劳动、技艺吃饭，多为下九流行当。

有些下九流行当供奉的祖师爷就不怎么的。小偷供奉的是时迁，就连祭祀都要选择夜深人静时，前往时迁庙备上酒肉，求保佑逍遥法外。同样为人所不齿的盗墓行业，祖师爷却十分有文化，是吴国大夫伍子胥。只因当年伍子胥曾在大庭广众、众目睽睽之下，挖开楚平王的坟墓，不过他为的不是财宝，而是泄愤。这大概是盗墓贼最羡慕的状态吧。不过，伍子胥最后被放在竹筏上顺江暴尸，可见盗墓确不可取。

身体发肤，受之父母。清朝之前，中国人除了僧尼，从不剃头。清兵入关，奉行"留头不留发，留发不留头"，才有了剃头匠。剃头挑子很讲究，一头是一个木凳，下面有抽屉，装剃头工具；另一头是小火炉，下面生火，上面坐一个铜盆，烧水用，所以"剃头挑子一头热"。小火炉上还有一根立棍，上有刁斗。别小看这个东西，最早可是挂圣旨的，就是大清皇帝下令剃头的圣旨，想必那时的剃头匠是吃公家饭的。成了行业之后，不再挂圣旨，改挂磨刀布。如此说来，剃头匠（理发行业）应该尊大清皇帝为祖师爷才对，可他们供奉的祖师爷是关公。虽然剃头匠与关公都用刀，也都在人的脑袋上下功夫，可差距也太远了吧。

有修头的，就有修脚的。虽然都是手上功夫，修脚的却不属于下九流。因为所有下九流的行业服务时都得站着，唯独修脚的不是。修脚的不论给谁服务，都得坐着，就算皇上来了也不例外。能和皇帝平起平坐，还敢说是下九流吗？所以，他们没有祖师爷。

做 菜

▼

文_汪曾祺

我不会做什么菜，却名闻海峡两岸。这是几位台湾朋友在我家吃过我做的菜后，大肆宣传而造成的。我只能做几个家常菜，大菜，我做不了。我到海南岛去，东道主送了我好些鱼翅、燕窝，我放在那里一直没有动，因为不知道怎么做。有一点特色、可以称为我家小菜保留节目的有这些：

拌荠菜、拌菠菜。荠菜焯熟切碎，香干切成米粒大小，与荠菜同拌，在盘中用手抟成宝塔状。塔顶放泡好的虾米，上堆姜米、蒜米。将酱油、醋、香油拌好放在茶杯内，荠菜上桌后，浇在顶上，将荠菜推倒，拌匀，即可下箸，佐酒甚妙。没有荠菜的季节，可用嫩菠菜以同法制。这样做的拌菠菜比北京人用芝麻酱拌的要好吃得多。这道菜已经在北京的几位作家中推广，凡试做者，无不成功。

干丝。这是淮扬菜，将大白豆腐干片为薄片，再切为细丝。酱油、醋、香油调好备用。干丝用开水烫过后，放上青蒜米、姜丝（要嫩姜，切得极细），将调料淋下，即得。这本是茶馆中在点心未蒸熟之前，先上桌佐茶的闲食，后来饭馆里当一道菜卖了。煮干丝的历史我想不超过一百年。上汤（鸡汤或骨头汤）加火腿丝、鸡丝、冬菇丝与虾米同熬，下干丝，加盐，略加酱油，使其微有色，煮两三开，加姜丝，即可上桌。聂华苓有一次上我家来，吃得非常开心，最后连汤汁都端起来喝了。干丝重要的是刀工。袁子才谓"有味者使之出，无味者使之入"，干丝切得极细，方能入味。

　　烧小萝卜。台湾陈怡真到北京来，指名要我做菜，我给她做了几个菜，有一道是烧小萝卜，我知道台湾没有小红水萝卜（台湾只有白萝卜）。做菜看对象，要做客人没有吃过的，才觉新鲜。北京小水萝卜一年里只有几天最好。早几天，萝卜没长好，少水分，发艮，且有辣味，不甜；过了这几天，又长过了，糠。陈怡真运气好，正赶上小萝卜最好吃的时候。她吃了，赞不绝口。我做的烧小萝卜确实很好吃，因为是用干贝烧的。"粗菜细做"，是做家常菜的不二法门。

　　塞肉回锅油条。这是我的发明，可以申请专利。油条切成半寸长的小段，用手指将内层掏出空隙，塞入肉茸、葱花、榨菜末，下油锅重炸。油条有矾，较之春卷尤有风味。塞肉回锅油条极酥脆，嚼之，真可声动十里。

　　其余的菜如冰糖肘子、腐乳肉、腌笃鲜、水煮牛肉、干煸牛肉丝、冬笋雪里蕻炒鸡丝、清蒸轻盐黄花鱼、川冬菜炒碎肉……大家都会做，也都是那个做法，不列举。

　　做菜要有想象力，爱琢磨，如苏东坡所说的"忽出新意"；要多实践，学做一样菜总得失败几次，方能得其要领。在我所看的闲书中，食谱占重要地位。食谱中写得最好的，我以为还得数袁子才的《随园食单》。这家伙确实很会吃，而且还能说出个道道。如前面所说，"有味者使之出，无味者使之入"，实是经验的总结。"荤菜素油炒，素菜荤油炒"，尤为至理名言。

　　做菜的乐趣第一是买菜，我做菜都是自己去买食材的。到菜市场要走一段路，这也是散步，是运动。我什么功也不练，只练"买菜功"。我不爱逛商店，爱逛菜市。看看那些碧绿生青、新鲜水灵的瓜菜，令人感到喜悦。其次是切菜、炒菜都得站着，对于一个终日伏案的人来说，改变一下身体的姿势是有好处的。最大的乐趣还是看家人或客人吃得高兴，盘盘见底。做菜的人一般吃菜很少。我的菜端上来之后，我只是每样尝两筷，然后就坐着抽烟、喝茶、喝酒。从这点说起来，愿意做菜给别人吃的人，是比较不自私的。

荤里素

▼

文_崔岱远

爆肚儿是有名的北京吃食，可如果您到地道的爆肚儿店里说："来一盘爆肚儿。"那人家可没法儿给您上。因为，北京人吃爆肚儿分得非常精细——一个羊肚儿可以分出七八个不同的部位，按照不同的方法处理以后，又可以被细化为食信儿、葫芦、肚板、肚领儿、肚仁儿、散丹、蘑菇头、肚丝、蘑菇、大梁等十几个品种，而每个品种吃起来的感觉又绝不相同，有的脆嫩，有的柔软，有的艮韧……所以，您可以说："来盘散丹。"也可以说："来盘肚仁儿。"这么细的吃法，大概也就是既有闲情逸致，又热衷于在有限的条件下寻求尽量多的享受的北京人才能琢磨得出来。

按照烹饪手法来说，"爆"有三种——油爆、水爆和芫爆。但北京人说的爆肚儿，严格意义上讲，特指水爆羊肚儿，也就是把新鲜的羊肚儿切成小块或小条后，用笊篱托着在滚开的水里一焯，迅速捞出来，蘸上调料吃。

爆肚儿好吃，做起来却实在是不容易。

首先，新鲜羊肚怎么收拾、怎么洗，就不是谁都掌握得了的。据说羊肚子有活性，清洗起来只能用凉水，冲洗的次数和顺序也有一定之规，而且清洗的时间必须恰到好处，既不能短也不能长，如果掌握不好，非但洗不干净，反而会越洗越脏。

再有，怎么切也很讲究。必须按照羊肚的纹路裁好了再切，才能用来爆。而且，不同的部位还要用不同的刀法切成不同的形状，有的部位还要撕去筋和膜儿，很麻烦。

最难掌握的手艺是"爆"，别看只是入水一"焯"，哪个品种焯多大工夫，差别往往仅在须臾之间——时间短了不熟，没法儿吃；时间略微过一点就老了，也没法儿吃。据说这分寸的把握就在于感受羊肚儿和笊篱接触的瞬间，要掌握得十分精准，可不是一两年的修炼。所以，谁要是馋这口了，自己也甭瞎费事，直接去爆肚儿店里吃就是了。

不过，可别以为您到了爆肚儿店就会吃爆肚儿。吃爆肚儿是个精细活儿，充分体现了"食不厌精，脍不厌细"的境界。一盘爆肚儿也就二十来块，刚刚盖个盘底。之所以这么秀气，是因为唯有这样才能保证没等放凉就吃干净。这其中的道理在于爆肚儿这东西必须趁热吃，稍微放凉了就会返生，吃起来口感自然是大打折扣。

接下来得说说这吃爆肚儿的调料。真正用来吃爆肚儿的调料和吃涮羊肉用的有区别。因为羊肚儿虽然是肉食，却没有一点儿油腻，属于荤中素品。为了能充分体现这一特色，吃爆肚儿的调料相对于吃涮羊肉的要清淡一些。蘸爆肚儿的调料碗里主要是芝麻酱，再加上些酱油、米醋、蒜汁、姜末，撒上香菜末和少量的葱花。

最讲究的是吃爆肚儿的顺序。这个顺序的原则是"先鲜，再脆，最后嫩"，也可以粗略理解为：越是难嚼的越先吃，越是容易嚼的越后吃。唯有这么吃，才能充分体验到爆肚儿的美妙。北京人做事讲究规矩，就连吃也不例外。

吃爆肚儿一定要先吃不好嚼的，这有助于食客的口腔肌肉做好充分的准备，以便接下来顺利地品尝一顿丰盛的美味。比方说，您可以先上一盘切成麻将牌似的肚板儿。根据中医的说法，羊的这部分有助于消化。

腮帮子活动开了，您就可以尝尝号称"陆上鲜贝"的肚仁儿了。爆好的肚仁儿呈乳白色，像一个个带着条纹的小圆柱，品相看上去确实有点像鲜贝，吃起来不但鲜味儿可以和鲜贝相媲美，而且还多了些鲜贝所没有的脆嫩，算得上是爆肚儿中的上品。

最后，一定要尝尝散丹，这是吃爆肚儿的精髓所在。切好的散丹像是韭菜叶宽的细条儿上面连着一排排叶片。爆得到家的散丹有一股淡淡的清香，刚入口时感觉毛茸茸的，嚼起来却"咯吱咯吱"，像吃黄瓜一样清爽。

吃爆肚儿讲究的就是齿感，所以不能吃快了，因为吃爆肚儿的乐趣全在细细地感受那牙齿切割的快意。有狼吞虎咽吃羊肉的，没有狼吞虎咽吃爆肚儿的。细细品，囫囵吞，爆肚儿就是这么个看似矛盾的吃法。

几盘爆肚儿下肚，这顿美餐并没有完成，接下来地道的吃法是用爆肚儿的汤爆一小盘儿水爆羊肉，让那浓郁的感觉达到高潮。而后，再冲一碗爆肚儿用的清汤，原汤化原食，就上一个刚烤的小芝麻烧饼——美！

寒露时节，吃上一顿香醇美味的爆肚儿，怎不让人回味三秋！

馋

▼

文_梁实秋

　　馋，在英文里找不到一个十分适当的字。罗马暴君尼禄，以至于英国的亨利八世，在大宴群臣的时候，常见其撕下一根根又粗又壮的鸡腿，举起来大嚼，旁若无人，好一副饕餮相！但那不是馋。埃及废王法鲁克，据说每天早餐一口气吃20个荷包蛋，也不是馋，只是放肆，只是没有吃相。对于某一种食物有所偏好，大量的吃，这是贪得无厌。馋，则着重在食物的质，最需要满足的是品味。上天生人，在他嘴里放一条舌，舌上还有无数的味蕾，教人焉得不馋？馋，基于生理的要求，也可以发展成为艺术的趣味。

　　也许我们中国人特别馋一些。馋字从食，声。音谗，本义是狡兔，善于奔走。人为了口腹之欲，不惜多方奔走以膏馋吻，所谓"为了一张嘴，跑断两条腿"。真正的馋人，为了吃，决不懒。

　　人之最馋的时候，是在想吃一样东西而又不可得的那一段时间。人之犯馋，是在饱暖之余，眼看着、回想起或是谈论到某一美味，喉头像是有馋虫搔抓作痒，只好干咽唾沫。一旦得遂所愿，恣情享受，浑身通泰。人就是这个样子，对于家乡风味总是念念不忘，其实"千里莼羹，末下盐豉"也不见得像传说的那样迷人。我曾痴想北平羊头肉的风味，想了七八年。胜利还乡之后，一个冬夜，听得深巷卖羊头肉小贩的吆喝声，立即从被窝里爬出来，把小贩唤进门洞，我坐在懒凳上看着他于暗淡的油灯照明之下抽出一把雪亮的薄刀，横着刀刃片羊脸子，片得飞薄，然后撒上一些椒盐。我托着一盘羊头肉，重复钻进被窝，在枕上将一片一片的羊头肉放进嘴里，不知不觉地进入了睡乡，十分满足地解了馋瘾。但是老实讲，滋味虽好，总不及在痴想时所想象的香。

馋与阶级无关。豪富人家，日食万钱，犹云无下箸处，是因为他这种所谓饮食之人放纵过度，连馋的本能和机会都被剥夺了，他不是不馋，也不是太馋，他麻木了，所以他就要千方百计地在食物方面寻求新的材料、新的刺激。我有一位朋友，湖南桂东县人，他那偏僻小县却因乳猪而著名，他告诉我，每年某巨公派人前去采购乳猪，搭飞机运走，充实他的郇厨。烤乳猪，何地无之？何必远求？我还记得有人治寿筵，客有专诚献"烤方"者，选尺余见方的细皮嫩肉的猪臀一整块，用铁钩挂在架上，以炭火燔炙，时而武火，时而文火，烤数小时而皮焦肉熟。上桌时，先是一盘脆皮，随后是大薄片的白肉，其味绝美，与广东的烤猪或北平的羊头肉风味不同，使得一桌的珍馐相形见绌。可见天下之口有同嗜，普通的一块上好的猪肉，苟处理得法，即快朵颐。

北平人馋，可是也没听说谁真个馋死，或是为了馋而倾家荡产。大抵好吃的东西都有个季节，逢时按节地享受一番，会因自然调节而不逾矩。开春吃春饼，随后黄花鱼上市，紧接着大头鱼也来了。恰巧这时候后院花椒树发芽，正好掐下来烹鱼。鱼季过后，青蛤当令。紫藤花开，吃藤萝饼；玫瑰花开，吃玫瑰饼；还有枣泥大花糕。到了夏季，"老鸡头才上河哟"，紧接着是菱角、莲蓬、藕、豌豆糕、驴打滚、艾窝窝，一起出现。秋风一起，先闻到糖炒栗子的气味，然后就是炮烤涮羊肉，还有七尖八团的大螃蟹。"老婆老婆你别馋，过了腊八就是年。"过年前后，食物的丰盛就更不必细说了。一年四季的馋，周而复始的吃。

馋非罪，反而是胃口好、健康的表现，比食而不知其味要好得多。

门前的茶馆

▼

文_陆文夫

20世纪40年代初期，我住在苏州的山塘街上，对门有一家茶馆。所谓对门，也只是相隔两三米，那茶馆就像是开在我的家里。我每天坐在窗前读书，每日也就看着那家茶馆，那里有人生百态，十分有趣。

每至曙色萌动、鸡叫头遍的时候，对门茶馆里就有了人声。那些茶瘾很深的老茶客，这时候就睡不着了，爬起来洗把脸，晕晕乎乎地跑进茶馆，一杯浓茶下肚，才算是真正醒了过来，开始他一天的生活。

第一壶茶是清胃的，然后吃早点。吃完早点后有些人起身走了，用现在的话说大概是去上班的。大多数的人都不走，继续喝下去，直喝到把胃里的早点都消化掉，才算是吃"通"了。所以，苏州人把上茶馆叫作"孵茶馆"，像老母鸡孵蛋似的坐在那里不动弹。

小茶馆是个大世界，各种小贩都来兜生意，卖香烟、瓜子、花生的终日不断；卖大饼、油条、麻团的人是来供应早点的；各种小吃担也都要在茶馆的门口停一歇，有卖油炸臭豆腐干的，有卖鸡鸭血粉的，有卖糖粥的，有卖小馄饨的……间或还有卖唱的。一个姑娘搀着一个戴墨镜的盲人，走到茶馆的中央，盲人坐着，姑娘站着，姑娘尖着嗓子唱，盲人拉着二胡伴奏。许多电影和电视里至今还有此种镜头，总是表现那姑娘生得如何美丽，那小曲儿唱得如何动听之类。其实，我所见到的卖唱姑娘长得都不美，面黄肌瘦，发育不良，歌声也不悦耳，只是唤起人们的恻隐之心，讨几个铜板而已。

茶馆不仅是个卖茶的地方，"孵"在那里不动弹的人也不仅是为了喝茶。这里是个信息中心、交际场所，从天下大事到个人隐私，老茶客们没有不知道的，尽管那些消息大多数是空穴来风；这里还是个交易市场，许多买卖人就在茶馆谈生意；这里也是个聚会的场所，许多人都相约在茶馆碰头。最奇怪的还有一种所谓的吃"讲茶"，即把某些民事纠纷拿到茶馆评理。双方摆开阵势，各自陈述理由，让茶客们评论，最后由一位较有权威的人裁判。此种裁判具有很大的社会约束力，失败者即使再上诉法庭，转败为胜，社会舆论也不承认，说他买通了衙门。

对门有人吃"讲茶"时，我都要去听，那俨然是个法庭，双方都请了能说会道的人陈述理由，和现在的律师差不多。那位地方上的权威人物坐在茶馆正中的一张茶桌上，像个法官，那些"孵茶馆"的老茶客就是陪审团。不过，茶馆到底不是法庭，缺少威严，动不动就大骂山门、大打出手，打得茶壶茶杯乱飞，板凳桌子断腿。这时候，茶馆的老板站在旁边不动声色，反正一切损失都有人赔，败诉的一方承担一切费用，包括那些老茶客们一天的茶钱。

这些年，苏州城里的茶馆逐渐减少，只有在农村的小集镇上还偶尔可见。五年前我曾经重访过山塘街，那里已经没有了茶馆的痕迹。

那些老茶客都溜到哪里去了呢？是不是都"孵"在家里品茶呢？不全是，茶馆有茶馆的功能，非家庭所能代替。坐在家里喝茶谁来与你聊天？哪来那么多的消息？那些消息都是报纸上没有的。

老茶客们自己组织自助茶馆了，此种义举常常得到机关、工厂，特别是居民委员会的支持。找一个适当的场所，支起一个煤炉，搬几张条凳，茶客们自带茶具，带有一种俱乐部的性质。说它是茶馆，却和过去的茶馆不完全相似，这叫"无可奈何花落去，似曾相识燕归来"。

老根底儿

文_刘亮程

一户人家新搬到一个地方，谁都不清楚他们会干出些啥事。老鼠都不太敢进新来人家的房子，蚂蚁得三年后，才敢把家搬到新来人家的墙根，再过三年，才敢把洞打进新来人家的房子里。

鸟在天空中把啥都看得清楚，院子里的鸡、鸡笼、狗洞、屋檐下的燕子窝、檐上的鸽子。鸟会想，能让这么多动物和睦共居的家园，肯定也会让一只路过的鸟安安心心地歇会儿脚。在大树顶上，大鸟看见很多年前被另一只大鸟压弯的树枝，被另一只大鸟踩伤的一块树皮。一棵被大鸟踩弯枝头的榆树，最后可能长得比任何一棵树都高大结实。

李家门前，只有不成行的几棵白杨树，细细的，没几片枝叶，连麻雀都不愿落脚。尤其是大一点的鸟，或许看都不会看他们家一眼，直端端地飞过来，落到我们家的树上。

像鹰、喜鹊、猫头鹰这些大鸟，大都住在村外的野滩里，有时飞到村子上头转几圈，大叫几声，往哪棵树上落，不往哪棵树上落，都是看人家的。它不会随便落到哪一棵树上，一般都选上了年纪的老榆树落脚。

老榆树大都长在几个老户人家的院子里，邱老二家、张保福家、王多家和我们家树上，就经常落大鸟。李家的树从没有这种福气，连鸟都知道，那几棵小树底下的人家是新来的，不可靠。

我们家是黄沙梁有数的几家老户之一，尽管我们来的时间不算长，但后父他们家在这里生活了好几辈人，老庄子住旧了又搬到新庄子，新庄子又住旧了。在这片荒野上，人们已经住旧了两个庄子，住旧了的庄子像已经被穿破的两只鞋，一只扔在西边的沙沟梁，一只扔在更西边的河湾里。人们住旧了一个庄子，便往前移一两里，重新盖起一个新庄子。地大得很，谁都不愿在老地方再盖新房子。房子住破时，路也走坏了，井也喝枯了，地也毁得坑坑洼洼，人也死了一大茬，总之，都可以扔掉了。往前走一两里，对一个村庄来说，只是迈了一小步。

有些东西却会留下来，一些留在人的记忆里，一些留在木头、土块、车辕、筐子、麻袋及一截皮绳子上。这些东西十分齐全地放在老户人家的院子里。

新来的人家顶多有两把新锨和一把别人扔掉的破锄头，锄刃上的豁口跟他没一点关系，锄背上的那个裂缝也不认识他。用旧一样东西，得好几年的时间。尤其是一个院子，它像扔一把旧锄头或一截破草绳一样，扔掉好几辈人，才能轮到人抛弃它。

老户人家都有许多扔不掉的老东西。

老户人家的柴垛底下，压着几十年前的老柴火或上百年前的一截歪榆木，全朽了，没用了，这叫柴垛底子。有了它，新垛的柴火才不会发潮，不会朽掉。

老户人家的粮仓里，能挖出上辈人吃剩的面和米。老户人家有几头老牲口，牙豁了，腿有点儿瘸，干活慢腾腾的，却再没人抽它鞭子了。

老户人家的羊圈底下都有几米厚的一层肥土。那是几十年甚至上百年的羊粪羊尿浸泡出来的，挖出来比羊粪还值钱，人们却从不挖出来，肥肥地放着——除非万不得已。那就叫老根底儿。在黄沙梁，我们接着后父家的茬继续往下生活，那是我们的老根底儿。在东刮西刮的风和明明暗暗的日月中，我们看见他们上辈人留下的茬头，像一根断开的长绳一头找到了另一头。我们握住他们从黑暗中伸过来的手，接住他们从地底下喘上来的气，从满院子的旧东西中，我们找到了自己的新生活。他们握那把锨，使那架犁铧时的感觉又渐渐地全部回到我们手里。这些全新的旧日子，让我们觉得生活几乎能够完整、没有尽头地过下去。

土地的身影

▼

文_阎连科

到今年，父亲已经离开我们二十五年了。

二十五个春秋，是那么漫长。在飘摇岁月中，过去许多老旧的事情，无论如何，总是让我不能忘却。最使我记忆犹新、不能忘却的，还是我的父亲和父亲在他活着时劳作的模样。他是农民，劳作是他的本分，是天经地义的一种应该。

很小的时候——那当儿，我只有几岁，或许还不到读书的年龄吧，便总如尾巴一样跟随在父亲身后。父亲劳作的时候，我喜欢立在他的身边，一边看他举镐弄锹的样子，一边去踩踏留在父亲身后或者身边的影子。

这是多少年前的事情了——那时候各家都还有自留地，虽然还是社会主义人民公社时期，但各家各户都还允许有那么一分或几分的土地归己所有，任你耕作。与此同时，也还允许你在荒坡河滩上开出一片一片的小块荒地，种瓜点豆，植树栽葱，都是你的自由。我家的自留地在几里外一座山上的后坡，地面向阳，但土质不好，全是褐黄的礓土。俚语说是块"料礓地"，每一锹、每一镐插进土里，都要遇到不方不圆、无形无状的料礓石。每年犁地，打破犁铧是常有的事。为了改造这块土地，连续几年冬闲时，父亲都领着家人，顶着寒风或冒着飞雪，到自留地里刨刨翻翻，用头挖上一尺深浅，把那些礓石从土里翻拣出来。大块的和细小瘦长的，由我和二姐抱到田头，以备回家时担回去，堆到房下，积少成多，到有一日翻盖房子时，垒地基或砌山墙所用；块小的或彻底寻找不出一点物形的，就挑到沟边，倒进沟底，任风吹雨淋。

父亲有一米七几的个头，在如今算不得高个儿，可在几十年前，一米七几在乡村是少有的高个儿。那时候，我看着他把头举过头顶，刺儿对着天空。晴天时，那刺儿就似乎差一点儿钩着了半空中的日头；阴天时，那刺儿就实实在在地钩着了半空中的游云。因为那一面山上只有我们一家在翻地劳作，四处静得出奇，我就听见了父亲的头钩断云丝那"咯咯叽叽"的声响。追着那种声音，就看见头在半空凝寂了片刻之后，又暴着力量往下落去，深深地插在了那坚硬的田地里。而父亲那由直到弯的腰骨，这时会发出一种脆响，像被奔跑的汽车轧飞的砂粒一样，从他那早该洗的粗白布的衬衣下飞溅出来。父亲就这样一头一头地刨着，一个时辰又一个时辰在他的头下流去、消失，一个冬日又一个冬日，被他刨碎又重新组合着。每天清晨，往山坡上去时，父亲瘦高的身影显得挺拔而有力，到了日落西山，那身影就弯曲了许多。我已经清晰无误地觉察出，初上山时，父亲的腰骨，就是我们通常说的笔直的腰杆儿，到了午时，那腰杆儿便像一棵笔直的树上挂了一袋沉重的物件，树干还是立着，却明显有了弯样。待在那山上吃过带去的午饭，那树也就像卸了吊着的物件，又重新努力着撑直。然而到了后响，那棵树也就又彻底弯下，如挂了两三袋更为沉重的物体，仿佛再也不会直了一般。尽管这样，父亲还是一下一下有力地把头举到半空，一下一下用力地让头落在那块料礓地里，直到日头最终沉下去。

我说："爹，日头落了。"

爹把头举起来，看着西边，却又问我："落了吗？"

我说："你看——落了呢。"

每次我这样说完，父亲似乎不相信日头会真的落山，他要先看我一会儿，再盯着西边看上许久，待认定日头确是落了，黄昏确是来了，才把头狠命地往地上刨一下，总结样地，翻起一大块硬土之后，才最终把头丢下，将双手卡在腰上向后用力仰仰，让弯久的累腰响出特别舒耳的几下"嘎巴嘎巴"的声音，再半旋身子，找一块凸出地面的虚土或土坷垃，仰躺上去，面向天空，让那虚土或坷垃顶着他的腰骨，很随意、很舒展地把土地当作床铺，一边均匀地呼吸，一边用手抓着那湿漉漉的碎土，将它们捏成团儿，再揉成碎末。这样反复几下，再起身看看他翻过的土地，迈着匀称的脚步，东西走走，南北行行，丈量一番，在心里默算一阵，又用一根小棍在地上划拉几下，父亲那满是红土的脸上，就有了许多粲然的笑容。

我问："有多少地？"

父亲说："种豆子够咱们一家吃半年豆面，种红薯得再挖一个窑洞。"

然后，父亲就挑起一担我拣出来的料礓石，下山回家去了。那料礓石虽然不似鹅卵石那么坚硬沉重，可毕竟也是石头，挑起时父亲是挂着头柄才站起来的。然而，他在下山的路上，至多也就歇上一两次，就坚持着到了家里。路上，你能看见他的汗一粒粒落在地上，把尘土砸出豆荚窝似的小坑，像落在日头地里的几滴很快就又将被晒干的雨滴一样。我跟在父亲身后，扛着他用了一天的头，觉得沉重得似乎能把我压趴在地上，很想把那把头扔在脚下，可因为离父亲越来越远，竟还能清楚地听见他在那一担礓石下，整个脊骨都在扭曲变形的"咔嘣咔嘣"的声响，便只好把头从这个肩上换到那个肩上，迅速地小跑几步，跟在他的身后，以免落在黄昏的深处。

到了家里，父亲把那一担礓石放在山墙下边，似乎是彻底地用完了自己的气力，随着那两筐落地的礓石，他也把自己扔在礓石堆上。如果黄昏不是人深，如果天气不是太冷，他就坐在那儿不再起来，让姐姐们把饭碗端出去，直到吃完了晚饭，才会起身回家，才算正式结束了他一天的劳作。这个时候，我就怀疑回家倒在床上的父亲明天是否还能起得来。然而，来日一早，他又如上一日的一早一样，领着我和家人，天不亮就上山翻地去了。这样过了三年——三年的三个冬天，我们家的那块土地彻底翻拣完了。家里山墙下堆的黄色的礓石，足够砌三间房的两面山墙，而田头沟底倒堆的礓石也足有家里的几倍之多。你不敢相信一块地里会有那么多的礓石，你终于知道那块比原来大了许多的自留地，其实都是从礓石的缝中翻拣出来的，也许七分，也许八分，也许有一亩见余。总之，那块田地对几岁的我来说，犹如一片广场，平整、松软，散发着香甜的土腥味，就是在田地里翻筋斗、打滚儿，也不会有一点坚硬划破我的一丝皮肉。因此，我似乎懂得了一些关于劳作和土地的意义；也似乎明白，作为农民，人生中的全部苦乐，都在土地之上，都扎根在土地之中，都与劳作息息相关。或者说，土地与劳作，是农民人生的一切苦乐之源。

也许是父亲的劳作感动了天地，那一年风调雨顺，那块田地里的红薯长势极好。因为翻拣礓石时已经顺带把草根扔了出去，所以那年的田里，除了茂盛的红薯秧儿，几乎找不到几棵野草。

凡从那田头走过的庄稼人，无不站立下来，扭头朝田里凝望一阵，感叹一阵。

这时候，如果父亲在那田里，他就会一边翻着茂盛的红薯秧儿，一边脸上洋溢着轻快的欢笑。

人家说："天呀，看你家这红薯的长势！"

父亲说："头年生土，下年就不会这样好了。"

人家说："我家冬天粮不够时，可要借你们家的红薯呀。"

父亲说："随便，随便。"

为了储存那一地的红薯，父亲特意把我家临着村头寨墙的红薯窑中的一个老窑又往大处、深处扩展，并且在老窑的对面，又挖了一孔更大的新窑。一切都准备完毕，只等着霜降到来，开始这一季的收获。为了收获，父亲把颓秃的头刺儿请铁匠加钢后，又捻长了一寸；为了收获，父亲在一个集日又买了一对挑红薯的箩筐；为了收获，父亲把捆绑红薯秧儿的草绳搓好后挂在房檐下面。工具、心情、气力，都已经准备好了，剩下的就是等待霜降的来临。

10月9日，是霜降前的寒露，寒露之后半月，也就是霜降了。可到了寒露那天，大队召开了一个群众大会。

大会上，村支书传达了由中央到省里，又由省里至地区、县上，最后由县上直接传达给各大队支书的红头文件。文件说，人民公社绝对不允许各家各户有自留地，各家各户的自留地，必须在文件传达之后的三日之内，全部收归公有。那是1966年的事。

1966年的那个寒露的中午，父亲从会场上回来后没有吃饭，独自坐在上房的门槛上，脸色灰白阴沉，不言不语，惆怅茫然地望着天空。母亲端来一碗汤饭，说："咋办？交吗？"

父亲没有说话。

母亲又问："不交？"

父亲瞟了一眼母亲，反问道："能不交吗？敢不交吗？"

说完之后，父亲看看母亲端给他的饭碗，没有接，独自出门去了。吃过午饭，父亲还没有回来。到了吃晚饭时，父亲仍然没有回来。母亲知道父亲到哪儿去了，没有让我们去找父亲。我们也都知道父亲去了哪里，很想去那里把父亲找回来，可母亲说："让他去那里坐坐吧。"

那一天，直至黄昏消失，夜幕铺开，父亲才有气无力地从外边回来，回来时，他手里提着一棵红薯秧子，秧根上吊着几个鲜红硕大的红薯。把那棵红薯秧了放在屋里后，父亲对母亲说："咱们那块地土肥，朝阳，风水也好，其实是块上好的坟地，人死后能埋在那儿就好啦。"

听着父亲的话，一家人默默无语。此时，月朗星稀，人心寒凉。

老邝的一天

▼

文_元 之

　　有网站做过影像专题"中国人的一天"。刚40岁出头的老邝戏言，自己的一天如果以图片形式展现，大概是这样的：早上8点，刚把女儿送到学校，接到父亲的电话，说邻居二伯要到省城看病，让老邝帮着联系医生；8点30分，刚到办公室的老邝开始翻通讯录找关系；11点，老邝背着包匆匆去长途汽车站接人；下午2点40分，老邝把二伯他们安顿到医院旁边的招待所，匆匆开车上班；下午5点，老邝又一次提前下班，带二伯他们吃饭；晚上7点，老邝回家，背着二伯带来的老家的特色馍馍；晚上7点30分，接到母亲的电话，说二姑上初中的孙女离家出走了，应该来了省城；晚上9点，老邝带着几个年轻下属，挨个排查侄女有可能出现的中专学校……

　　老邝是一个单位的领导，年富力强的年纪，事业正处于上升期，工作上的压力已经够大了，但他坦言，来自家乡的种种琐事，不仅将他所剩无几的休闲时间占用殆尽，还一再侵占工作的时间和精力。毫不夸张地说，他成了他们村甚至他们乡驻省城办事处主任。

　　对于他来说，事业有成，经济上也小有积蓄，父母虽身在农村，但在外省的两个哥哥的经济条件都不错，父母的养老对于他们家来说完全不是问题。他对老家的付出，钱并不是太大问题，主要是精力上的投入和情感上的牵扯。不是每一天都一定会有亲戚来住院，但几乎每一天，他都需要处理与老家相关的事情：帮邻居买转车的火车票，亲戚跟人有宅基地纠纷要上访，亲戚家的小孩高中毕业要报志愿、大学毕业要找工作、结婚让他回乡参加婚礼、扎根城市想让他帮着买经济适用房……送走一拨，又来一拨。

当然很烦，烦的时候，老邝会呵斥父亲，让他不要再揽事上身。但对父亲来说，老家是他生活了一辈子的地方，乡里乡亲的面子，再加上养了个有出息的儿子的骄傲，这都让他没法驳回乡邻的央请。

最近老邝"大出血"了一次：妹妹在南方结婚，父亲一定要按照老家的风俗狠狠向男方要上一笔彩礼。这笔钱不是给女儿陪嫁的，老父亲觉得，彩礼是体现女儿身价的最直观的形式，不能比别人家的少。身为哥哥的老邝自然不能坐视妹妹的无助，他和两个哥哥凑钱，悄悄给妹妹置办了体面的陪嫁。

在老邝从小生活的环境里，大家都相信养儿防老、孝道至上。为对他付出甚多的父母和乡邻们做点事情，如果不是太过分，他想不出来拒绝的理由。哪怕再烦，哪怕再累，接到家里的电话，老邝就还是那个几乎有求必应的老好人。

更何况，也不是只有老邝单方面在付出：老邝家里，从来不缺家乡特有的大馍馍；逢年过节，总有乡亲送来自家养的鸡或者宰杀的猪肉；在种枸杞的亲戚家里，有一棵树是为老邝一家人留的，从来不打农药；听说老邝刚装修完房子，亲戚就通过长途汽车运来两麻袋洋葱，据说可以吸收装修后的气味……城市和乡村，原本就是斩不断的。

所以，老邝就只能自我安慰：还好我的房子是单位分的，不像"80后"压力那么大；还好我的单位还不错，多少能给家乡帮上点忙；还好来自城市的妻子虽然不喜欢家乡，但并未因此与自己生气；还好自己苦哈哈的那些年，老家的事情不像现在这么多；还好我的亲人里，没有一味跟我索取的……

与老家的感情就这么牵绊着，温暖，却五味俱全。老邝说，将来女儿找对象，一定不找农村的。

拉面十年

▾

文_南在南方

马季先生有个相声，说"宇宙牌"香烟吹牛，这家拉面馆看上去也像吹牛，还没迎客，先钉个乌黑油亮的招牌：老牌拉面。好在，这条短街上的拉面馆只此一家，没人扯皮。

那年夏天，我刚从北边来武汉上班，孤家寡人一个，在街上胡乱吃饭，这家面馆开业后，我就成了常客。北面南米，走到哪里，口味不肯将就。

"吃面，请先付钱。"这几个字写在墙上，看上去挺诚恳的。

拉面师傅值正壮年，剃个光头，每天都穿着干净的白大褂，将一团面捏在手里杂耍，又好像十个手指藏了蚕，片刻之间，那团面成丝成线，他随手一丢，不偏不倚地落在沸水里，这才把剩在手掌里的一疙瘩面放在面垛上，"啪啪"地拍两下，让它回到组织中间。这当儿，女主人手持大号木筷，已经将拉面捞进碗里，添一勺骨头汤、半勺红油，至于青葱、香菜，则装在篮子里，由客随意。也有大蒜，需要时招呼一声，便有一位老妇提了蒜筐过来让你挑。平时，她负责收碗洗碗——是女主人的母亲。

他们从信阳鸡公山来，那里出产茶叶，也产小麦，离武汉不是太远。后来我跟拉面师傅聊天，我说他这招牌吹牛，他说不是，这招牌是他师父的，师父家是拉面世家。"世家"二字让我稍感意外，后来知道他念过高中，数学不行，英语也不行。养了两个孩子，都正在上小学。他说，他这一辈子算是打了秋风，累死累活就指望两个小子将来能有出息。女主人接一句："你屋里的老坟上长爬腰子柏了？"男人瞪她一眼，又笑了。这个说法跟我老家陕西相似，据说祖坟上长了弯弯的柏树，后代要出人才。可能是物以稀为贵的原因，大多柏树都是直挺挺的。

拉面馆的傍晚会出现一大一小两个背着书包的男孩子，站在墙角吃面。原来，他们把孩子接过来念书了。拉面师傅骂骂咧咧地说交了多少多少借读费，又让女主人一句话堵了嘴："还不是一个愿打一个愿挨！"

再有一年，大儿子小学毕业了，说是学习奇差，借读费倒是准备好了，可是没有学校愿意接收。拉面师傅只好熄了炉火，回家给大儿子找学校去了。当然，这没费啥力。但他不高兴，他设想中的两个孩子，没能齐头并进。好在，小儿子还在身边，那是个漂亮的男孩，一对眼珠骨碌骨碌地转，像是心里有好多主意。

除了在学校上正课，他还送小儿子学"奥数"。"奥数"过于神奇，那些题目看得他怒火冲天。其中有一道牛吃草的问题，据说是牛顿提出来的：草长得一样快，牛一边吃，草一边长……他陷在这个问题里，大骂牛顿是头牛。结果他小儿子拿起笔，什么生长草量，每天实际消耗草量……一会儿就给算出来了。这一下又把他高兴坏了，赞美儿子"青出于蓝而胜于蓝"。

他让儿子念英语，儿子一时得意忘形，念："Hello，你好蠢。Good morning，你太笨。"汉字是用英语念法念出来的，可他还是听出来了，炸雷般喊一声："你娘的脚！"吓得孩子咕咚咽口水。他伸出大手，朝着儿子小脸扇过来，快碰上脸时，却只是揪住儿子的腮帮子，儿子的小脸就粉扑扑的。

儿子还是哭了，尖着嗓子说："你拉个面，每次都要揪一小疙瘩下来，难怪我妈说你讨厌。"

后来，我成家了，吃他拉面的时候少了一些，但一星期总要去他的面馆一次。他小儿子被重点中学录取了，这让他很神气。大儿子中学毕业后，考上了职高，学烹饪。他叹息一声说："在那儿学拉面，这钱花得冤枉！"

一年前，他的大儿子来了，一起来的还有个姑娘，俩人看上去都很时尚。不过两个年轻人踏实，大儿子手脚麻利，拉面技术很不错，同时还有想法，比如将一半的骨头汤晾冷，半勺冷汤加半勺热汤，这样温度正好，客人吃得快，板凳也腾得快。那姑娘帮着收钱，这样一来，他便轻松了一些，有时间坐下来看会儿电视、吸烟、喝水。女主人就做些收碗洗碗的活儿，没有生蒜瓣了，将蒜剁碎，加了温水，放在那里。

前两天，我去吃面，他向厨房喊一声："老客，不要味精，多给辣椒！"又回头对我说，"准备回信阳，这摊子撂给大儿子了。回去再开一家，小儿子快要高考了，念大学可不是玩儿的，得花钱哪！"

忽然发现，他在这里拉了十年面，除了过年关门之外，每年五月他要关门半月，门上挂个牌子："麦子黄了，回去收麦了。"我每次看，都有一种丰收的喜悦。可能，回头再也看不到了。

吃主儿

▼

文_林　希

　　吃主儿不同于美食家，美食家对于烹调有专业的鉴赏能力，吃主儿就是"嘴刁"。美食家品位高，对于燕窝鱼翅能说出道道来，吃主儿不论及燕窝鱼翅，只在锅巴菜、煎饼馃子上说三道四，进了大饭店，吃主儿就傻了，也"刁"不起来了。做生意的小贩说"吃主儿"，只是一种恭维，不伤和气，不抬杠。小时候上学，每天早晨都要去豆腐房吃早点，有时提高水准，来碗锅巴菜，或者买套煎饼馃子。早点铺里、煎饼馃子摊前，常常会遇到挑剔的吃主儿，他们和小贩都很熟悉，不叫姓名，直接叫绰号。

　　"老六，今天锅巴白面多了。"表示用料不地道了。锅巴菜的锅巴应该以绿豆面为主，配料有一定比例，小贩想降低成本，多放白面，味道就不对了。煎饼馃子，也能挑出"刺"来："老四，今天煎饼摊得不是一般厚。"小贩连连点头称是，保证明天一定精心制作。其实，煎饼的薄厚不匀，对口感并没有太大影响，但遇见吃主儿挑剔，小贩就得接受批评，明天他再来时，好好摊一张厚薄均匀的煎饼。

　　正餐，吃主儿不去"登瀛楼""惠罗春"，就去小饭铺，最得意要一份"爆三样"。爆三样上来，才下筷子，毛病就挑出来了——腰花老了、肉片不嫩了、口味酸了，反正就是不可口。饭铺掌柜立即过来侍候，怎么说都好，反正不会给他再换一盘，好歹哄着吃了，结账时一分钱不少要。吃主儿也不纠缠，显摆的是个"口儿高"，表示咱爷们儿吃过见过。

我遇见过一位吃主儿，真让饭铺掌柜头疼了。

那一次，在北门外的耳朵眼炸糕铺。那时候耳朵眼炸糕铺楼上还有座位，炸糕上来，有位吃主儿吃过炸糕，又要了一碗杏仁茶。杏仁茶送上来，吃主儿"翻"了："不对，我要的是杏仁茶，你怎么送上来八宝面？"服务员解释："今天没有杏仁茶，只能用八宝面代替。""不行，八宝面不合胃口，我要的就是杏仁茶。""给您退钱行不行？""不行，我今天就是为杏仁茶来的。"大闹一场。最后，一位老人出来劝解："这位吃主儿，您还记得'三年灾荒'吗？"吃主儿不说话了，付了钱，乖乖地下楼走了。吃主儿难侍候，其实就是"遮理"，也没多少钱，也不进大饭店，就在小饭铺挑"刺"，不闹一场事，这顿饭就吃不舒服。还有一种吃主儿，不闹事，就是闷头吃。一次在早点铺，一位吃主儿冲着坐在旁边的人说："瞧见了吗？一套煎饼馃子，俩鸡蛋，俩馃篦儿，一小碗豆腐脑，最后一小碗豆浆，冲个蛋花儿——吃主儿！"很是得意，表示他会吃。其实没花多少钱，那还是低物价时期，加在一起，一元钱。

旧时的饭馆侍候吃主儿有一套办法，绝对不让吃主儿挑出"刺"来。红烧鱼，当场提一条活鱼请吃主儿过眼，吃主儿点头了，当场摔死。回到厨房，剥鳞、油炸，出锅后，厨师一手托着刚出油锅的鱼，一手端着炒勺跑上楼，把鱼放在桌上，炒勺提起，挂汁倒在盘里，听的是一声"刺啦"。吃主儿再遮理，也没话说了。

美食家，也谦称自己是吃主儿，恭维他是美食家，他说："不敢。"其实口味极高，挑得很是地方。过去天津有一位美食家，一言九鼎，大饭店总请他去品尝菜肴，只是这位老先生执拗，不会顺情说话。厨师精心烧好菜肴，请他品尝。他一下筷子就喊："这叫嘛呀？就这玩意儿还上桌！"搞得大家都不愉快。

一次和这位老先生同桌，老先生对我说："知道四喜丸子吗？怎么就叫四喜丸子？厨师双手团一个肉丸，左手右手，要倒一百下。倒一百下和倒九十下，味道就是不一样。"你就是一下也不倒，我也品不出味儿来。真正的吃主儿，就是这么高的品位。

闺秀的气质

▼

文_黎　戈

　　我一直记得陈丹燕谈唐诗宋词的口气，不是不敬，也不是不屑，而是疏离，就像对一个父执辈的长者。她在《上海的风花雪月》里写永安公司的郭家小姐，说她是个大家闺秀，"走在她的身边，我们三个年轻女人倒更像是男人，慌慌张张，笨手笨脚，粗声大气。她80岁了，依旧是女子的精美和爱娇"。我是20年代出生的，对"闺秀"没有任何概念，在我身边，大概两种女人居多：一是骨架硬朗，行事强势，中性化的；一是愚忠愚孝，思想退化，完全附属于家庭责任的。

　　最近看的一些书，互为骨肉。比如《缀珍录》，是在学术层面讨论18世纪中国女子的教育和写作。然后又看了些近代闺秀的传记，正好补足了《缀珍录》里实例不足的部分。我恍然大悟，在我生长的这片土地上，居然真的活跃过"闺秀"这么一种生物！

　　闺秀当然出身高贵，不是官宦就是世家。看《合肥四姐妹》，母亲出嫁的行头，送嫁队伍能长达几条街，嫁妆准备了十年，连马桶都备好了。这是什么派头啊！文洁若是外交官的女儿，杨绛的姑母是北女师校长，张家四姐妹是清代官员之后。闺秀当然学养丰厚，张家姐妹自幼就有私塾老师，学昆曲是专从戏班请的"角"。杨绛、郭婉莹、张爱玲、文树新，通通都是启明女校、中西女校出来的。这些学校的校规、礼数都很严苛。

　　闺秀因为家世的殷实和成长环境的富足，都很有傲骨。郭婉莹贵为永安公司老板的掌上明珠，一样自己开车去谈生意，"文革"时被下放挖泥塘，手指关节都变形，她最骄傲的不是自己是"四大家族"之后，而是"这辈子都是自力更生"。苦难之后，她连忆旧都不愿意，"不喜欢诉苦"。闺秀们自幼养尊处优，没有穷苦人家的苦大仇深和满怀着翻身复仇的怨恨，所以更加平和。

这种独立不仅是物质的，更是意识和判断力，郭婉莹非要嫁个清华穷学生，张允和找了完全门不当户不对的贫寒周家，只是因为——我喜欢。她们饱读诗书，却又大胆奔放。

卞之琳追求张充和的诗歌："百转千回都不能与你讲，水有愁，水自哀，水愿意载你。"这首诗打动了无数读者，只可惜没有打动它要打动的那个人。张充和认为卞之琳喜欢卖弄，流于肤浅。倒是人人都施以白眼的刘文典，张充和很欣赏他的不羁。张充和最沉溺的艺术是书法和昆曲，她说这两种艺术的极境，就是"隔"：书法的悬腕"心忘于笔，手忘于书"，昆曲的"演员和角色之间的悬隔"。我真的被这个女人迷倒了，她活在内心的世界里，隐于云端，然而她又活泼入世，社交丰富。

闺秀们并不骄矜，她们也不失传统女性的持家妇德。张兆和嫁了沈从文，对方一向活在精神小桃源里，世俗杂务得靠妻子。他还拒收张兆和的陪嫁，他的高姿态要靠张兆和多方筹措、勤俭持家才一点点补足。对此张兆和一直保持缄默，直到编写《沈从文文集》的时候才略有微词。她承重的背影如此优雅。陈寅恪的太太唐筼，贵为台湾总督的后人，嫁给陈寅恪后，事事以丈夫为重，避居村野，为了给体弱的陈寅恪补身体，还养羊挤奶。她们简直是能屈能伸。

我之前接触的假道学太多，所以对很多传统的东西有点不信任。现在发现，那些东西气质纯正，是极美的。闺秀们基本都婚姻幸福，夫妻恩爱，儿女成才，而她们恪守的那个体系，就是国学里最好的那块东西。

中国人为何选择了面条

▼

文_维 舟

广州有一家餐馆的墙上写着这样一行字："粥粉面饭，四大发明。"颇有几分岭南式市井幽默。不过想想也是，食物为何不能算是伟大发明？近来看韩国纪录片《面条之路》，便将面条这一"伟大发明"放在东西方文明交流的宏大背景中论述，让人不无感慨地意识到，这种看似普通的食物，对人类生活竟有如此深远的影响。最可注意的是：面条自问世之后，在中国得到了最大的发展，而在西方，除了意大利之外，传统的主食都是面粉制成的另一种食物——面包。

为何如此？这恐怕未必只是口味偏好，而是因为：食物的发展也总是受限于特定的社会条件，其演变遵循极强的路径依赖。

众所周知，面条和面包的原料都是面粉（无论是小麦、大麦、荞麦还是黑麦磨成），而要制成面粉，当然首先得有麦子和石磨——这两样一般认为都源于中东。甲骨文中表示麦子的"来"字，本是外来语，这也是农业史上的常识；而石磨在中国的推广一般认为迟至秦汉之际。不难想象，在不能将麦子磨成粉的时代，"粒食"是相当难吃的，因为只能放在陶器中蒸煮——米饭也是蒸煮，比麦粒可口多了，但稻谷在先秦更罕见，属稀有的美食。或许可以做这样的推测：中东种植小麦、发明石磨都较早，人们选择的是在土灶中将面食烤熟（其成品为面包、烧饼或馕）；但中国在种植小麦时，陶器、青铜器都已相当成熟，而石磨却未推广，以至于先秦的华夏民族可能在长达1000多年的时间里，只能将麦粒蒸熟或煮熟了吃。

据说，豆腐是西汉时淮南王刘安发明的，这个时间点恐非偶然。豆子原是很难吃的粗粮，"'半菽之饭'（在饭中掺一半大豆）是灾荒时无可奈何的选择"（王学泰《中国饮食文化史》）。但既然麦粒可磨成面粉，豆子自然也可以，于是豆腐遂随石磨的推广而诞生。西方亦有一种说法，认为豆腐、酱、面筋、豆芽是"中国食品的四大发明"。豆腐的发明与面条的诞生一样，都表明新发明常伴随着某些旧元素的新组合而到来。

开始的差异决定了此后的一系列差异。陶器对中国人饮食习惯和烹饪方式的影响极为深远，最明显的一点就是：中国人大量地使用蒸、煮这两种方式，而这推想起来应该都源于在陶器中加水使食物变熟的做法，这与中东、欧洲那种将食物直接在火上烘烤的方式大为不同。通常而言，狩猎游牧民族较多用烧烤，而农耕生活者多用蒸煮。此外，中国人的食物中植物蛋白较多，而叶、茎、浆果为主的蔬菜，显然不宜用烧烤方式烹制。进一步说，中国菜很注重汤，恐怕也可追溯至此——与之不同，英语中的"汤"（soup），其词源却是晚期拉丁语的suppa，意为"bread soaked in broth（浸在肉汁里的面包片）"，仍然不离面包。在全世界，只有中国是兼用四种烹调方式的国家：水烹、汽烹、火烹、油烹，大致可分别对应煮、蒸、烤、炒。此外，还有烩、煎、炖、炸、煲、熬、煨等做法。毫无疑问，中国最古老的烹饪法是蒸煮。因此，先秦主导性的饮食是煮成糊状的羹，烤从未成为主流，而炒菜一般认为是宋代以后才出现的特殊烹饪法，因此，炒面原也是中国所独有。

这样，面粉这种食料，在中国的社会环境中便顺理成章地发展成种类繁多的面条了：中国人既然惯用蒸煮而非烧烤，那么很自然地就把和好的面放进水里煮熟了。最初的面被称作"汤饼"，常是片状的，唐代出现了刀切面，宋代则发展出细长的挂面——无疑也是因为人们发现这样更易熟，而中国人惯用的筷子又特别适宜于捞面条吃。在欧洲，唯一经常吃面的是意大利人，或许并非巧合的是：在16世纪以前，欧洲各国中，只有意大利人使用叉子，而没有筷子或叉子，要吃面条显然是不大舒服的。叉子普及到农村地区，在欧洲迟至18世纪，当时在阿尔萨斯，仅十分之一的家庭拥有一把叉子。在印度，人们则长期习惯用手进餐，或许因为如此，面条虽从中国广泛向外传播，但印度一直未接受面条。概言之，面条在中国，一如火药、印刷术发明出来后在西方的传播一样，都遇到了最适合其蓬勃发展的社会条件。

不仅如此，中国的烹饪方式将面食全面整合了进来。除面条之外，又出现了包子、馒头、饺子、馄饨、汤圆、粽子，不管其有馅无馅、馅料是甜是咸，总之，它们都是或蒸或煮，而非烤制——与之相应的，在南疆却有"烤包子"。西南苗族、彝族等少数民族地区，在传入土豆、玉米等美洲作物后，其吃法多是烤的：烤玉米、烤土豆，而在汉族地区却常是煮玉米、煮土豆，烤地瓜例外。后世出现的火锅、麻辣烫，说到底也还是煮；涮锅起源于蒙古，但其发扬光大却是在北京。以上种种，无不表明食物的演化存在很强的路径依赖。因此，面条这种世界上最早的快餐以煮食为主，而现代西方快餐的典型代表汉堡，其实仍是面包烘焙的变种，并且食客们仍是手持着吃。西方最常见的干粮——饼干，同样是烤制而成，由于它最初是供长期海上航行食用，为防止其变质，故而初烤后还要回炉再烤。英语中"饼干"一词biscuit，原本就是"烘烤两次"的意思。

以面包为代表的这种烤食面粉制品的方式，在西方社会也早已根深蒂固，并被赋予了诸多文化乃至宗教上的象征意义，最著名的自然是面包与葡萄酒象征着基督的肉和血。欧洲普通人家的主食，早期和先秦时期的中国人有些相似，是粥（多用稷或燕麦烹制），面包原是上层社会的配餐，乃是不可多得的美食（面条在东亚很长时间内也是如此），但到12世纪–13世纪后，面包渐渐普及到所有社会阶层。很多英语词汇追溯起来，都与面包有关，如

lord一词，本意是"给面包的人"，lady则是"做面包的女人"，company一词起源于通俗拉丁语compānia，意为"共同吃面包的人群"，最后才引申为"伙伴""公司"。由此可见，这一食品已与社会文化紧密结合，这些都是外来的新食品所不能比拟的。

　　饮食习惯一旦养成，常常极为保守，因为人们都觉得自己从小吃惯了的菜式最美味。中国汉唐时虽也有胡人传入的烤制的胡饼，但始终只是小吃而非主食，包括其后来的变种——月饼，也只是节令时所食。日本明治维新时，福泽谕吉的学生高桥义雄发表《日本人种改良论》，表现出露骨的欧美崇拜，他甚至把吃大米也视为野蛮行为，认为"食小麦做的面包高于稻米做的米饭"，"文明各国皆专食麦食，食米可作为判断国民文明或野蛮之标准"。当时，日本人确实狂热地模仿欧美，为此改变习惯，开始嚼面包、吃牛肉。但多年后热潮退散，日本人还是习惯于吃米饭与面条。对食物的选择，常是文化而非食物本身所决定的。俞为洁《中国食料史》对此颇为惋惜，她从营养科学的角度出发，认为"最适合小麦粉的食物是面包，因为小麦中的麸质含量远远高于其他谷物"，"但中国农耕社会的过早发达（农耕民族较少使用烤法）和蒸煮法的绝对优势，使中国人与面包这一美食白白错过了2000多年的光阴"。

　　虽然中国人曾接触过面包（胡饼不过是扁状的面包），但并不喜爱，那大概只能表明这并不算是"美食"，或者更确切地说，中国人并无接纳其大发展的社会环境。煮食确实是较晚兴起的烹饪方式，在中国饮食烹饪中长久占据主流，像日本那样的生食或欧洲那样的烤食，在中国大抵都只能作为点缀。虽然现在日本烤肉、韩国烤肉在国内一些地方也颇风靡，但它们其实也都是近代以后才出现的，这与东亚国家传统上较少吃肉食而其主食无论米饭或面条都以蒸煮大有关系。

　　看似最寻常的食物，其实都深嵌在我们的社会文化结构之中，中国人自古以来选择了面条而非面包，又岂是偶然？也不必遗憾我们和面包错过了2000多年，因为这个反历史假设不但原本就不可能实现，而且不同的选择也是丰富多彩之本——可以想见，如果当初中国人选的是面包，那么这世上或许会多几百种面包，但肯定不会有1200种面条，甚至也不会有包子、饺子、馄饨和汤圆。

你不一定熟悉"太太"

▼

文_杜介眉

"太太"，现在常用来称呼已婚女性。而在古代，不是每个男人的妻子都有资格被称为"太太"。如果你知道了关于"太太"的典故，一定会对这个词肃然起敬。

"太太"源自周朝三位非常贤德的女性——太姜、太妊、太姒。

太姜是周朝先祖太王的正妃。太王善良仁厚，是开启周朝盛世的关键人物。太姜贞静贤淑，是丈夫的得力助手。她生有泰伯、仲雍、季历三个儿子，言传身教，使兄弟间和睦礼让。当时，太王钟爱老三季历的儿子姬昌，认为这个孙子有君王之相。季历的两位哥哥泰伯和仲雍知道后，便主动离开宫廷，让位给弟弟季历，使弟弟顺利传位给其儿子姬昌。深受祖父青睐的姬昌，便是历史上著名的周文王。

太妊是周文王的母亲。据说，太妊怀周文王时，严格遵守九条规矩，比如"目不视恶色，耳不听淫声，口不出傲言"，一言一行都很谨慎。良好的胎教，使得"文王生而明圣"。太妊是中国历史上有记载的最早实施胎教的母亲。

太姒则是周文王的妻子。太姒继承婆婆太妊的胎教方法，生下的儿子中，包括杰出的周武王、周公旦。太姒在娘家时，勤勉劳作，生活俭朴。文王十分仰慕太姒的美德，亲自到渭水去迎娶她。渭水没有桥，文王便把船只连接起来，造了一座浮桥，将太姒接回家。

太姜、太妊、太姒三位贤德的女子被后人称为"三太"，男人们以德治国，她们则以德治家，养育出了圣贤的孩子。后世称已婚女性为"太太"，便是源自"三太"的故事，表达了对女德的重视。

一开始，"太太"还是有等级限制的，只能用于称呼贵族的妻子。比如，明朝规定"凡士大夫妻，年来三十即呼太太"。清朝，仆人称呼女主人为"太太"。到了民国时期，"太太"的称呼才被广泛运用到各个阶层。张爱玲为一部电影《太太万岁》担任过编剧，她在阐述电影主题时说："《太太万岁》是关于一个普通人的太太。上海的弄堂里，一幢房子里就可以有好几个她（太太）。她的气息是我们最熟悉的，如同楼下人家炊烟的气味。她的生活情形有一种不幸的趋势，使人变得狭窄、小气、庸俗，以至于社会上一般人提起'太太'两个字，往往都带着点嘲笑的意味。"

新中国成立后，全国人民铆着改天换地的劲头，坚决与旧时代告别。"太太"这样的称谓，带着"资产阶级的腐朽"，翻身做主的劳动人民、追求进步的知识分子等是不愿意使用的。这时夫妻之间流行互称"爱人"。"爱人"最早见于五四时期的新文学作品之中，生活中并没有运用。20世纪30年代末，解放区的进步知识分子受新文学的熏陶，开始用"爱人"称呼妻子或丈夫。这一称呼很浪漫，没有等级限制，也不歧视女性，符合男女平等的新中国精神，因此，直到现在都被广泛运用。

改革开放后，港澳台胞、外籍华侨纷纷回大陆交流，一些传统的称呼，如"太太""小姐"又开始时髦起来。只是"小姐"这个曾经尊贵的词，后来与色情行业挂钩，其含义也变得复杂、暧昧。好在"太太"这个词还比较正常，不管是一个男人向外人称呼自己的妻子为"太太"，还是他人称呼一位已婚女性为"太太"，都还算是一种尊称。

选择单调

村庄，走着走着就老了

▼

文_陈汉春

　　谁也说不上村庄是什么时候建起来的，但可以肯定的是，它是一个院子一个院子连接起来的，就好像玩拼图，陈家按照陈家的样式，石家按照石家的样式，董家、张家、李家、宋家……一家家连起来，就有了村庄的雏形。

　　村庄拼图也有自己的规矩，不是像插洗扑克牌一样随心所欲。陈家建了院子，房前屋后就是陈家的领地；石家则另辟蹊径，成掎角之势；王家选择更远处，变成了三足鼎立。夯土筑墙，打土坯盖房，互帮互助间，各家就摸透了各家的脾性。脾性相投的，生活就有了默契；不对胃口的，老人就会对孩子耳提面命地告诫。人与人的脾性，家与家的口碑，像钟乳石一般一滴一滴经过了岁月的淘洗。一茬一茬的庄稼，一茬一茬的苍生，只要不负皇天后土，琐碎小事也会在鸡零狗碎的日子里慢慢消解，家家的炊烟，一天天在晨曦暮霭中袅袅升起。

　　有了土地，就有了生活，就有了兄弟分家，就有了婚丧嫁娶，就有了亲戚走动。几十年，甚至上百年，大院子变成了星星点点的小院子，小院子又一点点蔓延，以至于前坡后屲挤得满满当当，最终形成了一个泥土气息浓郁的村庄。枇杷、冬青、鞭麻、王家湾、井滩子、袁家湾、白土豁岘、红土豁岘、大岽岜、药水山……草木山川，地理四至，都有了平平仄仄的名称。"今天去哪放牛？""小夹沟。"一问一答，不用指点，乡音浓浓，相和相应。

村庄周围有山，高高低低，沟谷纵横。高峻的，像一支神笔，老人说这是点笔山，钟灵毓秀，村子出读书人呢。低矮的，憨敦敦如笼里的馒头，前有照后有靠，蕴涵风水，村里的老人们当成最后的家园，冬暖夏凉，生死相守。还有名称不一的山湾，比如"萨河湾"，也有人叫"沙河湾"。老辈人来村庄之前，湾里就有残存的石墙，打院子的时候，挖出过银子，挖出过"鬼见愁"。"鬼见愁"是一种贝壳，白色，表面光滑，有花纹，可辟邪。老辈人说，早先这里住过靺鞨人，后来不知去向。既然靺鞨人住过，挖出的鬼见愁便蕴含着萨满教的五彩神气，村里的小孩常在脖颈拴一颗鬼见愁，以期天佑。

其实村庄的历史很模糊，许多人家的家谱上都写着"想吾祖肇造之初，不知始于何年，基于何地，访其父老，询诸人言，风闻迁自山西大槐树"云云，又说某家"寄迹业农，嗣后创垂滋大，宗支繁衍。蒙祖厚德，家皆给，而人各足，升彼墟矣。室家有践，度其原兮。田园无芜。虽非巨族阀阅，亦大有农家之风味"。真的是风征人往，世远年湮，难论精微细详。

但就是这模糊的历史，构成了村庄的灵魂，变成了村庄的血肉筋骨。你闭着眼睛，就能知道这是谁家的院墙，那是谁家的豁落门，就连谁家的鸡鸣狗吠都能分辨得一清二楚。山丘上的孩子饿了，对着村庄喊一声"奶奶"，院落里会响起一串串回应。村庄的年代太久了，走着的，躺着的，沟沟岔岔、层层叠叠都有爷爷、奶奶。村庄里的人关系很复杂，巷道有多少，就有多少条纵横交错的血脉。一个穿开裆裤的男娃，可以当一个佝偻老汉的爷爷；一个未出阁的姑娘，既可唤作丫头，也可以叫姑姑，甚至叫姑奶奶。村里的小伙子领来城市姑娘，饶是她才高八斗、学富五车仅七大姑八大姨就会弄得她晕头转向。村庄里的学问、称谓与做人、当东与做客，卷帙浩繁，深不可测。

日升日落，春去秋来，轮回之间，就有一批批人走了出去。早先是出去搞副业，正月年味还浓的时候出门，腊月宰年猪的时候回来，像候鸟一般来来回回。挣了钱就翻盖旧房，土坯房变成了砖瓦房，豁落门修整成贴瓷砖的门楼。谁家婆媳妇，有当大董（主事人）的，有切葱剥蒜的，有拉水端盘的，男男女女，老老少少，烟火弥漫，热闹非凡。上学的孩子下课铃响，直奔办事的人家，端碗就吃，抹嘴就走，像自家一样随意，也没见过哪家吝啬撵孩子。"天增岁月人增寿，春满乾坤福满门"，村庄有了氤氲的气象。

渐渐地，出去的人越来越多，回来的人越来越少。离乡而居，散而之于四方者众矣。一人在外面立足，拉走了一家。一家人站住了脚，拉走了一片。村庄像贫血的人，越加苍白、困乏、萎缩。墙连墙的邻居，靠遥远的电话互相探问，光着腚一起在泥水里玩大的伙伴，分手就是不见。村里的小学，三个老师教着四个孩子。有些老人，昨天还圪蹴在墙根晒太阳，第二天就再也没有起来。村庄失去了造血的细胞，变成了一只空瘪的乳房。"昔我往矣，杨柳依依。今我来思，雨雪霏霏。"《诗经》里的伤感，落日一样弥漫在山野，令人低回怅望。

村庄里多是老人，他们舍不得走远。在这块土地上，他们曾经日复一日，年复一年，播撒过汗水，品尝过酸甜，简单的生活，简单的幸福，使他们难以舍弃。他们艰难地维系着一个村庄的脉搏，给远在异乡的游子珍存着一份念想。只是，他们也越来越疲惫乏力。

麦子金黄，田野碧绿，山风浩荡，雨水倾泻，不知是谁说过："只要阳光不老，雨水不老，就会有种子在泥土中发芽，就会有一茬接一茬的麦子生长。"读着这样感性的诗句，我的内心升腾起一点点柔软的希望，希望走着走着就老了的村庄，有一天能凤凰涅槃、浴火重生；希望天涯断肠的游子，能在古道西风中，透过朦胧的泪眼找到回家的路。

下乡小记

文_马未都

猪

我下乡在农村那会儿国家正穷，各家各户条件稍好一些的都会养一两头猪，好在岁末改善一下生活。猪一天到晚不管心情好坏都哼哼叽叽的，只有在被宰那天才呼天抢地地嚎叫一回，其动静远在二里路外也能听得一清二楚。

一般各家养的猪都是肉猪，只有生产队猪场里才养母猪和种猪。母猪以生育为职责，天天甩着奶子，一辈子没有好身材，所养小猪一旦被抱走，肚子不久又会鼓起来，隔不多久，又有一窝猪仔肉嘟嘟地围着松塌塌的肚皮吃奶，看着很是喜庆。

种猪在男知青看来是天下最美的差事，天天好吃好喝好待遇，工作就是与众母猪谈对象，谈不出结果还不算完。天下这等好事恐怕不多，人不可能有，猪却有，饱食终日，无所用心，除了食色，没有他求。谁知种猪也有年老色衰之时，当它没有能力与母猪谈恋爱时，也会在某一天被屠夫一刀毙命，其肉虽老，也会分给大家食用。那年月，有肉吃就已经很不错了，种猪的肉虽不及肉猪鲜美，但也比老母猪的肉强。这些都是在乡下时农民告诉我的，今天想起别有一番感受。

马

　　我小时候对马并不生疏，那时北京城区马车随便进，警察不管，拉菜、拉砖石、拉各类用品，马车是当年的主要运输力。好马车一匹驾辕，两匹拉边套，神气得很；一般的马车只一马驾辕，赶上上坡路，马与车把式都十分卖力。

　　城里的马车我从未坐过，到了农村居然可坐上马车，跑两步蹿上马车，幸福感油然而生。马车走得慢，坐在上面晃晃悠悠，与车把式边聊天边走，那岁月虽苦，但我们年少不知愁滋味，反倒认为这种生活别有风味。

　　我记得赶车的大叔摆弄牲口特有一套，把马从厩中牵出来，三两下就给马套上辕，各种皮带系好，然后倒着飞身一跃，一屁股坐在马车左侧前，鞭子一扬，神气活现地出发了。如果赶上货物重或上大斜坡，马拼尽全力也过不去时，车把式会扬鞭拽套地一口一个"这产业，这产业"地叫，以至我很久都不懂"这产业"是啥意思。

　　有一次我问车把式："'产业'是什么意思？"车把式说："'产业'就是牲口，'这产业'就是这牲口。'牲口'是骂人的话，'产业'有点儿带着自豪的意思。"我那一刻才感到什么叫财产。农民有农民朴素的财产观，产业与牲口不同的是，产业是财产，而牲口不是。

　　几十年过去了，"这产业"再没有在别处听到过，也没有在书上看见谁写过。也许这仅是我插队的北方农村的土语。今天的产业都已大得不行，每年都被写进政府工作报告，向全社会昭示下一年度的方向。

负重人生

▼

文_李淳风

建房之困

2014年1月5日，在广州工作的广西玉林人罗峰终于鼓足勇气，决定向妻子"坦白一切"。

一个多星期前，他接到了家里的电话。父亲说，想在村里建一栋楼房。在小山村里，他家还住着一幢时常漏水的泥瓦房。

除了人工由亲戚朋友帮忙外，大约需要10万元。罗峰有一个哥哥和两个姐姐，他们都在乡下务农，日常还需要罗峰接济。父亲的意思是，10万元由罗峰出。

父母年迈，对这一要求，罗峰无法拒绝。他并不富裕，女儿刚出生，正是用钱时，将所有的存款搜罗起来，也不过数万元。罗峰答应父亲，将在2014年年底前拿出这笔钱。

他心里这样盘算：现在户头上有1万多元的公积金，加上2014年全年的公积金，又有1万多元，自己月收入七八千元，明年的收入一分不花，算下来正好够数。但这意味着，全年的家庭开支，都得压在妻子一个人身上。妻子每月收入6000元左右，在不发生大的变故的情况下，勉强能够承担。

只是，怎样向妻子开口让他为难，彷徨多日未能启齿。作为一个依靠读书从农村进入城市生活的"80后"，工作已经9年，他依然无法清楚地界定自己的身份："我是一个城里人还是一个农村人？"户口放在广州的人才市场，人在广州的企业上班，从城市人口的统计角度看，自己无疑是城市人口。然而身为第一个走出农村的家族成员，他的主要的亲属关系都在老家，"大家"仍在农村。

罗峰的境遇不是个例，而是出自农村的"城一代"们面临的普遍困境。

何东光，广东省河源市连平县人，32岁，在东莞工作，两年前刚刚完成自己的"乡村建房大业"。2005年毕业后来到东莞，拿着六七千元的工资，住着最廉价的出租屋，吃着最便宜的快餐，5年间存了20多万元，在家乡的小镇上建了一栋3层楼房，2011年落成。

这是一种宿命，何东光知道父母逐渐年老，必须为他们创造一种心理上的安全感，有了这栋房子，一家人都踏实。因为建房，自己在城市的生活，相当于毕业六七年后才开始点滴构建。

负重的人生

刘小萍，江西省吉安市人，33岁，现在是东莞东城区一家沐足阁的技师。她大专学历，原本在东莞横沥镇的一家企业做文员，每月2000多元工资，自给自足之余，每年还能往家里寄几千元。

2008年，因为家里要建房子，主要支出由她负担。她低微的收入实在无法支持，便转行去沐足阁做技师。她能说会道，颇受顾客好评，每月收入能达到六七千元，加上顾客给的小费，有时能有上万元。

房子去年建起来了，但代价是刘小萍有了一双皮肤粗糙、关节肿大变形、明显不符合其年龄的手。

"干了这么多年，一方面已经难以适应另外一种生活，另一方面这一段履历一写，再想回到白领的行列基本不可能了。"刘小萍说，"但这一行现在也不行了，退一步讲，就算还能挣钱又能做多久呢？有什么前途呢？"

更大的困扰是，刘小萍的婚姻成了问题。尽管她的工作不包含任何不健康的内容，但别人看的时候还是戴着有色眼镜。她长相还算漂亮，有不少人喜欢她，和她约会，但从不会考虑跟她结婚。

"为了给父母一栋养老房，可以说毁了我的人生。"刘小萍说。

对于罗峰、何东光而言，还不到如此严重的程度，但为了获得与城市同龄人同样的生活条件，必须付出数倍的艰辛，也是不争的事实。

做城市的人，操农村的心，人在城市，但无法享受城市的生活。何东光很羡慕那些父母有退休金、社保和存款的年轻人，他们有的是"啃老族"，刚刚毕业一两年就在父母的赞助下买房买车，有的即便不"啃老"，也能够放心地花自己的薪水，旅游、购物、娱乐随心所欲。而像自己这样的人，就只能强迫自己"抠门"。

"我们跟他们就像不是生活在一个时代。"何东光略显无奈地说。

偿债者们

同是"80后"的周玲，一看到家里打来的电话，就会很害怕，总怕家里出了什么事。

家里来电话，无非两件事：一是要钱，二是出事了。要钱还好说，自己没钱可以借，就怕出事（比如一场大病，或者意外的灾祸），那样的话，自己多年来勉强维持着的生活就会崩溃。

周玲是湖南省浏阳市人，在深圳工作，每月4000元左右的工资。工资的使用分配如下：房租、伙食费、电话费每月1500元，给父母1000元生活费，给还在上大学的弟弟1000元生活费，剩下500元，在不买衣服、也没有朋友聚餐的情况下能存下来，否则就会月光。

最让她苦恼的是，一年中总有几次同学、朋友从外地来深圳需要接待，那么整个月的工资就分文不剩了。"有时为了几天的生活，要去向同事借一两百元，自己心酸，别人也心酸。"

"城一代"的困顿与无奈，在周玲身上体现得特别明显。有时父母或者弟弟来电话，要求临时追加一些钱，要么是看病，要么是凑份子参加村里的筑路、修桥、建祠堂，或者购买额外的生活用品，她的生活就会陷入窘迫，有时会急得暗自哭泣。

现在她有了男朋友，郁闷的是，对方的情况几乎就是自己的翻版。"去年他领了六七万元的工资，给了家里5万元盖房子，还是盖房子！"再过几年，双方的父母都老了，小两口面临的将是不见尽头的养老压力。过去数十年，农村的社会保障缺失。大部分的农村"80后"的父母，过着自生自灭的生活，他们唯一的希望就是子女，他们的养老就自然而然地落到了子女的身上。

社保的双轨制，目前还在遭受强烈的舆论质疑，然而人们似乎都忘记了那些根本与任何一条轨都搭不上边的老去的农民。

罗峰也曾想过，攒一点钱为父母补缴社保。回家一问，一开始每人只要一两万元，现在已经上涨到了8万元。补缴之后，父母每个月可领1000元左右。罗峰最终还是放弃了补缴社保的打算，他说："一方面是买不起了，另一方面是掐着指头一算，这个交易似乎也不合算。"

相互撕裂的逻辑

面对各种来自老家的问题，"城一代"们大多是哑巴吃黄连——有苦不能言。一个农村家庭，如果只有一个孩子在城市里工作，那么这个孩子一生都将自动放弃诉苦的权利。

"诉苦，只能给父母更多心理压力，你必须表现得很坚强，就好像什么困难你都有办法对付。"罗峰说。

被"城市化"了，成为一个市民，这真的是一种值得庆幸的结果吗？何东光反问自己。他说："成为一个城市人，真的是我自己想要的吗？我不过是试图通过努力读书改变命运，而在当时，改变命运的唯一机会就是进入城市，在这个过程中我根本没得选择。"

对于罗峰、何东光他们而言，现在的"市民"身份，其实是一种伪存在。

在历史欠账无法通过公共政策来弥补、清偿的条件下，率先被"城市化"意味着现实与心理上痛苦的撕裂。

"城一代"除了力尽所能地赡养父母，还面对着许多乡村社会通过父母传递过来的额外负担。前述的筑路、修桥、建祠堂是一部分，此外还有农村的泛家族关系带来的人情负担。

比如表弟上大学要赞助一点费用、姑舅入住新居要赠送一台电视机、父亲的朋友做大寿要送个贺礼……这些人情债，事实上是父母一代的人际关系产生的，也是以父母的名义送出，但最终还是落到了子女身上，成为"养老负担"的一部分。

"有时候真的觉得自己快扛不住了，但你没办法说不。"罗峰说。前年父亲打电话来，说他的"同年"（用某种简单仪式确定的关系很好的同龄朋友）入住新居，想给他送一套沙发的时候，罗峰心里的确憋着一股气，想吵架。"我家也正要装修，我自己的沙发还没有着落呢。"

罗峰感觉到，城市和农村运行着两套完全不同的生活逻辑，彼此之间并不能互相理解，而自己恰巧卡在中间。

长期缺乏社会保障，子女就是唯一的保障，这是许多农村"80后"的父母共同面对的现实。谁家有一个在城市里有一份像样的工作的子女，就是家里最大的骄傲，父母们就会热衷于夸耀他，就像在夸耀一只源源不断地下蛋的母鸡。

"有时候回到家里，跟我没有任何关系的场合，父亲也要找机会来介绍我一番。"罗峰说，"七八千元的收入，在他们眼里是一个高得离谱的数字，别人当然会附和几声，羡慕几眼。"

"但紧跟而来的就是各种麻烦，有人来向你借钱，或者找你办事。这时你怎么办？借吧，没钱，对方借了基本也不打算还；办吧，没那个能力，答应下来不见得办得成。你如果拒绝，在乡下就会迅速形成一个让家里人十分难受的负面舆论场。"

在城市里，你会在物质上尽量低调，有时还会做一些必要的隐匿；在农村，则是另一套令人头疼的逻辑。城市里你常常可以说不，在农村几乎没有说不的机会。在城市的孩子努力供给在农村的家庭，这几乎就是城市"反哺"农村的唯一形式，然而实质上，这还是农村的"自哺"。

农村诚有不孝子。去年国庆节，71岁的老人杨李氏千里迢迢来到广州投靠儿子，一出火车站就被儿子送进了救助站。这种极端行为，当然主要是个人的伦理道德因素使然。

然而在农村，一样存在着许多"80后"青年因为生活压力而对父母不管不顾的案例，这事实上也从另一个侧面提示着"80后"农村子女及其父母的困境。

"牢骚发过了，责任还在啊！"罗峰拿起手机，咬咬牙拨通了妻子的电话。

选择单调

▽

文_子 沫

看到一段关于蔡志忠的生活方式的描述，很特别：裤子、汗衫、外套，同样的款式，一买就是一打，连颜色都不变；从不穿袜子，因为感觉影响灵感。简单得不能再简单。

他不喜欢应酬，来北京，除了必要的应酬，就待在宾馆里画画、写作，最长纪录是42天没下楼。创作中国古典文化系列漫画的那两年，他待在日本，没见任何朋友。他的观点是，待在原地，就是天下；待着不动，可以怀抱天下。

跨界设计师欧阳应霁很时尚，但他对时尚穿着的定义是简单，永远是白T恤和黑裤子，自己设计T恤，一次做很多件，白T恤之间的区别只是领口的区别，很简单。简单的东西穿不腻，永远不会过时。

最近在看扬之水的《读书十年》，厚厚的三大本，也就是流水笔记，编书、看书、走访的小流水账，但看得人不断唏嘘、感动。她的生活相当简单，业余时间就喜欢逛北京小胡同、淘旧书，看到一本好书就激动不已——几乎都是与书相关的事。那一代文人，做事情单纯认真，简单得像白描画，特别清雅，旁人看着都有一种舒适感。后来，她离开《读书》杂志社去了社科院，专门研究古典器物，走上一个细分得无比偏门的领域，越来越简单了。简单才能盛放。

听过一场"中国最美图书"的设计者朱赢椿的演讲，说自己有过短暂的困惑，但某一天，他想明白了："住在校园里，房子很小很小，每天4点起床，走在校园里就感觉很幸福了，小房子也没关系啊，我也不怎么吃肉和高档西餐。后来发现，真的花不了什么钱，决定就这样生活了，潜心做想做的一件事，人一用心，气质就不一样。"

现代人的生活是越过越复杂，因为选择多了，看似丰富，实际是一种庞杂和浪费。

比如说，晚上的休息时间，可以选择的方式太多了，吃饭、喝酒、会朋友、K歌、看电影、逛商场、上网、看电视……很丰富，但越是这样，越显得支离破碎。很多人的时间都被碎片化了，总感觉时间不够用，其实什么也没做，却感觉很累。如果不开电视，不开电脑，拿起书，少见一些无关紧要的朋友，少参加一些所谓的局，时间是不是多了很多？生活是不是简单许多？国外一些有教养的人家，家里是不摆放电视机的，有也只是小孩偶尔看看，绝对不能成为生活的主导。在他们看来，这么弱智的东西如何能引导他们的生活？

日系的文化中有一种光泽是我们所丢失的，那就是简单。小津安二郎的片子相当简单，没有任何冲击眼球的画面，也没有夸张的表情，清淡得不像电影，但他是电影大师，影响了很多人。他说："曾经很多人问我为什么不拍一些不一样的东西，我说，我是开豆腐店的，让我去做咖喱饭，不可能好吃。"他只拍简单清淡的风格。

偶尔想放松一下时，有朋友推荐我看《面包和汤和好天气》这样的简单剧集，没有任何情节，一家小小的店开在街道转角，有很好的阳光，就是做面包和汤，温暖坚持，做到最好，慢慢地改变着周围人的气场——就是做一家很简单的店，用心做足。一位成功人士说："我不懂商业，但我总觉得做大做强是不对的，做小做好才是对的，把简单做足就好。"有些人，能够成功，是因为简单，没想太多。

我自己，走过岁月，生活是有意识地越来越简单了。我十几年前的理念用到如今都是时尚：简单为上，家具也用了十几年，原木色很朴素，时间一长更显沉淀，没有任何复杂的装饰；我家最多的是书、植物和杯子，倒无意中成了另一种时尚。我看重的是能改变心情的小事。

　　简单回报给我的，是更多的简单，我屏蔽了太多不需要的信息，还有那些令人讨厌的没有任何营养的人。

下乡北大荒

▼

文_邹静之

我有一只陶瓷茶杯，30多年了，一直没用过。上次搬家时从箱底将它翻出来，还是崭新的，杯子上印有"上山下乡光荣"6个红字，旁边有一朵红花，红花下有绿色的梯田。

看着杯子，耳边响起了很热闹的锣鼓声，还有红色的布告、草绳、木箱、新发的军绿棉衣、兴奋或悲伤的眼泪、血书、母亲深夜缝被子时的灯光……

1969年8月，北京火车站。父亲从站台的圆柱背后走出来，他顶着"反动权威"的帽子，从牛棚中告假来送我。镜片后边，父亲的眼睛里没有太多悲伤。他拿了一把小提琴来，说是可以在接受贫下中农再教育之余搞搞娱乐。我接过了那把琴，没有太多的话想说。我一直盼着离开北京，离开家，离开那个歧视我的小区。

父亲在列车开动前就走了，他说只请了一会儿假。父亲走了，我想他可能忍受不了开车前的铃声。我把窗口让给其他同学。开车铃响时，车上车下忽然放声大哭起来，我一生中再也没有听到过那么多的哭声，像一条河流崩溃了一样。我没哭，我端坐在椅子上，觉得没什么可哭的，我把北大荒想象成能使我畅快呼吸的地方。

我是第一次坐火车，兴奋地看着沿途不断变换的风景。同学们彻夜不眠，交谈、打闹。我再也想不起来一群16岁左右的大男孩们，一天一夜都说了些什么。我们都把这当做一次短暂的旅行。

"北大荒"这名字真形象。头上是天，脚下是地，站起来是个人。在这里，人显得很渺小，你感受到的更多的是土地、云朵、星空，那是自然的世界，人只是自然的附属品。

1969年10月1日，我们所在的德都县下雪了。这雪像是来得太快了点儿。没来得及拿出棉衣、没有炉子、也不会生火的三三班的同学们，拥坐在一座未竣工的礼堂寒冷的舞台上，听天安门上正在举行的国庆庆典的广播。那些熟悉的声音被窗外的雪花隔开，被半导体不清晰的声音隔远了。20多个大男孩，被寒冷和怀乡之情搞得很消沉，没人说话，也不知道该说什么。

我拿出小提琴想拉个曲子，其实我就会拉三四首简单的曲子。

我拉了俄罗斯民歌《茫茫大草原》，这首歌讲的是一个马车夫将死的故事，很忧伤，与窗外的雪花构成清冷的情境。我拉了一会儿，放下琴时，发现大部分人都哭了。有的人躲避着别人的目光，用胳膊盖着眼睛哭；有的人睁着泪眼，无声地看着我。我把琴放进琴盒，瞬间，有泪流出来，滴在躺倒的琴上，发出空洞的声音。

那是我们三三班唯一的一次集体流泪，以后再也没有过。

在北大荒，拉沙子的活儿挺苦。零下40℃的天气，坐在车厢里，车一开，风就把全身的棉衣穿透了。那种冷，是哭都哭不出来的冷。20多公里的土路，快得话也要走40多分钟。车到了，找到沙子就装，两个小伙子装3吨沙子要花半个多小时，总盼着司机说："行了！关大厢。"关了大厢，身上的衬衣被汗浸透了，这时再回车厢坐下，那种冷比平时又加了一倍。风一吹，贴身的衣服像冰一样。

那时最盼望的是干完活能钻进热被窝睡一觉，但每晚定额要拉4趟，使人觉得苦海无边。

有一次实在太冷了，两个人商量好，拉完两趟就不干了。我们偷偷溜回宿舍，把通讯员的两辆自行车横放在走廊里，躺下就睡。过了一会儿，司机来叫，被走廊里的自行车呼啦啦绊倒，摔得挺重，就算躲过去了。

最苦的一次是车陷在河套里出不来了，从深夜到凌晨，我们在寒冷中熬着。那种安安静静的冷使人逐渐麻木，看到的星星又大又亮。那一夜，现在想着挺美妙的。我像是在散步，走进很深的夜，在一座沙堆上还看到一双狐狸的眼睛。我们三个人谁也不敢停下来，怕冻僵，就那么散了一夜的步，早上才搭乘一辆拉沙子的车回到连队。

农具在超市的尴尬

▼

文_阎连科

在711号园，我有了"属于自己"的土地，耕种便像睡醒后记忆犹新的梦，翩翩地舞着走进了我的新生。

我开始了耕种，耕种如奢靡的生活需要钱币一样需要农具。在北京、上海、广州等超大繁华的城市里，有钱可以信手买到尊严、爱情、别墅、汽车等一切现代生活的标签，但不一定买得到种地的农具。那些高大、宽敞的超市和所有传统、现代的商店里，货架齐整，物品丰富，但没有给千百年来供养人们吃穿的农具留下一席之地。北京大学、清华大学、人民大学的所谓莘莘学子，在被十几亿双目光的尊崇中，分不出韭菜与小麦的差别是一种体面的荣誉。"农具"一词已经非常古老，在城市里说出"农具"二字，颇有唐诗宋词的味道，而和日常的种地、穿衣没有什么关系。倘若把农具摆在超市出售，无人问津是一种必然。而更为重要的是，农具占据了货架的空间，还为超市的主人带来了拙于经营和脑子注水的骂名。我跑了许多大店小铺，问有没有卖农具时，所有的目光都在向我说着同一句话："你是从精神病院出来的吗？"

但是，有一天我在北五环外远郊的"绿色家园"中看到了农具。那家专卖地板、瓷砖、灯具、炊具的家装商场中，明亮灯光下一角的货柜上，摆着涂了绿漆的铁锨、上了油彩的锄头，还有包着油纸的十字镐、农家剪、斧子、锤子、镰刀和专供盆景使用的抓钩和枝剪。这些生来就是为了与土地、草木结为亲友的农具，现在被人们割断了它与土地的血缘，被当作工艺品涂漆包纸，摆放在那儿与火炉和烤漆等现代工艺加工过的木质地板当邻居。人们从它身边走来走去，一掠而过的目光，有如寻找金币时看到了路边的冥钱一样，使人沮丧而略带着晦气的好奇。

农具成为工艺品被摆在都市的商店，这是人类文明的异化。它在那被誉为"家园"的商场里出现，全部的意义，就是证明这家商场的应有尽有。我欣喜地朝那些农具走去，多少如同看到了我丢失的儿女一样意外和惊喜。然而掏钱购买时，售货员才发现那些农具在明码标价的商场里，竟然没有商品的价格标签贴在它的包装盒和包装油纸上。农具踏着乡村的古道，千里迢迢地从某个村头欲塌未倒的铁匠炉里走出来，没有走进乡镇传统的农具商店，而被作为工艺品摆在了大都市的商场一角。走入商场而又不被视为商品，只是摆在那儿作为应有尽有的商业物证，这是现代社会给农具的一条新的出路：让它失去自我、失去价值、失去农具的心灵和力量，成为躯壳的标本，如蝴蝶标本被夹在供人欣赏的书页里。我们无法知道农具作为生命从铁匠千辛万苦的锤下诞生后，而从来没有让它和土地与农作物见上一面，这是否还应该称它为"农具"，让它存留在这个被市场左右的世界上？但它既不是商品，也不是农具，它又是什么呢？

这些农具从出生开始，便与土地失去了联系：是商品摆在那儿，三年两年，又不赋予它价格标签，只是供客人偶然新奇地一瞥，以引起那些人对土地和农作物甜蜜或厌烦的回忆。除此，农具在都市和都市人那儿完全失去了意义和存在的理由。终于明白，人们以追求和创造文明为借口，一代代从农村奋斗到都市的命运之跌宕、感伤和欣喜，其实最根本的目的，不是人们惯常说的事业、爱情和荣誉，而是为了对农具最彻底的摆脱，让农具的记忆在根本上从头脑中剔除。农具的命运和价值，在中国的都市和数亿从农村奔向都市的人口中，已经失去了存在和谈论的意义。

　　对农具失去记忆和情感，是现代人最精确的标志。为了表达把农具摆在货架上又忘记它是商品的歉疚，"绿色家园"的一个部门经理把我请到他的办公室里，我看到他的电脑屏上正显示着"种菜养禽"的游戏图，他给我泡了一杯上好的绿茶，说了一句关于农具最为经典难忘的语录：

　　"你买农具啊？你的生活太奢侈了！"

簸箕里的沙屑

▽

文_江泽涵

一次在山村旅行的时候，因为找地方避雨，我遇见了一位极富传奇色彩的百岁阿太。阿太的人生经历了数次无情打击，依然神清气爽，耳聪目明。

一次战争夺走了阿太唯一的女儿，次年，她自己的左腿也在炮火中被炸断；又一次战争，全家人饱受折磨，大儿子成了战争的牺牲品；20年前的一场瘟疫，吞噬了她的两个孙子；丈夫在采药时失足坠崖，落下了残疾，不久就去世了；15年前，她的小儿子也病逝了。

说完，阿太轻轻地叹息了一声。忽然，她白净而布满褶皱的脸庞上掠过一丝平静的笑容。她竟然笑了？一个人尝尽生离死别之苦，晚年还要忍受无尽的孤独的煎熬，她怎么还笑得出来？

阿太端起桌边的竹篾簸箕，上下摇着颠簸里面的赤豆。阿太说："前一段时间家里潮湿，豆子有点发胀，这几天太阳好，就撒开晒晒，没想到风儿把沙粒、草屑也带进来了。"

簸箕簸粮食，我儿时见过。凝视着落下的沙粒和草屑，我感到奇怪："这些沙粒和草屑怎么就乖乖地落下来了呢？"

阿太说："簸箕三面立起，一面大嘴敞开，舌头伸得老长，那不就窝深、掌平了吗？窝深，不容易撒出簸箕里的谷物；掌平，就容易颠簸出杂物。"

阵雨很快就结束了，彩虹横跨天空。我又问阿太："你一个人是怎么生活的？"阿太把簸箕一搁，说带我在村里走一遭。她不让我搀扶，自己双手拄杖，走得极平稳。

小字辈们见了阿太都会驻足停下，弯腰问好。阿太微笑着点头，宛如一国的女王。小孩们欢笑着跑来抱住阿太的腿，阿太腾不出手，就用脸和下巴轻轻去摩挲他们的脑瓜，就像疼爱自己的孩子。

阿太说："村里这两年条件好了，65岁以上的人都有钱领，省着点花够买米和菜了。小伙子们会帮我捡柴、挑水，女娃们常来家里争着做家务，城里人也偶尔会带着东西来看我。赤豆也是去年丰收后大伙儿给的，每家给一点儿，攒起来就是一大袋子，够吃一年了。"

回到院子后，我怕阿太累着，就主动帮她簸赤豆。端着簸了很久，才簸出了一点小碎屑，于是手劲一松，往前倾斜了一点。

阿太忙说："这样不行，要端平，不可过分地前倾和后仰。前倾，豆子会掉出来；后仰，沙屑就簸不出去。"她接过簸箕后，说了一句令我动容的话："簸箕肯定会把废物簸干净的，因为沙屑的分量太少了。"

命运将阿太无情地挤到了悬崖边，没把她推下去的原因，恐怕就在此吧。阿太的至亲不在了，其他人跟阿太没有一点关系，但也都像亲人一样在照顾她，给了她许多温暖的关怀。阿太明白这一点，所以她把苦难挤下了悬崖。

阿太的一生可以写成一本厚厚的书，但浓缩后的精华就是这样一句话："人生如簸箕簸杂物，一遍不够，就多簸几遍，总会簸干净的，但是，心态一定要放平。"

千年科举那些事儿

▼

文_高晓松

从隋朝开始，中国正式有了科举制度。从此，中国就进入了一个上千年来选官相对公平的阶段。我觉得这套制度的第一个好处，就在于它让大量的精英进入体制，贡献自己的智慧和力量来管理这个国家。文官的言论空间很大，大量的文官敢说敢闹，敢骂皇帝，还敢写各种奏折——因为我是考上来的，不是你提拔上来的，所以我就敢说这些话，敢铁骨铮铮。

有一个有意思的事儿：现在的监狱里，各种用语居然都跟过去科举一致。过去的贡院，也就是考试的地方，每一间小屋叫一个号（监狱里的黑话都说"你是哪个号的"），穿的衣服叫号服，等等。在每一个号里，有两块特别小的板，在上面蜷着、半躺着能睡觉，也可以用来写字；现在的监狱里也有一块大板。不光如此，监狱里的老大叫"头板"，老二叫"二板"，墙上的铃响了叫"响板"，挺着坐在那儿叫"坐板"。这些话其实都是从科举时代传下来的，可能是被关在监狱里的人觉得自己应该光荣点，所以用的都是当时的科举语言。

科举考试还传下另一个有意思的话叫"出恭"，就是上厕所。因为科举考试很严格，考官提前一个月就把考生关在号里了，不能出去。考试的时候，三天考一科，在那么小的地方三天不能出去，怎么上厕所呢？申请。因为怕你出去就作弊了，你得申请一个"出恭入敬牌"，就是大家得安安静静的，因为那个号一个挨一个，都没有门，你不能打扰别人。领了"出恭入敬牌"才能去上厕所，上完了马上就得回来。所以后来"出恭"就变成了上厕所的意思，还分大恭、小恭，闲着没事儿放一个屁叫"虚恭"，意思是没什么真东西。不过到了殿试的时候，想出恭可不行了，皇上亲自举行殿试，马上就要出状元、榜眼、探花了，谁也不能去撒尿。后来，考生们发现吃了银杏树的白果能缩尿，于是所有的考生去殿试之前，都要狂吃一大筐白果，以免殿试的时间太长，一撒尿，状元没了。

其实我觉得现在对高考作弊的处罚力度不够。在古代，科举是国家的根本大计，国家的管理人才都是由科举选出来的，所以任何涉及科举舞弊的罪都是杀头的重罪，毫不留情，因为你犯这样的罪就等于动摇国家的根本。科举时期有各种各样的方法防止作弊，比如准考证上要描述考生的体貌特征，说这个人有痣、有胎记、有胡子等特征模样。最有意思的一种方法是，要你的亲人以及邻居乡里一起作保，证明准考证上描述的这个人就是你，一旦出现替考，所有作保的人一起连坐，这个惩罚是非常残酷的。科举博物馆里还有当时作弊的小抄，叫"夹带"，上面的字写得极细小，一个米粒大的地方能写三个字。此外，还有很多其他方法防止作弊，进考场要脱掉鞋和衣服检查，考生都光着脚，如果你带了夹带，一旦被发现了，就会给你戴上枷锁。

然后，你就会看到考场旁边站着一排人，都各自带着枷锁，意思就是你"夹带"了，我就给你"带枷"。

考试的时候，所有的考生都被关在号里面。你要想跟别人聊聊天，也不是太大的事儿。古代科举不像现代考数学，别人告诉你一个答案，你把这个答案抄上就完了，那个时候第一个考的是"四书五经"，你要对"四书五经"特别了解；第二个考的是策论，就是你对国家的某件事有什么观点，比如说怎么对付匈奴，怎么民族团结，如何拥军优属，等等，这些东西都没法抄。所以，考生在号里面也挺自由，还能偶尔站起来串串门儿。

清末重臣李鸿章，考进士时得了疟疾，一直坐在那儿"筛糠"。他当时草稿已经写好了，还打算恭恭敬敬地抄写一次，可是根本写不了字了。幸亏当时号里边还算自由，旁边号里的一个人问他怎么一直在"筛糠"，李鸿章说："我病了，不行了。"那哥们儿姓徐，他说："看你挺可怜的，我已经做完了，我帮你抄吧。"于是就帮李鸿章把草稿誊在了正式的卷子上。李鸿章和那位姓徐的当年都中了进士。李鸿章后来飞黄腾达，对那个哥们儿和他的儿子也都很照顾。

科举网罗了中国上千年来几乎所有的精英，但是漏网的也不是没有。黄巢漏网了，于是就起义了，打了一通，把长安占领了；洪秀全落榜了，于是他也闹了一通太平天国。

不过，大部分的精英都通过这个体系进入了管理国家的体制里，所以这个国家才能非常稳定。大部分落榜的人，很少有变成黄巢、洪秀全那样，落榜了就跟你拼了的，因为都是文人嘛，所以最后变成唐伯虎了，这也是好事。大部分精英来到官僚体制里，少部分精英落榜了，就丰富了我们的文化。

侯银匠

▼

文_汪曾祺

侯银匠的店是个不大点儿的小店。

从上到下，老板、工匠、伙计，就他一个人。他用一把灯草浸在油盏里，又用一个弯头的吹管把银子烧软，然后用一个小锤子在一个铜模子或一个小铁砧上"叮叮当当"敲打一气，就敲出各种银首饰。麻花银镯、帽子上钉的银罗汉、银链子、发蓝簪子、点翠簪子……侯银匠一天就这样"叮叮当当"地敲，戴着一副老花镜。

侯银匠店的特别处是附带出租花轿。有人要租，三天前订好，到时候就由轿夫抬走。等新娘拜了堂，再把空轿抬回来。这顶花轿平常就停在门前的廊檐下，一进侯银匠家的门就看得见。银匠店出租花轿，不知是个什么道理。

侯银匠中年丧妻，身边只有一个女儿。他这个女儿很能干，在别的同龄的女孩子还只知道梳妆打扮、抓子儿、踢毽子的时候，她已经把家务全撑了起来，开门扫地、掸土抹桌、烧茶煮饭、浆洗缝补，样样都做得很精到。她小名叫"菊子"，上学之后学名叫"侯菊"。街坊四邻都很羡慕侯银匠有这么个好女儿，有的女孩子耍懒贪玩，妈妈就会骂一句："你看人家侯菊！"

一家有女百家求，头几年就不断有媒人来给菊子提亲。侯银匠总是说："孩子还小，孩子还小！"千挑万选，侯银匠看定了一家。这家姓陆，是开粮行的，弟兄三个，老大和老二都已经娶了亲，说的是老三。侯银匠问菊子的意见，菊子说："爹做主！"

侯银匠拿出一张小照片让菊子看，菊子"扑哧"一声笑了。

"笑什么？"

"这个人我认得，他是我们学校的老师，教过我英文。"从菊子的神态上，银匠知道女儿对这个未来的女婿是中意的。

菊子十六岁那年下了小定。陆家不断派媒人来催侯银匠早点把女儿嫁了。

陆家的大儿媳妇、二儿媳妇进门后都没有生养，陆老头子想着三儿媳妇早点进陆家的门，他好早一点抱孙子。于是三天一催，五天一催。菊子有点不耐烦地说："总得给人家一点时间准备准备。"

侯银匠拿出一堆银首饰叫菊子自己挑，菊子连正眼都不看，说："我都不要！

你那些银首饰都过时了，现在只有乡下人才戴银镯子、点翠簪子，我往哪儿戴？我又不梳髻！"侯银匠明白了，女儿是想要金的。他搜罗了一点金子，给女儿打了一对秋叶形的耳坠、一条链子、一个五钱重的戒指。菊子说："不是我稀罕金子，大嫂子、二嫂子家里都是有钱的，金首饰戴不完。我嫁过去，有个人来客往的，戴两件金的，也不显得寒碜。"侯银匠知道这也是给当爹的撑脸面，于是加工细做，心里有点甜，又有点苦。

爹问菊子还要什么，菊子指指廊檐下的花轿，说："我要这顶花轿。"

"要这顶花轿？这是顶旧花轿，你要它干什么？"

"我看了看，骨架都还是好的，这是紫檀木的，我会把它变成一顶新花轿！"

菊子动手改装花轿，买了大红缎子和各色丝绒，飞针走线，从早忙到晚。轿顶绣了丹凤朝阳，轿顶下一圈鹅黄色丝线流苏走水。"走水"这词儿想来真是美妙，轿子一抬起来，流苏随轿夫的脚步轻轻地摆动起伏，真像是水在走。四边的帷子上绣的是"八仙庆寿"。最出色的是轿前的一对飘带，是"纳锦"的。纳的是两条金龙，金龙的眼珠是用桂圆核剪破了钉上去的，看起来乌黑闪亮。她又请爹打了两串小银铃，作为飘带的坠脚。

轿子一动，银铃碎响。轿子一完工，很多人都来看，连声称赞："菊子姑娘的手真巧，也想得好！"

转过年来，春暖花开，菊子就坐了这顶花轿出门。临上轿时，菊子说了声："爹！您多保重！"鞭炮一响，老银匠的眼泪就下来了。

花轿再没有抬回来，菊子把轿子留下了。这顶崭新的花轿就停在陆家的廊檐下。

菊子有菊子的打算。

大嫂、二嫂娘家都有钱。大嫂子娘家有田有地，她的嫁妆是全堂红木、压箱底一张田契。二嫂子娘家是开糖坊的。

菊子有什么呢？她有这顶花轿，她把花轿出租。全城还有别人家出租花轿，但都不如菊子的花轿鲜亮，接亲的人家都愿意租菊子的花轿。这样，她每月都有进项。

她把钱放在抽屉里，这是她的私房钱，她想怎么花就怎么花。她对新婚的丈夫说："以后你要买书、订杂志，要用钱，就从这抽屉里拿。"

陆家一天三顿饭都归菊子管。大嫂、二嫂好吃懒做，饭摆上桌，拿碗盛了就吃，连洗菜剥葱、刷锅刷碗都不管。陆家人多，众口难调。老大爱吃硬饭，老二爱吃软饭，公公婆婆爱吃焖饭，各人吃菜口味咸淡也都不同。菊子竟能在一口锅里煮出三样饭，一个盘子里炒出不同味道的菜。

公公婆婆都喜欢三儿媳妇。婆婆把米柜的钥匙交给了她，公公连粮行的账簿都交给了她，她实际上成了陆家的当家媳妇。她才十七岁。

侯银匠有时以为女儿还在身边，灯碗里的油快干了，就大声喊："菊子，给我拿点油来！"及至无人应声，才一个人笑了："老了！糊涂了！"

女儿有时提着两瓶酒回来看看他，椅子还没有坐热，就匆匆忙忙地走了。侯银匠想让女儿回来住几天，他知道这办不到，陆家一天也离不开她。

侯银匠常常觉得对不起女儿，让她过早地懂事，过早地当家。她好比一棵桃树，还没有开花，就结了果子。

女儿走了以后，侯银匠觉得他这个小银匠店大了许多，空了许多。他觉得有些孤独，有些凄凉。

侯银匠不会打牌，也不会下棋，他能喝一点酒，但也喝得不多。两块从"万顺"买来的茶干，二两酒，就够他消磨一晚上。侯银匠忽然想起两句唐诗，那是他錾在"一封书"样式的银簪子上的。想起这两句诗，有点文不对题：

姑苏城外寒山寺，夜半钟声到客船。

锯羊角的额吉

▼

文_艾 平

额吉在呼伦贝尔大草原深处向远方遥望。风是苍天的舌头，吻着额吉银灰色的发丝，牧草是大地的手指，抚摸额吉长长的影子。额吉的身体挺立着，脸和手与泥土同色。

在这十几年里，额吉的5个孩子像小燕子一样飞出了蒙古包：大儿子和大女儿在旗里生活，其他3个走得更远，一个在呼和浩特，一个在北京，还有一个在日本。他们的名字像一首诗，在巴尔虎人的嘴里一遍遍传颂。每当草原上有婚礼的时候，额吉不论多忙，也要赶去祝贺。回家以后，她便把在宴席上听到的赞扬自己儿女的话，说给留在家里放羊的阿爸听。

额吉和阿爸没到城市里去享受儿女的成功，他们怎么能离开草原呢？羊怎么办？草场怎么办？每当酸奶子成型，手把肉出锅，额吉便想起从前蒙古包里那5个小脑袋围着桌子等着她分食的情景。每当大雪把草原变成银盆，额吉就后悔把马群卖出去的事情。要是那匹沙毛马还拴在蒙古包前，额吉这会儿一搂鞍鞯上了马，由着马蹄"咯噔咯噔"地敲打着雪壳子，眨眼工夫就能看到大儿子和大女儿了，只要和孩子们一起喝上一碗奶茶，她心中的草地便会像获得了春天的雨水那般滋润。

早晨，阿爸骑着摩托车赶着羊群远去了，只有那几头病羊陪伴额吉。

有什么声音能来搅动一下额吉的草原呢？

额吉似乎听见蒙古包里的桦树皮摇篮发出婴儿"咿咿呀呀"的声音，听见了沙毛马还是个驹子时那细弱的响鼻声，听见有人在牛粪垛下叽叽喳喳的说话声……其实额吉也知道这些声音都是自己胡乱想出来的。可是，这些胡乱想出来的声音却让额吉萌生出想说说话的欲望——有一只羊的犄角早就该锯了，你说把孩子叫回来吧，还有点不值得；不叫吧，家里的锯条不好使了，那羊不能吃草了。

额吉想，大儿子忙，就给大女儿打个电话吧，让她回来的时候捎上一根小锯条，可是大女儿的电话老是无法接通。额吉刚把电话放回草窠里，电话却响了。额吉喜上眉梢，一拿起电话，却是一个推销电话，这一次推销的是香港直飞游。额吉对着电话说："我飞了，你来给我们家他阿爸熬茶呀？"

额吉把头上的白缎子头巾摘下来，在阳光里抖了抖。头巾上没有一丁点灰尘，今年草好，厚厚的，像在地上绣了一层丝绒，风只能刮起满地的香味儿，刮不起一丝沙尘。额吉心一宽，就听出来草原上其实只有一种声音，是身后那只羊的肚子在"咕噜咕噜"响。那羊的两只角长到脑后，打了一个弯，又向前长，直杵到它的嘴里，使它无法吃草。额吉昨天给大儿子打了电话，让他回来时捎一根新锯条。

儿子说："额吉，你等我放假回来锯。"大儿子在旗里当干部，总是说回来，到时候就回不来了。于是，额吉自己进了羊圈，抓住羊耙子，捆紧了它的腿，动手锯羊角。这羊耙子是额吉一手养大的，高大壮实，羊群里有十几个它的儿子。除了初冬的时候放进羊群配种，额吉平时把它关在蒙古包前的小圈里，像个佛爷似的供养着。

额吉觉着自己近来好像有一点怕，怕这头大角的羊耙子变老，老得冲不到小母羊的身上去，老得嘴里的8颗牙不能把青草咀嚼成浓浓的绿汁儿；怕它有一天突然往草地上一歪，就把魂交给长生天了。额吉知道人也和羊一样，迟早有那么一天。

阳光顺着额吉手上的小锯条爬来爬去，羊侧着脸，眼睛随着锯条眨巴。

额吉锯着锯着，心里渐渐地生出一些惆怅。她想放开嗓子唱一首歌，唱一首很久不唱的长调《牧歌》，又由《牧歌》想起长调歌唱家宝音德力格尔，这首歌谁也没有宝老师唱得好听。额吉想把宝老师的歌儿唱出来，让自己的心在一个人的草原上无拘无束地回到年轻的时光里。可是额吉弓着腰，锯着羊角，气喘吁吁地唱不出来。额吉需要一个嘹亮的声音，来助推一下自己这不由分说的想头。她连忙打开手机，她想起小女儿说手机里可以找到很多草原歌曲。

　　手机里的歌声唱起来了，高亢而悠扬——阳光……阳光流淌……就在……就在……这片草原……额吉不明白，手机为什么总是唱这一首歌。额吉的手机是最新款的，是小女儿给她设置的。小女儿经常给她发来照片，额吉和阿爸虽然不会翻看，却还是盼着小女儿不断给他们发，因为每次一发完，那调皮的小女儿就会打电话来。上了大学的小女儿说话还是那么奶声奶气的。额吉和阿爸一听到小女儿的声音，就好像看见了10年前把小女儿送到旗里上小学时，她那小羊羔似的样子。因为小女儿发来的她跳舞的这些图片，额吉和阿爸便有了叫大儿子和大女儿回来的理由。他们一到家，家里的蒙古包就会像萨日朗的蓓蕾突然绽放，变得活色生香。

　　额吉捣鼓了老半天，手机还是唱不出别的歌曲来。额吉觉得，哪怕是小母羊娇嫩的奶头，也要使劲才能挤出奶来。可是还没等额吉的手指使劲，屏幕上的符号就展开一双又红又绿的翅膀，"刷"一下不知飞到什么地方去了。

　　"阳光……阳光流淌……就在……就在这片草原……"岁月果然就在额吉的蒙古袍的边上流走了。额吉想，人要是草原就好了，年年都重新发芽，永远都不会离开自己最心疼的小草和小花。

　　额吉用手摸摸羊角上自己锯出的口子，还是那么浅。她伸伸腰，喝了一碗奶茶，开始喂羊。额吉用两只手向外掰着羊耙子的两只角，蹲在羊头前面让羊自己吃草。冷蒿和碱草，还有野葱幽绿发亮。羊耙子性子急，老想摆脱额吉的手往前够草。额吉弯着腰，慢慢随着羊往草厚的地方退。

额吉心想，要是老头子看见自己这样侍弄羊，一准儿会说，你这个女人真是个傻狍子，你不要你的老骨头了。额吉的嘴边不由得浮现出一丝微笑，在心里和阿爸说，你不是一直说你老婆像一头4岁小母马那么扎造吗，你这爱尥蹶子的儿马子啊，也懂得心疼人了……俄顷，额吉觉得腿有点支撑不住身子，她想站起来换个姿势，到底是身子骨不那么灵活了，没等姿势拿好，就一屁股蹲儿跌坐在了草地上。

随着额吉这一跌，"扑棱"一下从草丛里飞起一只百灵鸟，它旋转在额吉的头顶上，一声比一声叫得凄厉，就是不肯离开。额吉知道春天深了，果然看见身后有一个用乱羊毛和软草做成的窝，窝里面是4个浅褐色的鸟蛋，油汪汪的，挺好看。额吉赶紧牵着羊，远远地躲到了蒙古包的影子里。百灵鸟轻轻落下来，继续自己的天职。

在寂静的阳光里，一个巴尔虎母亲慢慢地锯着羊角，一只百灵鸟妈妈静静地孵卵。

医生追到火车站

▼

文_白岩松

我的家乡在内蒙古的海拉尔，那个地方很偏远。20世纪70年代，我爸那时30多岁，总咳嗽，有时还咯血。有一天，他要出差去天津。我妈就嘱咐他，办完公事一定要去医院看看病。我爸去了天津，最后一天才去医院。结果，他被诊断出有癌症。医生不好当面告诉他，只是对他说："对不起，你不能走，必须住院。"

我爸掏出车票对医生说："这是我今天回海拉尔的车票，非走不可。"医生就说："请你稍等，我去找我们的领导来跟你谈。"医生去找领导的时候，我爸溜走了。

晚上，我爸在天津火车站等车的时候，火车站的喇叭响起来，居然有人找他："海拉尔来的某某某，请到火车站门口。"我爸走到火车站门口，那位医生正焦急地站在门口等他。原来那位医生记住了我爸晚上要乘坐的车次。我爸就这样被救护车拉回了医院。

我爸两年后还是去世了，但是，我妈说："如今要是遇上这样的医生，加上现代的技术，也许你爸的病就能治好。"

当下的中国，医生和整个社会之间正是处于这样一种错位的关系中。几十年前，中国两辆汽车一撞，下来就打，为什么啊？因为打赢打输决定了赔偿责任。今天，两辆汽车一撞，没有人动手，因为每个人都被强制上了第三方责任险。可见，制度可以提升文明程度。坦白地说，目前社会上出现的相当多的医患矛盾，都是在替医疗改革行进速度太慢背着黑锅。

一个良善的社会应该提供良好的润滑机制。我去台湾采访，一进医院，就有志愿者服务站。几乎每家医院都有志愿者，不管你看什么病，他们都会领着你到各个科室，你的焦虑就会减轻。这些志愿者全是经过培训后上岗的，一个星期只需要在医院待两个半天，花的精力也不太多。

他们和土地一起被留下

▼

文_瞿学江 宋克强

城市化进程不断加快，年轻人一个个告别山村，到城市去"淘金"。在他们的身后，留下了一个个守望着家园的孤独身影，人们称这个特殊而庞大的群体为"留守老人"。

他们一边佝偻着身躯劳作于阡陌之间，一边还要隔代抚养孙子孙女。他们在默默操劳的同时，内心还承受着对子女的思念、生活的各种压力以及孤独和寂寞的煎熬。

干不动也得干啊

我们在西吉县白崖乡库房村见到马庭栋老人时，他正在自家门口的田垄上拔芨芨草。老人弯下腰，一束一束使劲往外拽，不一会儿，身旁就堆积了一小捆芨芨草。"这几天下了点雨，芨芨草长高了，正好地里的土豆还不到收的时候，趁着有闲工夫，拔一些给家里扎几把笤帚。"看到我们到来，老人停下了手头的活儿，卷起袖子擦了擦额头上的汗珠。

马庭栋今年67岁，妻子马秀花63岁。和村里的很多老人一样，尽管年事已高，但他们依旧需要下田劳作。家里的8亩地今年种了7亩玉米、1亩土豆，再过半个月就要收获了。让马庭栋发愁的是，小儿子夫妻俩因忙工作今年还是回不来，老伴因眼睛患有白内障而无法下地，所有农活只能靠他一个人完成。

"您这么大岁数了,这些活还干得动吗?"我们问。"干不动也得干啊,一天一天慢慢熬呗,总不能眼看着让庄稼倒在地里没人管,家里就靠这些过日子呢。"马庭栋说。老人除了地里的收成和每年2000多元的退耕还林补助款,政府每月还给每人发55元的养老金,加上儿子们给的一些零花钱,勉强能够维持生活,但依然需要精打细算,平时在吃穿方面根本舍不得花钱,买药看病是主要开销。老人告诉我们,常年累月过度的体力劳作让他俩落下一身的毛病,自己患有前列腺炎和胃病,老伴除了白内障,还有胃溃疡和腿疼,每月光买药就得四五百元,这对他们而言是个不小的负担。

为了补贴家用,老两口利用房子临街的优势开了一间小卖铺,里面摆了数量有限的生活用品和儿童小食品,尽管这是村里唯一的小卖铺,但生意依然惨淡,用马秀花的话说"最多的时候能卖十几元钱,有时候甚至一天卖不出去一分钱的货"。"原先村里有30多户人家,这两年陆续有搬走的,加上年轻人都外出打工,剩下的几乎都是老人,没人来买东西。"马秀花说。

相比于生活的艰辛,在老人看来,儿孙常年不在身边的寂寞更让他们难过。马秀花说,每年春节儿子从外地回家那几天,她和老伴特别高兴,平时一身病,此时也显得特别精神,全然不知道累。当儿子离去时,她和老伴总是送了一程又一程,直到汽车在山沟里消失,才转身慢慢向家里走,每当这时,她的眼泪就忍不住直往下流……

总感觉心里空落落的

两间土坯房已经年久失修,一下雨屋顶就漏个不停,同样用土坯砌成的院墙用几根木头支撑着,摇摇欲坠,似乎随时都要倒下去。我们走进西吉县偏城乡北庄村马正兵家时,他正斜靠在土炕上休息,炕头柜子上摆满了各种药品，浓浓的中药味弥漫在昏暗的小屋里，由于患有腰椎间盘突出和骨质增生，老人无法下地走动。

今年75岁的马正兵有5个儿子，不是外出打工就是在外面工作，家里长时间就剩下他们夫妻俩。不幸的是，去年7月老伴因病撒手人寰，留下他一个人孤零零地生活。老人原本和小儿子在一起生活，现在因小儿子在内蒙古一处煤矿打工，无法长期在他身边服侍，便由在村里的四儿媳负责一日三餐。平常除了村里的几个老伙伴偶尔来串串门陪着聊聊天外，大多数时间里，老人只能一个人默默地待在家里。一台仅有的老式彩色电视机因部件损坏早已成了摆设，陪伴他的只有一台更加老式的收音机，请人帮着调好收音机频率后，老人每天早晚都会打开听一听新闻，除此以外，再无任何"娱乐"活动。有时实在心里发慌，他会主动给儿子们打个电话，为了节省话费，常常将时间控制在一分钟以内。

"白天还好过，晚上可就难熬了。"马正兵老人说。由于无事可干，他常常一吃完饭就上床休息。他每年最盼的是开斋节、古尔邦节等几个节日，儿子、孙子都会回来看望他，一大家人其乐融融，最怕的是过完节亲人们一个个走了，家里又回到长久的冷清。

最怕生病没人照料

收完田里的3亩小麦后，西吉县白崖乡库房村的马庆贤迎来了难得的一段空闲时间，他走到后院开始整理一大堆废旧饮料瓶，这是他花了近一年时间走乡串村收来的"战果"，交给废品收购站估计能挣1000多元。这边老伴马桂莲也没闲着，烧了一大盆热水，用搓衣板洗脏衣服。可能是上了年纪的缘故，每洗一件都十分费劲，等洗完晾晒好7件衣服后，老人已是满头大汗，气喘吁吁。

两位老人今年都年满70岁，儿子儿媳都去外地打工，一年回来不了几次，家里只剩下老两口和上小学五年级的孙子。前几年新盖了几间房子，不过这些房子平时大部分都锁着，只留着老两口的卧室和厨房。他们种着7亩地，养了3头牛、7只羊。

"现在身体越来越不行了，一干活就腰酸背痛，农忙时，特别想让儿子回来帮一把。"马庆贤老人说，"但是回来就没人挣钱，家里那几亩田也刨不出几个钱来，只要孩子们以后过得好，我就觉得有了盼头。"放下手里的活，马庆贤忙着到水窖里打水喂牛。老人身体还比较硬朗，田间地头的活也能干一些。他说："最怕的是生病，病了既没有那么多钱治，更没有人照料。我们不想让孩子担心，只要照顾好自己，照顾好孙子，孩子们就不用担心了。"

"天一黑就躺下了，看电视也就是坐着，里面演啥也不知道。"马桂莲老人说。村里没组织啥老年人的活动，家里没有说话的人，闷得慌了，他们就到村里走走转转，遇到人就说上几句。与他们相邻的都是些老人，每次聊的话题也是围着儿女转。要是谁的儿子女儿来电话说哪天要回来，周围的老人都很高兴和羡慕，大家就掐着手指头倒计时。

我能理解……

干枯的双手，深深的皱纹，西吉县偏城乡北庄村85岁的马德花和大多数农村老人一样，质朴、勤奋、耐劳。由于老伴去世得早，儿子、儿媳、孙子常年在外打工，老人很早就加入了"空巢老人"和"留守老人"的行列，不过最近她暂时不再"留守"。

儿子和儿媳在银川一家工地打工，半个月前儿媳突然被检查出阑尾炎，需要动手术。考虑到在县城医院住院费报销比例高，他们回到县城动了手术，一周前刚刚出院，现在在家休养。我们在马德花家看到，老人正在厨房忙着给儿媳做饭，为了增加营养，她特意从集市上花100多元买了5斤牛肉。而在平时，老人很少舍得花钱买肉。

马德花的儿子马学礼说，让老人一个人待在家里，他们也很担心发生意外，但实属无奈。2009年给儿子看病时欠下10万元的债务，为了尽快偿债，妻子也只好外出打工。母亲耳朵有点背，接电话不方便，他每隔两三天就给邻居家打电话询问家里的情况。

走进马德花住的卧室，光线昏暗，屋里陈设简陋，但整洁地堆放着一些木质家具和杂物，小炕桌上摆放着两小包西药，偶尔听到老人几声咳嗽，体弱多病的她身体一直不是很好。

对于日常的生活，老人说："年纪大了，休息也不是很好，晚睡早起。幸好有村里的姐妹照顾我，平时还能一块儿看电视，聊聊天说说话，不至于很孤单。儿子虽然不经常回来，但我能理解，还是挣钱生活要紧。"

深山里的"马蒂斯"

▽

文_谢 凯

在福建省漳州市华安县新圩镇绵治村，今年76岁的邹合文成了远近皆知的"名人"。他在闲暇时用从山上捡来的茶树枝雕刻而成的木偶，经媒体"曝光"后迅速走红。有网民称他为"天然的艺术家"，有策展人邀请他参加各种艺术展览，还有记者专门给他拍摄个人纪录片……对此，一辈子生活在深山里、靠绑扫帚为生的邹合文颇不习惯。他说："我只是按自己的想法雕一些小玩意儿，哄哄爱哭闹的曾孙，实在没有想到其他人还这么喜欢。"

做木偶始为哄孩子

虽然邹合文雕刻木偶是从三四年前开始的，但在孙子邹志铭眼里，爷爷很早就开始搞"艺术创作"了。邹志铭回忆，爷爷以前就爱种些花花草草，很爱给它们修剪姿态，经常剪出一些大象、孔雀等动物造型。不过，邹志铭的奶奶认为邹合文不务正业，浪费时间，就把这些花草全拔掉了。后来，邹合文又从山上捡来一些小石头，把它们粘成各种各样的小动物。不过，这些"艺术作品"又被老伴以相同的理由扔掉了。

直到有了曾孙后，邹合文的"艺术创作"才终于被老伴认可。有一次，邹合文见曾孙哭闹不止，怎么哄也哄不住，于是他突发奇想：给小家伙做一个小木偶，兴许他就不哭了。他从门外捡来一截木头，用砍柴刀几下就砍出一个小狗模样的木偶。说来也奇怪,小家伙见到木偶真的不哭了。

"从那个时候起,我就觉得做木偶有意思,只要小家伙一哭闹,老伴就催我做个新的让他玩。"邹合文指着身后墙上用木板搭的简易"展架"说,"总共做了100多个了,除了曾孙玩,还有一些送给邻居和亲戚的小孩子,现在还剩四五十个。"仔细看这些木偶,有鸟、猫、猪、牛、人物等造型,虽然刻得并不逼真,但是一眼就能辨认出来。在刻好基本造型后,邹合文指着身后墙上用木板搭的简易"展架"说,"总共做了100多个了,除了曾孙玩,还有一些送给邻居和亲戚的小孩子,现在还剩四五十个。"仔细看这些木偶,有鸟、猫、猪、牛、人物等造型,虽然刻得并不逼真,但是一眼就能辨认出来。在刻好基本造型后,邹合文还给它们上了一层艳丽的底色,然后再点缀上花草纹,用色既大胆又充满想象。

中国美协会员、著名画家黄文佑在看了邹合文的木偶作品后,连声称赞。他说:"这些小木偶造型生动,配色不拘一格,颇有野兽派创始人马蒂斯的风格。"

不懂什么是艺术

去年年底,邹志铭把爷爷雕刻的木偶推荐到上海设计艺术展,没想到一炮走红。2014年6月,在厦门举办的"锤子与庄子"综合艺术展上,邹合文的木偶再次大受欢迎。据策展人陈福荣介绍,他之所以策划这次艺术展,起因就是两年前在深山里看到了邹合文的木雕,惊叹于这位山中老人竟有如此丰富的想象力和创造力,于是萌生了为邹合文这样的民间艺术家做展览的冲动。

对于展览现场的盛况,邹合文一边抽着自己卷的纸烟,一边滔滔不绝地讲,为了佐证自己讲的话,他还拿出展会现场的照片。其中一张照片是邹合文被各大媒体记者的"长枪短炮"包围的情景。邹合文指着照片说:"这些记者一个个都问我什么创作灵感啊、艺术风格啊之类的问题，我连字都不认识，也从来没有学过美术，我哪儿知道什么是灵感、什么是艺术啊？我是平时看到什么就刻什么。他们提的问题，我一个都回答不出来。"

邹合文说，在展会现场，那些城市里的小孩子围在他的木偶前，个个吵着要爸爸妈妈买。对此，他有些不理解地说："这些城市里的小孩子，有玩不完的玩具，什么机器猫、奥特曼、变形金刚，要是我的曾孙也有这些玩具玩，他可能就不会喜欢玩我做的木偶了。"

不被理解的孤独

邹合文还是一个很爱炫耀的人，在他刻了很多木偶后，他怕村里人不知道，还特意拿了一些摆在村口孙女开的理发店里，因为"那里进出的人多，容易被看到"。

不过，结果让邹合文感到有些沮丧，因为乡亲们并不懂他。邹合文说："他们觉得我的木偶不好看，还笑我一天吃饱了没事干，刻这些木偶有什么用。"村里以前也有一个刻木偶的人，名叫鸿年，他刻的木偶还得过奖，不过已经去世了。于是，村里不少人就带着嘲笑的语气对邹合文说："阿文啊，鸿年死了，你还要像他一样刻木偶吗？"每当听到这样的话，邹合文就用"不管别人怎么说，我自己不介意就行"来安慰自己。

事实上，不要说乡亲们不理解，最初连自己的老伴和儿媳妇也挺反感他刻木偶。在邹合文生活的乡村，有做替身（替代死人的纸偶）的习俗，而邹合文刻的木偶人和替身很像，这引起老伴的反感。"我女人经常骂我，说：'你这老头，一天净做些看了让人讨厌的东西，你再做木偶我就全给你扔出去。'"邹合文说。他本来很喜欢刻木偶人，不过因为老伴的强烈反对，现在已经不做了，改为专做木偶动物了。不过，有些动物邹合文不能刻，比如蛇和老虎，因为儿媳妇看了感到害怕。"我就刻小鸟吧，不然还能刻什么？"邹合文深吸一口烟，带着无奈的语气说。

好在学美术专业的孙子邹志铭懂爷爷，每次回家，他都要先看看爷爷新刻的木偶。每次孙子回来，邹合文都很高兴，说到木偶的时候话也特别多。孙子不在的时候，邹合文打发时间的方式就是独自一人刻着他的那些木疙瘩。他说："我以前有事没事都爱去找人聊天，有时候话讲不好遭人嫌，现在刻木偶挺好，动手动脑，不找人聊天也不会无聊，日子就这样一天天过去了。"

他鸡即地狱

▼

文_韩少功

　　农家有三宝：鸡、狗、猫。鸡是第一个。

　　放在以前，鸡是一般农家的油盐罐子，家里的油盐钱，全是从鸡屁股里挤出来的。现在经济有所改善，但鸡还是一般农家的礼品袋子，要送个情或还个礼，大多冲着鸡下手。

　　入住山峒以后，农友们渐渐摸清了我的来历，知道我下乡不是因为受了什么处分，也不是因为精神上不正常。作家嘛，大概相当于以前的秀才或者举人，还理应得到他们一份尊重。他们放心了，与我家一来二去之后，常送来一些菜、红薯、糯米、熏肉，有时还用化纤袋装来两三只鸡仔。

　　我家的鸡圈由此迅速地热闹起来。来路不一的鸡仔各自抱团，互相提防和攻击。其中有一只个头大，性子烈，本领高强，只是没来得及给它剪短翅膀，它就像鸟一样腾空飞越了围墙。我们在后来几天里，还不时看到它在附近游走和窥视，但就是抓不住它，只得听任它变成野鸡，成全它"不自由毋宁死"的大志。

　　鸡仔长大以后，雌雄特征变得明显。一只公鸡鸡冠大了，脸庞红了，尾巴翘了，骨架五大三粗，全身羽毛五彩纷呈、油光水亮，尤其是尾上那几根高高扬起的长翎，使它活脱脱成为戏台上的当红武生，华冠彩袍，金翎玉带，若操上一杆丈八蛇矛或方天画戟，唱出一段《定风波》《长坂坡》什么的，一定不会使人惊讶。几个来访的农民也觉得这家伙俊美惊人，曾把它借回家去做种。

这只公鸡是圈里唯一的雄性，享受着三宫六院的幸福和腐败，每天早上一出埘，就亢奋得平展双翅，像一架飞机在鸡场里狂奔几圈，发泄一通按捺不住的狂喜，好半天才收翅减速。但这架傻飞机虽然腐败，却不太堕落，保卫异性十分称职，遇到狗或者猫前来觊觎，总是一鸡当先冲在最前面，怒目裂眦，翎毛奋张，炸成一个巨大毛球，吓得来敌不敢造次。如果主人往鸡圈里丢进一条肉虫，它身高力大、健步如飞，肯定是第一个啄到目标。但它一旦尝出嘴里的是美食，就会立刻吐出来，礼让给随后跟来的母鸡。自己无论怎样馋得难受，也强忍着站到一旁去，绅士风度让人敬佩。

"衣冠禽兽"一类恶语，在这只公鸡面前变得十分可疑。把自利行为当作人性全部的流行哲学，在这只公鸡面前不堪一击。一只鸡尚能利他，为何人性倒只剩下利己？同是在红颜相好的面前，人间的好多雄性为何倒可能遇险则溜之和见利先取之？再说，这公鸡感情不专，虽有很多不文明、可挑剔和可责难之处，但它至少还能乱而不弃，喜新不厌旧，一遇到新宠挑衅旧好，或者强凤欺压弱莺，总是怜香惜玉地一视同仁，冲上前去排解纠纷，把比较霸道的一方轰到远处，让那些家伙少安毋躁、恪守雌道。如此齐家之道也比好多男人更见境界。

这样想下来，禽兽如果有语言的话，说不定经常会以人喻恶。诸如"兽面人心""狗模人样""人性大发""坏得跟人一样"……它们暗地里完全可能这样窃窃私语。

一天早上，我起床以后发现天色大亮，觉得这个早上缺了点什么。想了半天，发现是少了几声鸡叫，才使我醒得太晚。我跑到埘前一看，发现埘里没有大公鸡。这就是说它昨天晚上根本没有入埘。

我左找右找，一直没有发现它的踪影。中午时分，我再一次搜寻，才在一个暗沟里发现了它的尸体。奇怪的是，它身上没有伤口，显然不是被黄鼠狼一类野物咬死的。也不像是病死的，因为它昨天还饮食正常、精神抖擞，没有丝毫病态。

到底是怎么回事？我没法破案，只是把它葬在一棵玉兰树下。

公鸡莫名牺牲的那一天，母鸡们怅然若失，不怎么吃食，撒给它们的谷子剩了许多，被一大群麻雀飞来吃了个痛快。

从此以后，鸡圈里少了一份团结与和谐。母鸡们也能利他，但利他的圈子通常划得比较小，大多只限于一窝同胞之内。凡是气味不对的他家骨血，就无缘受到爱护，双方处得再久，还是格格不入。这就苦了一只小黄鸡。它是新来的，在这里无亲无故，刚来时怎么也进不了埘，一进门就被既得利益群体啄出门外。我把它强行塞进埘门，第二天竟发现它头上鲜血淋淋，脑门上被活活地啄去一块肉，使它两眼欲闭，步履踉跄，奄奄一息。

他鸡即地狱啊！没有明君贤主的社会礼崩乐坏啊！我没法听懂鸡语，再气愤也没法缉凶，唯一可做的事，是找来红药水和消炎粉，给这只半死的小鸡疗伤。我见它怯怯的根本不敢上前争食，又一连给它开了七八天小灶，每天抓来些剩饭或谷子，让它单独在一旁进食。

别的鸡见此情景嫉妒得拍翅大叫，但在我的一再呵斥之下，无法靠近过来，只能远远地看着小黄鸡吃香喝辣。

我们把这只鸡命名"小红点"，因为它头顶抹上红药水时，脑袋上有鲜明的标记。没有料到的是，自小红点被我们从死亡线上救回来以后，它怕鸡不怕人，亲人不亲鸡，在鸡圈里总是形单影只，待在冷清的角落，一见人倒兴高采烈地跑上前来，不似其他那些鸡，即便见你来喂食也会四散惊逃，直到你提着空盆离去，才敢一哄而上前来抢啄。

每到黄昏，小红点也迟迟不回埘，一有机会就跑出鸡圈，跑到我家的大门口，孤零零守候在那里，对门内的动静探头探脑，似乎一心一意要走进这扇门，去桌边进食，去床上睡觉，甚至去翻报纸或看电视新闻。看得出，它眼睛眨巴眨巴，太想当一个人而不想做一只鸡了。

　　半年多以后，它还是保持着跟人走而不跟鸡玩的习惯，即使主妇很不待见它在门前拉屎，即使主妇一次次把它赶回鸡群，它还是矢志不改，总是跟着人转，有时踩着了我的脚，啄了我的脚，也若无其事。它顽强的记忆是不是来自那一次刻骨铭心的疗救？或者像邻居老吴说的："它前世很可能本就是个人，同人有某种缘分。"

　　它一天天长大了，拉在我家门前的粪便越来越多。但我不知道怎么对待这只孤独的鸡。假如它哪一天要终结在人类的刀下，它会不会突然像人一样说话，清清晰晰地大喊一声："哥们儿，你怎么这样狠心？！"

　　或者，它会不会眨巴着眼睛，流出一泓无言的泪水？

　　那一天正越来越近。

大　地

▼

文_毕飞宇

　　在村庄的四周，是大地。某种程度上说，村庄只是海上的一座孤岛。我把大地比喻成海的平面是有依据的，在我的老家，唯一的地貌就是平原，那种广阔的、无垠的、平整的平原，每一块土地都一样高，没有洼地，没有丘陵，没有石头。你的视线没有阻隔，如果你看不到更远的地方了，那只能说，你的视力到了极限。这句话也可以这样说，你的每一次放眼都可以抵达极限。

　　我想我很小就了解了什么是大。大是迷人的，却折磨人。这个大不是沙漠的大，也不是瀚海的大，沙漠和瀚海的大只不过是你需要跨过的距离。平原的大却不一样了，它是你劳作的对象，每一尺、每一寸都要经过你的手。在苍茫的大地上，每一棵麦苗都是亲手播种和收割的，每一棵水稻都是亲手插种和收割的。这是何等的艰辛！有些事情你可以干一辈子，但不能想，一想就会胆怯，甚至不寒而栗。

　　有一年的大年初一下午，家里就剩下我和父亲。我们在喝茶、吸烟、闲聊，其乐融融。父亲突然问我："如果把现在的你送回到那个时代，让你在村子里做农民，你会怎么办？"我想了很长时间，最后说："我想我会死在我的壮年。"父亲不再说话，整整一个下午，他不再说话。我说的是我的真实感受，但是，我冒失了，我忘记了说话的对象是父亲。我经常犯这样的错。父亲是"那个时代"活下来的人，我的回答无疑戳到了他的痛处。我还是要说，父亲"活下来"了，这是一个多么了不起的壮举。他老人家经常做噩梦，他在梦里大声地喊叫。我能做的事情就是赶紧把他老人家叫醒。我相信，每一次醒来他都如释重负。他老人家一定很享受大梦初醒的轻松和快慰。

庄稼人在艰辛地劳作，他们的劳作不停地改变大地上的色彩。最为壮观的一种颜色是鹅黄色—那是新秧苗的颜色。我为什么要说新秧苗的鹅黄色是"最壮观"的呢？这是由秧苗的"性质"决定的。秧苗和任何一种庄稼都不一样，它要经过你的手一棵一棵地插下去。在天空与大地之间，无边无垠的鹅黄色意味着什么？意味着大地上密密麻麻的全是庄稼人的指纹。鹅黄色其实是明媚的，甚至是娇嫩的。因为辽阔，因为来自"手工"，它显得壮观了。我想告诉所有的画家，在我的老家，鹅黄色实在是悲壮的。

我估计庄稼人是不会像画家那样注重色彩的，但是，也未必。"青黄不接"这个词一定是农民创造出来的。从这个意义上说，这个世界上最注重色彩的依然是庄稼人。一青一黄，一枯一荣，大地在缓慢地做色彩的演变。庄稼人的悲欢在骨子里就是两种颜色的疯狂轮转：青和黄。青色和黄色是庄稼的颜色，说到底也是大地的颜色。当我伫立在田埂上的时候，我哪里能懂这些？我的瞳孔里永远都是汪洋：鹅黄色的汪洋，淡绿色的汪洋，翠绿色的汪洋，乌青色的汪洋，青紫色的汪洋，斑驳色的汪洋，淡黄色的汪洋，金光灿灿的汪洋。它们浩瀚、壮烈，同时也死气沉沉。我性格当中的孤独倾向也许就是在一片汪洋的岸边留下的。对一个孩子来说，对一个永无休止的旁观者来说，外部的浓烈必将变成内心的寂寥。

大地是色彩，也是声音。这声音很奇怪—你不能听，你一听它就没了，你不听它又来了。泥土在开裂，庄稼在抽穗，流水在浇灌—这些都是声音，像呢喃，像交头接耳，鬼鬼祟祟又坦坦荡荡，它们是枕边的耳语。麦浪和水稻的汹涌则是另一种音调，无数的、细碎的摩擦，叶对叶，芒对芒，秆对秆。无数的、细碎的摩擦汇聚起来了，波谷在流淌，从天的这一头一直滚到天的那一头，是啸聚。声音真的不算大，但是，架不住它的厚实与不绝，成为巨响的尾音，不绝如缕。尾音是尾音之后的尾音，恢宏是恢宏中间的恢宏。

还有气味。作为乡下人，我喜欢乡下人莫言。他的鼻子是一个天才。我喜欢莫言所有的关于气味的描述，每一次看到莫言的气味描写，我就知道，我的鼻子是空的，有两个洞，从我的书房一直闻到莫言的书房，从我的故乡一直闻到莫言的故乡。

福楼拜在《包法利夫人》里说过："大自然充满诗意的感染，往往靠作家给我们。"这句话说得好。不管是大自然还是大地，它的诗意和感染力是作家提供出来的。无论是作为一个读者还是作为一个作者，我都要感谢福楼拜的谦卑和骄傲。

大地在那儿，还在那儿，一直在那儿，永远在那儿，这是泪流满面的事实。

无法隐居的人

▽

文_毛 利

2009年圣诞节前后的某一天，我穿着羽绒服（暖气不足）躺在出租屋的床垫上，翻着一本比尔·波特的《空谷幽兰》，翻到第五页时，我决定收拾行李远离北京，也去找个地方隐居一次，彻底地净化身心。我想象自己从那个渺无人烟的山谷中出来时，已经是一个如苍井优一样明亮、纤细、干净的森系女孩，而不是眼下这副臃肿、肥胖、痴呆的模样。

当天晚上我就在网上买了一张去云南的机票，既然要住很破的房子，最好还是找个温暖点的地方。结果云南冷得要命，刚到大理我就在大街上买了条披巾。不可思议的是，我在人民路碰到一个北京的朋友，我们马上跟在簋街一样，快快乐乐地点了大救驾、玫瑰炒鸡蛋、风花雪月啤酒。吃完躺在客栈里，觉得屈辱万分，飞越千山万水，居然还是摆不脱脑满肠肥的宿命。

幸好客栈老板娘说鸡足山有几个小庙，有人在那儿修行。有人插嘴说，苍山上的无为寺里有个武术修行班，有很多外国人，去学点打坐、马步、三脚猫功夫，挺不错的。

我拎着包，在大街上找了一辆黑车，告诉师傅去无为寺。那天下午大理的天气好极了，晴空万里，小鸟喳喳叫，想到马上要跟这个世俗的世界暂别，我激动得无以言表。

我走在庙里曲曲绕绕的小径上，觉得此处甚好，甚幽静，非常适合短期休养。传说中的武术修行班在一个破破烂烂的小院里，几个外国人在里面练着马步。一个面带笑容的和尚看到我，问："你是中国人吗？"我点头，他随即告诉我："对不起，我们这儿不收中国人。"

是以怎样黯然的心情离开了无为寺，现在我已经记不太清楚，总之就是又气恼又丢人。

我不可能像比尔·波特写的那样，到终南山顶找一个无人居住的茅房，就着两袋面粉过一个冬天；我也不可能像梭罗一样，孑然一身跑到湖边自己找个房子住；我唯一想做的事情，就是跑到一个没网络的地方待几天，感受一下脱离世俗社会的感觉，居然因为自己是个中国人被拒绝了。后来我发现想找个世外桃源般的地方住着，听上去很简单，找起来真难，到处都是人。那样的地方，只要有一个背包客说那里很好，马上整条街都是揣着单反照相机的哥们儿。一个不太熟悉的朋友跟我说："你可以去杭州的乡下，空气好极了，现在人也少。"我琢磨了几番，觉得那里没准有郁达夫笔下《迟桂花》的气息，有点蠢蠢欲动。朋友说："帮你打听好了，那里的农家乐一个房间一天收300元，你是我朋友，去一个月给6000元就行。"

如你所知，我很穷，听到这个消息，我甚至后悔放弃了北京两千元的出租屋，其实拉断网线在里面进行一番辟谷运动，没准也能收获大块大块的孤独。不过这种人出现在城市里，看上去都像标准的神经病。

两年后，我终于有了一个机会。那一年我无意中去了修行大本营——印度的瑞诗凯诗，大名鼎鼎的瑜伽城。许多和我一样，想要由内而外洗洗肮脏心灵和肥腻身躯的闲人聚集在那里。没费多大工夫，就找到了一家Ashram（隐修所），那里没有网络，没有电视，没有信号，没有交通工具，离小镇步行需两小时。房间里只有一张床铺，一个水杯。在这里既不允许抽烟喝酒，也不允许高声喧哗，甚至连聊天都最好避免。你只需要做一件事——冥想。

冥想的内容还是人类终极问题：我是谁，我从哪儿来，我到哪儿去。我对禅学一无所知，正式开始修炼前，我蹲在清澈的恒河边，吸了一根印度草烟，那是本地人用烟叶做的。吸着吸着，想起王小波在云南抽这种烟叶，一把火燎光了眉毛，呵呵乐了。那时候我就知道自己在冥想上不会有什么出息。

终于过上了梦寐以求的与世隔绝的生活，我们像僧人一样，从早上5点开始打坐，7点练瑜伽，9点散步、冥想，中午休息，下午再练一堂，到晚上又是打坐、冥想。我本应沾沾自喜，可是两天后的一个下午，我终于明白，这次地方对了，但时机不对。隔壁的墨西哥女人告诉我，她来这儿是因为和法国男朋友分手了。她问我："你呢？"我说我刚交了男朋友，他很好。

"你想他吗？"

想，何止想，我的每一次冥想都成了大段爱情与"动作"电影回放。于是，这一场本该深入灵魂最深处的探寻，因为心有旁骛，最终每一分钟，我都在眼巴巴渴望回家。

修行结束的那个下午，我兴高采烈，飞也似的离开了印度。我的男朋友在机场等我，问我修炼得怎么样。

那一刻，我觉得做个普通人已经相当满足，一个人若非碰到大起大落，实在犯不着跑到山里拼命冥想自己到底是谁。爱情没收了所有清高，当时我只想跟他一起去吃红油火锅。

那一年我离家出走

▼

文_华 夏

那一年我21岁，正是精力旺盛、热情泛滥的年纪。当时我在一个大山脚下的乡村小学教书，整天和一群土头土脸又调皮捣蛋的孩子打交道。那一年，我的心灵接连遭受了两次沉重的打击后，对这些乡村孩子和教书，突然失去了兴趣。

那年暑假，我简单地准备了一下，想到外面走走，散散心。去哪儿？不知道，走到哪儿算哪儿吧。

父母早早地把好吃的东西准备好，因为他们的儿子要回来过暑假。开始几天，他们以为我在学校给学生补课，可10天过去了，还未见我回去，他们开始担心。父亲说去学校看看，骑车30里到那所乡村小学找我，没找到。有人告诉他，我一放假就收拾东西走了，不知道去哪儿了。父亲的心悬了起来，回家告诉母亲，母亲的心也悬了起来。

第二天，年迈的父亲出发了。他把县城内我所有的同学家都找遍了，也没有打听到我的下落。父亲在大太阳下骑着自行车，一个村子一个村子地找，遇到我的同学就问，眼圈儿红着，声音沙哑。风尘仆仆的父亲一连找了10多天，嘴唇上起满水泡，嗓子也哑了。

天下大雨，父亲被淋成了落汤鸡。他想找个避雨的地方，却没有找到，索性想骑快点儿早些到家，可车胎偏偏"放炮"了。又累又急的父亲只好冒雨推车赶路，到家时，他连上炕的力气都没有了。

那些天里，母亲常做噩梦，梦见我进了黑店，被人杀害，把我的肉做馅包了包子，我在一个一个小包子里喊着母亲。醒来后，母亲就把父亲推醒，让他快去救我……

父亲得不到我的任何消息，母亲天天梦见我遭遇不幸，夜夜哭喊。本来不迷信的父母也不由得迷信起来，请来一个算命先生为我算卦。先生是个瞎子，用手掐着掐着，说："你们的儿子在东北方向40里左右，快去找吧。"

父亲闻言大喜，骑车直奔东北方向40里的地方。赶到那里，父亲一下子傻了。那里是个大水库。父亲围着水库转了一圈又一圈，他试图找到我留在岸边的"遗物"，但什么也没找到。

父亲一屁股坐在地上。过了很长时间，他才吃力地站起来，骑车返回时，摇摇晃晃像喝醉了酒。

40天后，暑假即将结束的时候，我回来了。我把心中郁结的一切痛苦都抛给了外面的世界。

走进家门，母亲见了我，像不认识似的愣了片刻，接着便跌跌撞撞地扑过来。

父亲手持一根棍子，大喝一声："杂种，看我不打断你的腿！"一脸怒气地冲过来。

父亲手中挥舞的棍子悬在我的头上，没有打下来。片刻后，父亲那只胳膊缓缓地、像电影里的慢镜头似的软下来。猛地，父亲用粗大的手掌把我的脑袋搂进他的怀里，一边哭一边说："儿子，你可回来啦!"

这时，我发现母亲的脸上布满皱纹，憔悴不堪；父亲好像老了20岁，让我不忍再看。

我在中国当农民

▼

文_张　楠

　　Njeri，中文名柯心蓝，19岁，在美国加利福尼亚长大，17岁考进世界顶尖学府伯克利大学，主修生物工程。2014年夏天，Njeri获学校经费支持，赴中国北京顺义分享收获农场做志愿者。

　　Njeri说："来之前，我以为我要在实验室里做事情。来了才发现，我要在农田里当农民。"Njeri带着所有19岁孩子脸上特有的清澈和羞涩，手里摆弄着她"最好的朋友"——一条擦汗用的黄色毛巾。

　　Njeri说，她这辈子都忘不了刚到农场时的情景。

　　"第一天，我真的怕死了！我的同事方世带着我，看我在小院子的屋子、厕所、洗衣机和厨房。'我的钥匙呢？我要把我的电脑、护照和钱锁在哪里？'我问。'你在说什么？这里不用锁。把东西放在屋子里就可以了。'他笑着回答。我假装没事，实际上我担心得睡不着觉。夜里实在撑不住了爬上床时，我发现我的床竟然是一块很大的石头！"

　　"那一夜，我都在担心有贼会来把我的东西抢走和伤害我。第二天，那个硬床让我浑身疼痛。除了去上厕所以外，我成天都待在屋子里，站在窗后，偷偷地看着外面的人走来走去。我认为自己是一个比较活泼的人。但是，不知道为什么那个时候的我突然变得害怕和羞怯。那些天，我成天都把我的东西带在身上。当我不能用中文表达我的感觉时，我想大家都觉得我是一个笨蛋。"

有一天晚上，Njeri在屋子里听到外面的人在欢快地大喊大笑，于是忍不住走出房间。原来大家在玩扑克。

"我拿了一把椅子，跟他们坐在一起。'心蓝，你要加入吗？'他们问我。'我不敢玩。我不知道怎么玩。'我说。'没关系，刘超来帮你，好吗？'他们这么一说，我不得不加入。几轮牌玩下来，犯错、困窘了几番之后，我竟然赢了三次！'心蓝是高手！'大家喊着。"

现在，Njeri知道，她睡的床叫炕，冬天的时候，可以加热。她再也不担心锁的事情了。种菜的阿姨喜欢带着她一起剪西红柿的枝、缠黄瓜藤的蔓，也会心疼她催她多休息。农场里的农民小伙伴们会带她去城里逛街，做地道的家乡菜给她吃。

Njeri最喜欢每天吃饭的时候，大家围坐圆桌吃着自己种的菜，聊着各种美国人不常聊的个人话题。她很高兴这里没有AA制，她喜欢应农场老爷爷的要求给他们唱英文流行歌，"这是我在家人面前都不好意思做的事。"说起这些，Njeri顽皮地笑开了花。

"即使有时候听不懂同事们说的话，但是当他们笑起来时，我也总是忍不住跟他们一起笑。笑真是一种神秘的、有传染力的表情，根本不需要语言。"

"我喜欢这样的生活，希望能在这里待得更久一点。我虽然没有在实验室工作的机会，但我有了一个真正的中国的家。"

"在这里，我懂得了一种更深的信任。"

通驴性的人

▼

文_刘亮程

　　我四处找我的驴，这畜生正当用的时候就不见了。驴圈里空空的。我查了查行踪——门前土路上一行梅花篆的蹄印，是驴留给我的条儿；往前走有几粒墨黑的鲜驴粪蛋，算是年月日和签名吧。我捡起一粒放在鼻子前闻闻，没错，是我的驴。这阵子它老往村西头跑，准是又爱上谁家的母驴了。

　　人播种的大忙季节，也正是驴发情的关键时刻。两件绝顶重要的事碰在一起，人用驴时驴也正忙着自己的事—这事儿比拉车犁地还累驴。土地每年只许人播种一次，错过这个时节种啥都白种；母驴在一年中也只让公驴沾一次身，发情期一过，公驴再纠缠都是瞎骚情。

　　我没当过驴，不知道驴这阵子咋想的。驴也没做过人。我们是一根缰绳两头的动物，说不上谁牵着谁。时常脚印跟蹄印像是一道的，最终却走不到一起。驴天天看着我忙忙碌碌做人，我天天目睹驴辛辛苦苦过驴的日子。我们是彼此生活的旁观者、介入者。驴长了膘我比驴还高兴。我种地赔了本驴比我更垂头丧气。驴上陡坡陷泥潭时，我会毫不犹豫地将绳搭在肩上，"四蹄"爬地做一回驴。

　　我炒菜的油香飘进驴圈时，驴圈里的粪尿味也窜入门缝。

　　我的生活容下了一头驴、一条狗、一群杂花土鸡、几只"咩咩"叫的长胡子山羊，还有我漂亮可爱的妻子和女儿。我们围起一个大院子、一个家。这个家里还会有更多生命来临：树上鸟、檐下燕子、冬夜悄然来访的野兔……我的生命被肢解成这许许多多的动物。从每个动物身上我找到一点自己。渐渐地我变得很轻很轻，我不存在了，眼里唯有这一群动物。当它们分散到四处，我身上的某些部位也随它们去了。有时候它们不回来，或回来晚了，我便不能入睡。我的年月成了这些家畜的圈。从喂养、使用到宰杀，我的一生也是它们的一生。我饲养它们以岁月，它们饲养我以骨肉。

我觉得我和它们处在完全不同的时代。社会变革跟它们没一点关系，它们不参与，也不打算改变自己。人变得越来越聪明自私时，它们还是原先那副憨厚样子，甚至拒绝进化。它们是一群古老的东西，身体和心灵都停留在远古。当人们抛弃一切进入现代，它们默默无闻伴前随后，保持着最质朴的品质。我们不能不饲养它们。同样，我们不能不宰杀它们。我们的心灵拒绝它们时，胃却离不开它们。

也就是说，我们把牲畜一点不剩地接受了，除了它们同样憨厚的后代。我们没给牲畜留下什么，牲畜却为我们留下过冬的肉，以后好多年都穿不破的皮衣，还有那些永远说不清道不明的思绪。

多少漫长难耐的冬夜，我坐在温暖的卧室喝热茶看电视，偶尔想到阴冷圈棚下的驴，它在看什么，跟谁说话。

总觉得这鬼东西在一个又一个冷寂的长夜，双目微闭，冥想着一件又一件大事，想得异常深远、透彻。天亮后，我牵着它拉车干活时，并不知道牵着的是一位智者、圣者。它透悟几千年后的人世沧桑，却心甘情愿被我们这些活了今日不晓明天的庸人牵着使唤。幸亏我们不知道这些，但知道了又能怎么样呢？难道我们会因此把驴请进家，自己心甘情愿去做驴拉车、住阴冷驴圈？我是通驴性的人。而且我认为，一个人只有通了驴性，方能一通百通，更通晓人性。不妨站在驴一边想想人，再回过头站在人一边想想驴。两回事搁在一块儿想久了，就变成一回事。驴的事也成了人的事，人的事也成了驴的事。实际上，生活的处境常把人畜搅得难分彼此。

驴对人的反抗恰恰是看不见的。它不逃跑，不怒不笑（驴一旦笑起来是什么样子）。你看不出它在什么地方反抗了你、抵制了你、伤害了你。对驴来说，你的一生无胜利可言，当然也不存在遗憾。你活得不如人时，看看身边的驴，也就好过多了。驴平衡了你的生活，驴是一个不轻不重的砝码；你若认为活得还不如驴时，驴也就没办法了。驴不跟你比。跟驴比时，你是把驴当成别人或者把自己当成驴。驴成了你和世界间的一个可靠系数，一个参照物。你从驴背上看世界时，世界正从驴胯下看你。

所以，卑微的人总要养些牲畜在身旁，方能安心活下去；所以，高贵的人从不养牲畜，而养一群卑微的人在脚下。

世界对于任何一个人都是强大的，对驴则不然。驴不承认世界，它只相信驴圈。驴通过人和世界有了一点关系，人又通过另外的人和世界相处。谁都不敢独自直面世界，但驴敢，驴的吼叫是对世界的强烈警告。

我找了一下午的驴回来，驴正站在院子里，那神情好像它等了我一下午。驴瞪了我一眼，我也瞪了驴一眼。天猛然间黑了，夜色填满我和驴之间的无形距离，驴更加黑了。我转身进屋时，驴也回身进了驴圈。我奇怪我们竟没在这个时候走错。夜再黑，夜空是晴朗的。

你坦荡，世界便坦荡

▼

文_张君燕

清咸丰十一年（1861年），太平军攻打到杭州。胡雪岩从上海、宁波购买了大批粮食、军火，准备和清政府做交易，如果成功，他将会从中获得巨额利润。但有一个问题让胡雪岩犯了难，原来这次他购买了一些新型军械，需要技术支持，可是自己手下并无此类技术人员。

胡雪岩差手下四处打听，终于找到了李员外。李员外本身也是商人，但他精通英文，对军械也颇有研究。胡雪岩想雇用李员外做技术方面的顾问，但李员外不愿意接受雇佣的形式，提出要跟胡雪岩合作分成。胡雪岩提供生意机会，李员外提供技术支持。尽管李员外分得的比例很小，但因生意数目巨大，他也可以从中得到很大的利润。胡雪岩别无他法，便跟李员外达成了合作协议。

此后，每一笔涉及新型军械的生意，胡雪岩都派专人做好账目，给李员外查看。而李员外在提供技术支持时却有所保留，不仅从不跟胡雪岩的手下透露半点技术方面的知识，而且有些涉及重要技术的关键部分还刻意隐瞒。好在使用新型军械的清军悟性极高，基本上能无师自通，胡雪岩这里自然也就相安无事。

然而，李员外却因此心绪不宁，甚至寝食难安。他总是想，胡雪岩会不会也像自己一样有所保留，在账目上做了手脚呢？如果真是这样，自己该损失多少利润啊！越是这样想，他越觉得自己吃了大亏，最后他索性跟胡雪岩解除了合作协议。

后来，胡雪岩又聘请了别人做技术顾问，生意依旧做得风生水起。李员外因自己的自私和狭隘，使得自己的生意越做越小，失去了腾飞的机会。而胡雪岩始终坚持以诚信为本，胸怀坦荡，生意越做越大，最后成为红极一时的商人。

其实，在日常交际中，我们也常常会有这样的体验。如果你没有付出百分之百，便会不由自主地去怀疑对方是否付出了百分之百。在这种心魔的控制下，我们会变得焦虑不安、患得患失，甚至因此而失去快乐。只有当我们拿出坦荡的胸襟来对待别人，对待所有的人和事，我们才会心安，也不用去考虑别人会以何种方式回报。而当我们静静地等待之时，往往会同巨大的惊喜和感动不期而遇。因为你坦荡，世界便坦荡。

自古艰辛唯就业

▼

文_老 猫

自古艰辛唯就业，找工作不容易这事古来有之。

明清以来，想当"公务员"进仕途，便有不成文的规矩：在同等条件下，说北方话的优先。原因也很简单，皇帝长在北方，你一嘴南方话汇报工作，他听不懂怎么办？听岔了会错意，会直接导致政策失误。到了清朝，雍正皇帝还特意下旨，大意是：你要当官，说话必须人人通晓，这才能熟悉民情、熟悉地方，办事无误。特别是福建人和广东人，有些人都经过礼部的训练了，和朕说话朕还是听不懂。你们到外省去做官，语言不过关，怎么念圣旨？怎么审案子？和上下级怎么沟通？所以，命令这两省的督抚，往下传达到各地州府县的官员与教师，一定得让学生说话说明白，不许再沿袭乡音。

搁在那时候，要是只会现在时髦的粤语，那就完了，就业成了大问题。

后来根据这道旨意，各地还雨后春笋般办起了普通话辅导班，就叫正音书院。口音这事儿影响前途，谁敢含糊啊？

古代考试和就业密切相关，考到功名了，就意味着就业不难了。不像现在，考大学是一回事，找工作是另外一回事。不过，也正因为如此，古代考试就显得尤为重要，没摸准主考官的脉，工作还是拿不到。比如在贞观二十年（646年），文词享誉京城的张昌龄、王公瑾，就被考官王师旦把文策定为"下等"。《封氏闻见记》说，唐太宗拿到录取名单，没找到这两个人的名字，就问王师旦是怎么回事。王师旦答："他俩文章是好，就是文体轻薄，文笔浮艳，必不成器。要让他俩来，恐生效仿，会改变陛下务实的风气。"唐太宗啥都没说。

人倒霉了，真是喝口凉水都塞牙。清朝时候，有个叫方观承的书生进京求职，走到江苏宝应县，身上实在是没钱了。当时寒风凛冽，这哥们儿只穿一件破袍子，里面连内衣都没有，拿绳子一系，脚上的鞋都露脚趾了。他想起有朋友住在这里，就去他家想借点钱，没想到走到大门口，正在犹豫时，就被看门的认定是小偷，过来轰他走。

方观承是读书人，不好意思争辩，只好走了。一个人溜达到旁边的卢家巷。那儿是个自由市场，他就站在肉摊前看摊主卖肉。买肉的人实在是太多了，摊主一边切肉称肉，一边收钱，一边记账，手忙脚乱，把方观承给看乐了。

摊主说："别笑话我，你写字的和卖肉的是两码事，你做不来。"

方观承说："我帮你怎么样？给你记账。"

就这样，方观承找到了他人生的第一份工作—给卖肉的记账。

晚上，方观承被摊主带回了家，足足地吃了一顿肉。两人约定，方观承帮着摊主记账，工作到春节之后。

早出晚归，踏实工作，手脚麻利的方观承显然受到了摊主的喜爱。大年初一那天早晨一觉醒来，方观承发现旁边多了个篮子，里面是全套崭新的布袍、棉袄、内衣、棉裤、袜子、新鞋。

一过十五，方观承坚决要走，摊主请他吃了告别饭，送给他一个包袱，里面是这些日子的工钱—四千钱。有了第一桶金，方观承就有底了，路上还接济了一个和他一样潦倒的书生。

这一趟北京，方观承没白去，考试成功，后来，他做到了直隶总督、陕甘总督等要职。所以说，读了什么书，上了什么学，必要的时候去卖个猪肉也没什么，关键是自己心中的目标一定要明确，知道要达到什么目的。有了人生规划，从哪儿起步都不算低。

工作难找，但机会是很多的。放下架子，拓开点思路，不拘一格，死路就可能变成活路。张岱在《陶庵梦忆》里讲过，南方的竹器、漆器、铜器和窑器，都是再普通不过的器物，做这些东西的工种也属于"贱工"，但嘉兴的腊竹王二、洪漆、张铜以及徽州吴明官的窑器，都能做到极致，都成了名牌，而这些工匠也能"与缙绅先生列坐抗礼"。他的结论是："天下何物不足以贵人？人自贱之耳。"

这话，能算是赠予后来诸位谋职者最好的一碗鸡汤吧？

鞋尖上的古代中国

▼

文_倪方六

古人穿鞋不分左右脚

鞋子分左右脚，这是现在大家都知道的常识。但在100年前，鞋子分左右脚还是颇为另类的现象。在之前几千年的时间里，古人穿鞋始终不分左右。中国第一双分左右的皮鞋诞生于1876年，由上海浦东人沈炳根试制成功。而西方鞋子分左右距今也不到200年的时间，最早出现于1818年的美国。

左右不分的鞋子是不是很难穿？非也！古代制鞋的材料大多非常柔软，如草鞋、麻鞋，即使用动物皮做的鞋也处理得很柔软。而且，古人穿的鞋子做得相对宽松，尺码比较大，不会有穿不上或是磨脚的现象。有意思的是，古代的鞋子不讲尺码，只说鞋号，称"脚第几"。因为鞋子不分左右，古代人制一双鞋用的鞋楦只有一只。

古人的鞋子为何不分左右？可能与古代人忌讳穿颜色、款式不一的"鸳鸯鞋"有关。在古人眼里，两只不一样的"鸳鸯鞋"被视为不洁，只有贱民才穿。

古代鞋履等级区分严格，如在魏晋南北朝时期，各阶层的人所穿鞋子的颜色都有严格规定。对中国古代服饰文化影响极深的北魏孝文帝，曾在"服制改革"中规定，鞋履的颜色"士卒百工无过绿、青、白，奴婢侍从无过红、青，犯者问斩"。而对做买卖的生意人，西晋朝廷则规定，凡市侩必须一脚穿白鞋，一脚穿黑鞋，这种鞋就是"鸳鸯鞋"。

这种一双鞋分黑白两只的现象，古人称之为"黑白两道"。由于商人喜官商勾结，关系复杂，进而衍生出了现代含义的"黑白两道"。

古代鞋头为何有高高的"鞋翘"

古人虽讨厌鸳鸯鞋，但不讨厌鸳鸯。鸳鸯被视为"爱情鸟"，在鞋上绣鸳鸯一类飞禽图案做装饰的现象并不鲜见。特别是汉唐以后，妇女常用鸳鸯图案装饰鞋履，成为潮流。唐代诗人令狐楚在《杂曲歌辞·远别离》一诗里即说："玳织鸳鸯履，金装翡翠帘。"这里的"鸳鸯履"并非颜色不一的鸳鸯鞋，而是一种做工精细、在鞋头绣有鸳鸯的女鞋。除了绣鸳鸯，有的还在鞋头上绣凤头、雀头、伏鸠等图案，相应称为"凤头履""雀头履""伏鸠头"等。这些鞋的共同特征是鞋尖翘起，古人称之为"鞋翘"。

鞋翘设计虽然不是中国独有，却是中国古代鞋履的代表性特征。古代男鞋女鞋都是翘头，区别是"男方女圆"。鞋翘设计早在上古时已出现，到汉代出现了革命性的履头分歧设计，即所谓"歧头履"。湖南长沙马王堆一号汉墓、湖北江陵凤凰山168号汉墓，都曾出土过双尖翘头的歧头履。此后，即便草麻质地的鞋子，也会设计出高头鞋翘。隋唐时期，女鞋的款式变化主要在鞋头上，或圆，或方，或尖，或分为数瓣，或增至数层，但均是高头鞋翘设计。

鞋翘的设计相当讲究，如较为高档的高头云舄，以白布为鞋，青布做帮，挽云头鞋面，以青布为条左右分置，每边横过6条，象征12个月。

即使五代以后出现了"三寸金莲"，即裹脚女性所穿的尖头小鞋，也没有放弃鞋翘设计。古人为何在意鞋翘？里面的道道很多。首先，鞋翘与鞋底系一体，这样鞋底与鞋帮便不易开裂，耐穿；再者，古人多穿裙袍，鞋翘能托住裙边，让人不会因踩住裙边而跌倒。还有，鞋翘设计和古代屋顶上翘的建筑设计实系一个理念，可使鞋子的轻盈风格变得突出。

鞋翘的秘密并不仅限于此，它还有防身、自卫的功能。贵州苗族女性过去在做鞋时往往在鞋翘里暗藏刀片，在遭遇性侵之际，这刀片就是击退色狼、保护贞洁的秘器。

古人为何"借衣不借鞋"

古代穷人借衣服穿的现象并不少见，但鲜见的是"借鞋"，即所谓"借衣不借鞋"。这是因为鞋子太便宜，草、麻都可以用来做鞋，没有借的必要。所以，古代的草鞋、麻鞋，别称叫"不借"。

过去，作风不好、不守礼数的女人被称为"破鞋"。对其由来，已故学者胡考在其小说《上海滩》中有这样的说法："北方人所谓的'破鞋'，其实是指农村的土娼。因为实在太穷，妓女的衣裳是向别人借的，唯有一双鞋子没有办法借，只好仍旧穿着自己的破鞋，这就是'破鞋'的来头。"此外，"破鞋"一词的由来还有另一版本，据说北京过去的八大胡同，一些为穷汉子提供性服务的暗娼、私娼，往往在自己居室外挂一只绣花鞋作为标记。时间一长，绣花鞋就成了破鞋，"破鞋"遂成一种特指。

鞋在古人特别是古代女性心目中，一直与性、婚姻联系在一起。现今被视为"中国鞋"的绣花鞋，在古代常被作为一种定情、吉祥之物，在唐宋时已成风俗。绣花鞋又叫"绣鞋""扎花鞋"，在晋南一带又称作"晋国鞋"。绣花鞋的出现传说与晋献公有关，他在完成晋国霸业后，要求宫妃在鞋面上都绣上石榴花、桃花等10种花果图案，同时还规定晋国女子出嫁时要穿上绣了花的鞋。"绣花鞋"从此流行，成为古代女性的保留鞋款。

实际上，绣花鞋并非汉族独有，在少数民族中也是传情之物。如毛南族的女子与男子定情"坐夜"时，会赠对方"榄子鞋"；仫佬族姑娘在"走坡"时，则会暗测情郎脚的大小，做一双绣花鞋，下次会面时作为定情物送给他。

用鞋子占卜，"试打一个相思卦"

鞋在古代还是一种占卜工具，即所谓"鞋卜"。鞋卜，在今天看来属于一种迷信，但古人颇为热衷。《金瓶梅》第八回《盼情郎佳人占鬼卦　烧夫灵和尚听淫声》中，就提到了潘金莲用鞋占卜，盼西门庆来寻欢的事情："盼不见西门庆到来，骂了几句负心贼。无情无绪，用纤手向脚上脱下两只红绣鞋儿来，试打一个相思卦。"蒲松龄《聊斋志异》中，也有鞋卜情节。丈夫外出半年未归，年轻妻子唱道："黄昏卸得残妆罢，窗外西风冷透纱。听蕉声，一阵一阵细雨下。何处与人闲磕牙？望穿秋水，不见还家，泫泫泪似麻，又是想他，又是恨他，手拿着红绣鞋儿占鬼卦。"

鞋卜是凶是吉，是好是坏，要看鞋头和鞋口的朝向。女人常用它来预测她们的丈夫或情人何时回来、是否回来。戏曲家李开先《一笑散》中的"鞋打卦"诗最后几行是这么说的："不来啊，跟儿对着跟儿。来时，节头儿抱着节头儿，丁字儿满怀，八字儿开手。"

鞋卜在中国少数民族中间也很流行。广西瑶族过去有一种"合鞋"的订婚仪式，这也是一种鞋卜：男女双方有意后，回家各做一只木拖鞋，如能配对，则合天意，否则不合。过去苗族姑娘出嫁时一定要穿草鞋，不是没钱买好鞋，而是要试鞋卜婚。姑娘要选出一把又长又白的"糯米草"，请寨里那些父母健在、儿女满堂的人给自己打出一双草鞋，出嫁时便穿着这双草鞋去夫家，回门时则穿这双草鞋回娘家。穿草鞋往返一趟后，便脱下来看鞋底、鞋尖、鞋中和鞋跟的磨损情况，看哪一段先被磨烂，哪一段坚实无损，以此预测她一生中的祸福。

敬启

　　《读者·乡土人文版2014年度精选集》由《读者·乡土人文版》杂志社编选，虽经多方努力，截止发稿时尚有部分作者未能取得联系，敬请未联系到的作者见谅并来电来函，以便我们尽快奉寄稿酬和样书。

通讯地址：甘肃省兰州市读者大道568号

邮　　编：730030

联 系 人：《读者·乡土人文版》编辑部

联系电话：0931-8773213